EL INTELECTUAL Y
LA CULTURA DE MASAS

 volume 68

EL INTELECTUAL Y
LA CULTURA DE MASAS

Argumentos latinoamericanos en torno a

Ángel Rama y José María Arguedas

Javier García Liendo

Purdue University Press
West Lafayette, Indiana

∞ The paper used in this book meets the minimum requirements of American National Standard for Information Sciences—Permanence of Paper for Printed Library Materials, ANSI Z39.48-1992.

Printed in the United States of America
Interior template design by Anita Noble;
Cover template design by Heidi Branham;
Cover image: Aunque el tema del libro no es sobre arte ni algún tema directamente vinculado con la obra de Gastón Garreaud, pensé en usar la imagen sobre el "Proyecto máquina" no sólo por su fascinante belleza estética sino también porque invita a una reflexión sobre intelectuales y máquinas; deseos, proyectos e imaginarios que desencadena la máquina en intelectuales y artistas, quienes realizan fundamentalmente un trabajo manual.

Residuos de experimento para construir una máquina de movimiento perpetuo, de Gastón Garreaud de la exhibición realizada en el Instituto Cultural Peruano Norteamericano de Lima: *Gastón Garreaud, retrospectiva 1957–2005*, a cargo de Augusto del Valle. La fotografía de Juan Pablo Murrugara apareció en el catálogo de la exhibición. Reproducido con permiso del ICPN y Nicole y Lucrecia Garreaud.

Library of Congress Cataloging-in-Publication Data

Names: García Liendo, Javier, author.
Title: El intelectual y la cultura de masas : argumentos latinoamericanos en
    torno a Ángel Rama y José María Arguedas / Javier García Liendo.
Description: West Lafayette, Indiana : Purdue University Press, [2017] |
    Series: Purdue studies in Romance literatures (PSRL); volume 68 | Includes
    bibliographical references and index.
Identifiers: LCCN 2016013429| ISBN 9781557537614 (paperback : alkaline
    paper) | ISBN 9781612494746 (PDF) | ISBN 9781612494753 (ePub)
Subjects: LCSH: Popular culture--South America--History--20th century. |
    Popular culture--Andes Region--History--20th century. | Social
    change--South America--History--20th century. | Social change--Andes
    Region--History--20th century. | Rama, Ángel--Political and social views.
    | Arguedas, José María--Political and social views. | Indians of South
    America--Andes Region--Social conditions--20th century. | Printing--Social
    aspects--South America--History--20th century. |
    Communication--Technological innovations--South America--History--20th
    century. | South America--Intellectual life--20th century.
Classification: LCC F2237 .G37 2017 | DDC 306.098/0904--dc23 LC
record available at https://lccn.loc.gov/2016013429

A Rebeca

Índice

Índice

Prefacio y agradecimientos

Este libro no era originalmente sobre los intelectuales y la cultura de masas. El proyecto inicial, comenzado como tesis de doctorado, buscaba estudiar los cambios materiales de la crítica literaria latinoamericana. En un principio me propuse investigar las obras de Ángel Rama, Antonio Cornejo Polar, Roberto Fernández Retamar y Antonio Candido. Sin embargo, a medida que avanzaba el análisis, el proyecto se fue modificando hasta convertirse en un estudio sobre intelectuales, cultura de la imprenta y capitalismo, concentrado únicamente en las obras de Ángel Rama y José María Arguedas. Contra lo planeado, y ante la comprensible preocupación de profesores y amigos, el avance del trabajo me empujó a realizar otra modificación. La obra de Arguedas me había hecho percibir que el tema que había estado aislando progresivamente era el impacto del capitalismo en la existencia material de la cultura, y los efectos que esos cambios generan en la práctica intelectual. En el caso de Arguedas, dicho tema se expresaba de manera más intensa y dramática en las culturas indígenas y mestizas de los Andes; particularmente en la música, que pasaba de un contexto tradicional de producción y circulación, a uno mediado por las tecnologías de la grabadora, el disco y la radio. Al desplazar mi investigación de la cultura de la imprenta al orden audiovisual, de la oralidad primaria a la oralidad tecnológica, se hizo visible que dicho tema atravesaba la totalidad de la cultura latinoamericana en el siglo XX, en especial durante la segunda mitad. Los efectos del capitalismo en esta cultura se habían mostrado con mayor intensidad, paradójicamente, en el momento en que la discusión de los intelectuales estaba enfocada en el tema de la revolución. Cultura de masas era el término histórico que daba cuenta de aquellos efectos, aunque se presentaba como antítesis de lo latinoamericano.

Otro aspecto se introdujo progresivamente en la secuencia de estos cambios. En 2005 recibí un correo electrónico de un profesor que había conocido, y con quien trabajé por unos años, en una comunidad machiguenga del Bajo Urubamba. El profesor Lucho me escribía desde su laptop. Estaba en Panamá por unos días. Cuando último la visité, hacía no más de tres años, Puerto Huallana, junto con Mayapo y Camaná, era una de las comunidades indígenas machiguenga más aisladas de la Amazonía peruana. En aquel entonces, esta escena—el correo electrónico, la laptop—era impensable. Pero, tras la sorpresa inicial, el correo electrónico me hizo recordar otra escena, a la que volveré más adelante: cuando visité en la misma comunidad a un sabio machiguenga. En su *pankotsi* (casa tradicional machiguenga), Ramón estaba escuchando, a través de una radio de transitores, el himno nacional del Perú. Las preguntas generadas por estas escenas sobre la tecnología, la comunicación y la comunidad, así como sobre los presupuestos de lo que consideramos indígena, tradicional o moderno, terminaron permeando las problemáticas de este libro. En cierta medida, estas escenas no sólo se convirtieron en un modo de preguntar, sino además en un eje que relaciona temas en apariencia tan divergentes, y tiempos históricos que parecen cada vez más antagónicos.

Durante la investigación y la escritura de este libro he ido acumulando una deuda amplísima con maestros, colegas, amigos e instituciones. Ninguna de estas dos etapas hubiera sido posible sin el generoso apoyo institucional y financiero del Program in Latin American Studies, el Institute for International and Regional Studies y el Department of Spanish and Portuguese Languages and Cultures de Princeton University; el Department of Language and Culture Studies de Trinity College (Hartford); Washington University in Saint Louis y su Department of Romance Languages and Literatures.

Ricardo Piglia ha sido un interlocutor inspirador, comprensivo y generoso en todos estos años. Sin su tiempo y conocimientos, sin su modo de leer y nuestras conversaciones, no habría sabido continuar. Sus observaciones eran pequeños libros que se bifurcaban en proyectos interminables. Todavía sigo lamentándome no haber tenido una grabadora a mano todas las veces que nos encontramos.

Agradezco a Arcadio Díaz Quiñones y Gabriela Nouzeilles, quienes han sido muy generosos sugiriéndome ideas, ayudándome a identificar aspectos que no percibía en mi propia investigación y previniéndome de cometer múltiples errores. Jussara Menezes Quadros fue igualmente generosa y exigente, y aprendí mucho de nuestras conversaciones sobre lo popular y la producción cultural. A riesgo de olvidar algún nombre, no quiero dejar de agradecer también a maestros, colegas y amigos que, en distintas partes de Estados Unidos, han compartido ideas, bibliografía y valiosas sugerencias: Paul Firbas, Pedro Meira Montero, Rubén Gallo,

James Irby, Gustavo Remedi, Thomas Harrington, George Yúdice, Dylon Robbins, Juan Zevallos Aguilar, José Antonio Mazzotti, Song No, Eduardo Huaytán, Jorge Coronado, Bret Gustafson, Steven Hirsch, Beba Eguía, José Ignacio Padilla, Laura León Llerena, Edgardo Dieleke y Roger Santiváñez. A Carlos Altamirano, John Kraniauskas y Álvaro Fernández Bravo les agradezco por sus ideas que, en breves encuentros, me ayudaron a deshilvanar algunos aspectos de la investigación.

En Uruguay tuve la oportunidad de recibir el apoyo generoso de muchas personas. Quiero agradecer especialmente a Alicia Migdal, Hugo Achugar, Luis Carlos Benvenuto, Carlos Maggi, Juan Fló, Amparo Rama y Vania Markarian. En Argentina y México doy gracias a Daniel Divinski, Victoria Verlichak, Ricardo Nudelman, Alí Chumacero, Martí Soler y Joaquín Diez-Canedo, quienes compartieron sus conocimientos sobre el campo editorial y la época de Ángel Rama. Agradezco también en Cuba a Jorge Fornet, Ambrosio Fornet y Roberto Fernández Retamar, quienes accedieron a darme sus impresiones sobre el campo de la crítica y la industria editorial.

En Perú tuve el privilegio de conversar con el violinista quechua Máximo Damián Huamaní, quien fue generoso en contarme su vida y su relación con José María Arguedas. Manuel Larrú alentó mi investigación con entusiasmo y compartió valiosa información para su desarrollo. Agradezco asimismo a diversos colegas y amigos, quienes contribuyeron específicamente en diversos aspectos de este trabajo: Bruno Revesz, Carlos Iván Degregori, Luis Millones, Esteban Arias, Luis Dávalos, José Luis Rojas Runciman, Iván Sánchez Hoces, Carlos García Bedoya, Igor Valderrama, Ignacio Cancino, Levy del Águila, Julio Postigo y Danilo de Assis Clímaco.

Mis colegas del Department of Romance Languages and Literatures en Washington University in Saint Louis me han ofrecido invaluable apoyo, comprensión y confianza en mi trabajo, permitiéndome tener el privilegio de contar con un tiempo ininterrumpido para concentrarme en la etapa final de escritura: Billy Acree, Joe Barcroft, Tili Boon Cuillé, Nina Cox Davis, Pascal Ifri, Ignacio Infante, Stephanie Kirk, Tabea Linhard, Rebecca Messbarger, Stamos Metzidakis, Eloísa Palafox, Julie Singer, Akiko Tsuchiya y Colette Winn. En especial, agradezco a quienes comentaron o leyeron la totalidad o parte del manuscrito y su proyecto editorial:

Andrew Brown, Seth Graebner, Mabel Moraña, Ignacio Sánchez Prado, Joseph Schraibman y Elzbieta Sklodowska. El intercambio intelectual con todos ellos ha sido un gran estímulo y desafío, y me ha ayudado a mejorar el manuscrito de este libro. Agradezco también a los directores de mi departamento Harriet Stone y Michel Sherberg por su continuo apoyo y guía. Vice Provost Adrienne Davis me ha proporcionado un inmejorable ambiente académico y humano, el cual ha sido muy importante para el trabajo de este libro. Agradezco a los Deans of Arts and Sciences Gary Wihl y Barbara Schaal por el enorme apoyo institucional que he recibido desde mi llegada a Washington University. El trabajo administrativo de Helene Abrams, Anna Eggemeyer, Rita Kuehler y Kathy Loepker fue decisivo para hacer más fácil mi vida diaria en la universidad.

Aun cuando las ideas de quienes han contribuido en mi aprendizaje intelectual sean distintas a las que sostengo en este libro, su ayuda e inspiración ha sido muy importante. De los errores soy yo el único responsable.

Sin el trabajo en diversos archivos y bibliotecas el proyecto de este libro no habría sido posible. Gracias a Fernando Acosta-Rodríguez, Librarian for Latin American Studies en Firestone Library, Princeton University, quien puso a mi alcance incontables veces materiales difíciles de conseguir. Agradezco además a Daria Carson-Dussán, Librarian for Romance Languages and Latin American Studies en Washington University. Estoy muy agradecido con Amparo Rama y Juan Fló por abrirme las puertas del archivo de Ángel Rama en su casa en Montevideo, así como por el tiempo que ocuparon conmigo y hasta las fotocopias que generosamente pagaron. La etapa inicial de investigación se benefició enormemente de la consulta de la biblioteca de Casa de las Américas en Cuba y del Centro de Documentación e Investigación de la Cultura de Izquierdas en Argentina (CEDINCI). En Perú agradezco a la Pontificia Universidad Católica del Perú por permitirme consultar el archivo de José María Arguedas, y a Carmen María Pinilla y Magaly García por su apoyo durante el tiempo que consulté este archivo. Por último, agradezco a la Escuela Nacional de Folklore José María Arguedas, cuyos archivos fueron de mucha utilidad. Después de culminar la escritura de este manuscrito fueron publicadas las obras completas de Arguedas, así como valiosos estudios sobre su obra, que no pude incluir en la discusión de este libro.

Algunas ideas de este proyecto se han beneficiado enormemente del intercambio intelectual en presentaciones realizadas en las siguientes universidades e instituciones: Department of Spanish and Portuguese Languages and Cultures de Princeton University, Latin American and Latino Studies Program de Purdue University, Center for Latin American and Caribbean Studies de New York University, Asociación Internacional de Peruanistas, Archivo General de la Universidad de la República, Uruguay, y Latin American Studies Program de Washington University in Saint Louis.

Parte de este manuscrito ha aparecido anteriormente en diferente forma. Para el Capítulo 5 he utilizado el material publicado previamente en el artículo: "Las chicherías conducen al coliseo: José María Arguedas, tecnología y música popular," *Revista de Crítica Literaria Latinoamericana* 38.75 (2012): 149–70. Agradezco a esta revista y a José Antonio Mazzotti por el permiso para reutilizar dicho material.

Estoy muy agradecido con Nicole y Lucrecia Garreaud por concederme permiso para utilizar una reproducción de *Residuos de experimento para construir una máquina de movimiento perpetuo* de Gastón Garreaud en la carátula de este libro. Agradezco al Instituto Cultural Peruano Norteamericano y Charles Miró Quesada por hacer posible el uso de la fotografía de dicha obra de arte tomada por Juan Pablo Murrugara y aparecida en el catálogo de la exhibición *Gastón Garreaud, retrospectiva 1957–2005* a cargo de Augusto del Valle. Agradezco asimismo a Augusto del Valle, Igor Valderrama, Mijail Mitrovic y José Ignacio Padilla por su participación en conseguir este permiso. De igual modo, doy gracias a Rocío Silva Santisteban por permitir la reproducción de la fotografía de José María Arguedas tomada por José Gushiken y conservada en el archivo de Fernando Silva Santisteban. Agradezco a Carmen María Pinilla por ayudarme a identificar la fuente y el archivo de esta fotografía.

Quisiera agradecer a Purdue Studies in Romance Literatures Series (PSRL) y a Purdue University Press, a Gwen Kirkpatrick, PSRL Editor for Spanish, e Iñigo Sánchez-Llama, PSRL Series Editor, por creer en mi manuscrito; y a Susan Clawson y Joyce Detzner, PSRL Production Editors, por su extraordinario trabajo en la edición del mismo. Los comentarios de los evaluadores anónimos fueron de mucha ayuda también, y contribuyeron notablemente a mejorar la versión inicial de este trabajo.

En el ámbito personal, estoy profundamente agradecido a mis familias en Perú, Puerto Rico y Saint Louis. Su apoyo y comprensión, especialmente por mis prolongadas ausencias en la investigación y escritura de este libro, han sido decisivos. Finalmente, a Rebeca Fromm Ayoroa, a quien este libro está dedicado, por todo.

Introducción

En octubre de 1972 Ángel Rama es deportado a México cuando pretendía entrar a Colombia desde Uruguay, pero por falta de visado, termina arribando a Venezuela.[1] Para entonces, el viaje se había convertido en una experiencia central de su biografía intelectual; una forma de conocer las dinámicas literarias nacionales en América Latina, aunque también de encuentro con sociedades que estaban siendo transformadas por la explosión demográfica y la urbanización. Al mes siguiente le escribe una carta al escritor Juan García Ponce, marcada por la impotencia y la ira, en la que se entrecruza el difícil momento personal e histórico con el rechazo al imparable consumismo de la capital venezolana:[2]

> Estamos aquí, sin mayor alegría. El tumulto tropical sumado a las vulgaridades democráticas de la sociedad del consumo (porque sólo la burguesía ha sabido combinar democracia con vulgaridad para su exclusivo uso, creando en el pueblo la apetencia de los hambrientos que miran tras las vallas con ojos que la burguesía necesita para poder comer y sentir el gusto de una comida, pues de otro modo no distinguiría los sabores de sus enlatados) digo que esa mezcla nos descorazona. (Carta a Juan 1)

Venezuela bien podría haber sido la antítesis de Uruguay. La pequeña "Suiza de América" había consolidado un excepcional proceso democrático en la región; por eso mismo era tal vez uno de los lugares donde menos se esperaba una dictadura. Rama pierde la excepción uruguaya y se encuentra en Venezuela con los nuevos ropajes de la democracia: su lugar parece ser el del consumo; promesa de una experiencia modernísima, máscara democrática para las masas.

1

Es otra la escena que Rama traza en Lima en 1964 cuando, acompañado por Sebastián Salazar Bondy, recorre el antiguo casco histórico en busca de José María Arguedas. Por los alrededores se esparcía una ciudad de masas campesinas:

> Para mí también Lima era horrible. ... Por la atrocidad de una miseria que rodea, penetra, y estruja a la ciudad, estruja el corazón de quienes presencian, contrastado el esplendor de los portales barrocos, el hacinamiento de barriadas y más barriadas de casas de esteras, pobladas de indios harapientos, hambrientos, derrotados, que mendigan sin cesar. ("*Lima*" 114–15)

Aquí la ciudad no es creada por las figuras clásicas de la industrialización y la urbanización, sino por las avalanchas desesperadas de campesinos que recorren miles de kilómetros, a pie o en camión, para llegar a la ciudad donde parecía haberse hecho realidad el mito del progreso.

A esta escena Arguedas contrapone otra, invirtiendo la travesía: de los Andes al Cono Sur. En 1960 viaja a Buenos Aires y queda deslumbrado por las anchas avenidas y millares de librerías y tiendas comerciales de la "Cosmópolis" hispanoamericana. Intenso consumo de mercancías y alta cultura, pero también lugar donde se encuentra con una inesperada escena de cultura popular:

> [E]n uno de los grandes coliseos, el de Boca, durante un clásico de fútbol escuché rugir a la multitud y espectar todo el encuentro en un estado de excitación fascinante y temible. Sin duda era ese un espectáculo grandioso, en el que el hombre aparece como sobretraído a sus períodos lejanísimos. Creo que el hombre sensible y cultivado se sienta a la orilla de estos ríos, lleno de preocupación y de entusiasmo. ("Perú" 4)

Las barras como masas; hordas salvajes en las que se desvanecen milenios de trabajo de la civilización. Este espectáculo de La Bombonera es celebrado por Arguedas con angustia y entusiasmo porque ve allí una escena en que las multitudes populares se unifican en torno a una misma práctica de cultura. Similar sensación se apodera del escritor peruano cuando acompaña, dos años más tarde, a una multitud de inmigrantes andinos a una invasión de tierras. Una anciana viuda dirigía a la columna de ciento veinte mujeres con sus hijos, quienes "se tapaban la boca con trapos mojados, mientras que las balas tronaban y la policía invadía la pampa, y el polvo inerte se mezclaba con el de los gases." Fue, comenta Arguedas, una batalla representativa del Perú: "metralla, gases modernísimos y, finalmente, piedras brutas por ambos bandos" ("La caída" 10).

Por estas escenas circulan viajes, migraciones y urbanización; mercancías, consumo y pobreza; culturas populares, gritos, piedras e intelectuales. La sociedad y la cultura parecen encontrar en *las masas* su imagen más utópica y desesperada. Las de estas escenas, aun cuando puedan ser discutidas desde la multiplicidad de sentidos que traza su historia conceptual,[3] sugieren a las multitudes o los "imprecisos grupos," como las llamó José Luis Romero, que surgen en la historia urbana de América Latina durante el siglo XX (321). En ellas se cristalizan los cambios de la relación entre campo y ciudad de ese período, y se expresa la generalización de lo urbano como pauta social y cultural en la segunda mitad de dicho siglo.[4] El viejo sueño americano del orden metaforizado en la ciudad se trastoca y las ciudades empiezan a convertirse en un caos indescifrable, tornando sueño en pesadilla.

¿Qué culturas estaban generándose en este contexto? ¿Qué transformaciones sufrían las culturas que hasta entonces habían sido centrales para definir "lo nacional" y "lo latinoamericano"? Estas preguntas alumbran la problemática teórica en torno a la cual se construye la investigación de este libro: después de la Segunda Guerra Mundial, se profundiza el impacto del capitalismo y la tecnología en las culturas latinoamericanas, alcanzando tanto a las culturas indígenas más "tradicionales" como a las culturas urbanas de los sectores populares y de los intelectuales. Vista retrospectivamente, esta problemática puede ser discutida por medio del concepto *cultura de masas*. No obstante, durante la época—sobre todo entre las décadas de 1960 y 1970—este concepto no daba cuenta para los intelectuales de dicho impacto sino de manera parcial, porque la cultura de masas aparecía como *lo otro* de la cultura nacional o la cultura latinoamericana. Se presentaba como una cultura extranjera y, por eso mismo, desplazaba el problema del impacto del capitalismo hacia esta otra cultura.[5] Lo que esta percepción impedía ver era que también las culturas que los intelectuales utilizaban para (re)definir lo nacional y lo latinoamericano estaban inmersas en intensas y rápidas transformaciones capitalistas.[6] La profundización de la mercantilización (*commodification*)[7] e industrialización iba subsumiendo progresivamente a la totalidad de la cultura.

El presente libro aborda la problemática descrita a través del análisis de las *respuestas* de los intelectuales latinoamericanos al avance de la cultura de masas durante la segunda mitad del siglo XX.[8] No obstante, en lugar de analizar una diversidad de respuestas, se ofrece un estudio basado en las obras de dos intelectuales: Ángel Rama (Uruguay, 1926–83) y José María Arguedas (Perú, 1911–69). Aunque este recorte presenta limitaciones y riesgos que el lector podrá descubrir por sí mismo, se propone como una manera de problematizar la historia cultural latinoamericana mediante el contraste de dos áreas culturales cuyos procesos sociohistóricos han sido significativamente diferentes. En este sentido, América Latina es más un horizonte histórico que un objeto de estudio. Por otro lado, al comparar las obras de ambos intento poner en relación culturas que tradicionalmente se estudian de manera separada: la cultura de la imprenta[9] y la cultura indígena tradicional de los Andes (especialmente la música). ¿De qué manera los procesos de mercantilización e industrialización impactaron estas dos culturas? ¿Cuáles fueron las respuestas de Rama y Arguedas a este impacto?

Este libro argumenta que ambas culturas fueron transformadas por la mercantilización e industrialización de sus procesos productivos y de circulación, y que Rama y Arguedas no sólo percibieron las nuevas condiciones materiales, sino que rediseñaron formas de intervenir en ellas. Cuando ambos comenzaron su vida intelectual, sus aparatos de formación y de comunicación estaban integrados a la cultura escrita y, de manera particular, a la literatura.[10] Ambos buscaban hacer frente a una hegemonía producida en el espacio de la cultura de la imprenta: para el uruguayo, una literatura nacional desvinculada del presente e interesada en las tradiciones europeas; para el peruano, una cultura literaria nacional formada en la tensión entre el *nacionalismo criollo* (Méndez), ideología que definía lo nacional desde una matriz europeo-costeña (excluyendo las culturas indígenas y mestizas de los Andes y la selva), y el indigenismo, que proponía un cuestionamiento de esa posición. Por consiguiente, las respuestas intelectuales de ambos, ya sea por medio de la crítica o la literatura, se circunscribían a este espacio letrado.

No obstante, al discurrir la segunda mitad del siglo XX empieza a hacerse visible la hegemonía producida por la cultura de masas, que no reemplaza la anterior, sino que se le sobrepone como dominante. La cultura literaria y el sistema editorial son reorganizados por la mercantilización e industrialización, al mismo tiempo que estos procesos impactan también la cultura indígena, acompañando las dinámicas de migración masiva del campo a la ciudad. Este nuevo momento resalta el protagonismo de las industrias culturales a medida que disminuye el poder del intelectual como productor. Se modifican además los imaginarios de comunidad cultural; es decir, el sentido de lo *común* negociado entre públicos reunidos en torno al consumo de los mismos objetos culturales.[11] Para Rama es principalmente importante la proyección de una comunidad cultural latinoamericana; para Arguedas, una comunidad nacional. ¿Estaba la cultura de masas modificando el significado de "lo nacional" y "lo latinoamericano"?

Las obras de Rama y Arguedas están permeadas de las tensiones que genera la nueva época cultural. Oscilan entre el optimismo hacia las posibilidades prometidas por las nuevas condiciones materiales de la cultura, y la angustia por la destrucción de las culturas en las que se crearon valores e imaginarios que dieron forma a las políticas de comunidades culturales en América Latina durante la primera mitad del siglo XX. Esta oscilación de sus obras es también la de su época; de ahí que al estudiar aquellas se esté asimismo interrogando la historia cultural de un período que, aunque hoy parece cerrado, ha establecido las condiciones de la producción cultural del presente. Rama y Arguedas estuvieron lejos de celebrar estas condiciones o de rechazarlas completamente. Como discutirá este libro, su postura estuvo marcada por la continua evaluación de lo que el presente dejaba atrás, poniéndolo en crisis, y de lo que las nuevas condiciones capitalistas de producción y circulación de la cultura permitían imaginar. A fin de cuentas, ambos estuvieron interesados en la producción de una cultura en común. No una cultura homogénea, sino un espacio común de relaciones entre grupos sociales, imaginarios y objetos materiales.

Narrativas

La principal narrativa de este libro comienza, en el capítulo inicial, con la exposición de algunos aspectos teóricos e históricos de la cultura de masas. Los próximos dos capítulos analizan la obra conjunta de Ángel Rama. En el Capítulo 2 se estudia su trabajo con la cultura de la imprenta. Los proyectos de edición que desarrolla se enmarcan—y al mismo tiempo contribuyen a producir ese marco—en la mayor expansión de productores y públicos de la cultura de la imprenta latinoamericana. Esto hace posible que la literatura, las humanidades y las ciencias sociales—para Rama, las bases de una cultura latinoamericana autónoma—circulen entre públicos no-intelectuales, creando nuevos canales de comunicación con los productores de esa cultura. El Capítulo 3 lee *La ciudad letrada* y otros escritos de Rama para explorar las utopías, los límites y las contradicciones de la mercantilización e industrialización de la cultura de la imprenta latinoamericana desde el modernismo hasta el *Boom* de la narrativa hispanoamericana. Con base en esta discusión, se sugiere la existencia de un ciclo específico, que llamo *ciclo popular de la cultura de la imprenta*, el cual se inició como un sueño de democratización cultural y terminó mostrándose como el establecimiento de una privatización casi absoluta de la cultura.

Los dos próximos capítulos están dedicados a la obra de José María Arguedas. En el Capítulo 4 se analizan sus prácticas intelectuales con la cultura de la imprenta y el folklore en el Perú. Se indaga la manera en que Arguedas pensó la cultura de la imprenta como un sistema técnico que, a pesar de excluir a grandes mayorías populares, podía constituir un espacio de comunicación popular en una época marcada por las migraciones masivas del campo a la ciudad. De otro lado, se observa la importancia del folklore en su obra para promover una cultura nacional-popular. Finalmente, el Capítulo 5 estudia las prácticas de Arguedas con otras tecnologías como la grabadora y los discos. Tales tecnologías, que atraviesan por igual su trabajo en el periodismo, la antropología, la literatura y la promoción cultural, fueron decisivas para promover el paso de la oralidad primaria a la secundaria, mediada por la reproducción técnica. Estas nuevas condiciones dan forma a una nueva cultura popular urbana en el Perú.

Conceptos

Este libro se organiza en torno a diversos conceptos, a varios de los cuales ya se ha hecho alusión. Aunque tendrán atención especial en determinados capítulos, es útil ofrecer ahora una definición básica de los más importantes.

Cultura de masas: Se entiende aquí como el concepto que condensó el debate sobre cultura, tecnología y capitalismo en el siglo XX, a pesar de que su universalización—expandiéndose de las regiones centrales a las periféricas del capitalismo—se produjo sólo después de la Segunda Guerra Mundial. La sobredeterminación de este concepto, en la que coexisten significados y valores contradictorios, expresa la densidad de la experiencia histórica con que se relaciona, y dificulta el consenso sobre una definición operativa. Sin embargo, aquí se distinguen tres perspectivas, las que ofrecen formas diferentes—mas no desvinculadas—de enmarcar dicho debate: (a) Desde el punto de vista de la *recepción*, la cultura de masas se piensa como aquella cultura que resulta de la exposición colectiva de amplias audiencias a un mismo conjunto de formas y contenidos culturales. Esta perspectiva dio lugar a diversas reflexiones sobre los contenidos degradados y el carácter industrial de la cultura de masas, así como a la manipulación comercial o política de las audiencias; (b) Desde el punto de vista de la *producción*, cultura de masas designa los procesos de mercantilización e industrialización de la cultura. Estos procesos remiten a la expansión del capitalismo industrial, por medio de la cual la cultura empieza a ser organizada, producida y consumida como cualquier otra mercancía en el intercambio capitalista. La tecnología es aquí parte de las fuerzas productivas; (c) Desde el punto de vista de la *comunicación*, cultura de masas es una forma de creación de comunidades culturales. La circulación de las mercancías culturales, revolucionada continuamente por la tecnología, los mercados y el consumo, produce experiencias en común y socializa imaginarios cuyos efectos sobre la vida social son proporcionales a la expansión de sus audiencias.

Espacio cultural: Tejido material o virtual creado por las relaciones entre productores, públicos y objetos materiales. El concepto resalta la importancia del análisis material de la cultura y enfatiza en su definición el componente de la *comunicación*. Por ello puede relacionarse con otros conceptos clásicos como *esfera pública* (Habermas; Negt y Kluge; Chartier, *Espacio*) y *comunidad imaginada* (Benedict Anderson).

Práctica intelectual: El concepto de práctica (Chartier, *El mundo*; *Escribir*) interroga la historia intelectual desde una perspectiva que no se concentra exclusivamente en la textualidad (manuscritos, libros, etc.) producida por un intelectual, sino en el conjunto de

acciones específicas que lo ubican social, económica y políticamente como productor cultural.[12] Aquí se utiliza la categoría *obra*
como un conjunto de prácticas que reúne, en una misma biografía
intelectual, elementos textuales y no-textuales. Así, una pregunta
que guía el análisis sobre Rama y Arguedas es saber no sólo *qué*
dicen sino también *qué hacen*, especialmente en esos tiempos
"entre la escritura," que parecen invisibles o son insignificantes
desde el análisis textual.

Intelectual como organizador de la cultura: Analizo a Rama y
Arguedas en cuanto intelectuales que perciben su propio trabajo
como una intervención pública orientada a organizar la cultura.
Por su ubicación histórica, los designo como organizadores de la
cultura en sociedades de masas. En esta definición articulo dos
debates en torno al intelectual y la producción cultural. Por un
lado, la reflexión clásica de Antonio Gramsci sobre los intelectuales, la organización cultural y la hegemonía.[13] Desde ella, la
organización de la cultura se traduce en un conjunto de prácticas
específicas orientadas a fortalecer o poner en crisis la hegemonía
de un espacio cultural. Por otro lado, remito al debate de Walter
Benjamin sobre intelectuales y medios, que puede articularse
poniendo en relación su ensayo sobre el impacto de la tecnología en la cultura ("The Work") y su reflexión sobre el intelectual
que rediseña su práctica en función de la lectura de las nuevas
condiciones de producción de su época ("The Author").[14]

Ciclo popular de la cultura de la imprenta: Este concepto
reevalúa críticamente la atribución casi exclusiva de una función
estatal a la cultura de la imprenta latinoamericana en el siglo XX.[15]
A pesar de la importancia del poder ejercido en las sociedades
latinoamericanas desde la época colonial por los poseedores de
la escritura y su sistema de producción técnica, en el siglo XX
se diversifican las características sociales y proyectos ideológicos
tanto de los productores como de los públicos. El *ciclo popular*
da cuenta del espacio cultural que se genera por las relaciones
entre estos actores y objetos materiales como periódicos, revistas
y libros. Su carácter "popular" se define así de manera relacional,
observando las dinámicas democratizadoras y sus límites en cada
caso específico.

Indigenismo: En los dos capítulos sobre Arguedas utilizo
frecuentemente el término *indigenismo*. Se trata de un término
que todavía hoy es controversial y está ideológicamente cargado.

En su sentido más amplio, el indigenismo califica una reflexión criolla o mestiza sobre el indio que recorre la historia latinoamericana desde la época colonial (Favre 11). En un sentido restringido al siglo XX, cuando se produce el apogeo del "movimiento indigenista" entre 1920 y 1970 (Favre 10), designa una posición crítica ante la sociedad dominante, a la que acusa de explotar al indio (Coronado 5–6). En la medida en que el indigenismo no se inscribe en ninguna ideología política particular, sino que ve a éstas (liberalismo, marxismo, nacionalismo, etc.) solamente como medio para conseguir sus fines, agrupa a un conjunto altamente heterogéneo de reflexiones sobre el indio. Así, puede traducirse en valoraciones racistas y paternalistas, en proyectos de integración vertical al Estado-nación o en la mejora de algunos aspectos de la vida indígena; incluso en soluciones tan variadas como la promoción de la educación y del trabajo industrial, o la toma de tierras. Por último, se puede expresar como corriente política, artística, literaria, etc., lo que impide la imagen de un movimiento unitario incluso dentro de un mismo país.

Con respecto a la obra de Arguedas, a pesar de que diversos especialistas han cuestionado su asociación con el indigenismo literario peruano,[16] otros han insistido en considerarlo como un intelectual de ideología indigenista. Desde los dos extremos políticos se le ha acusado de ser un defensor de utopías que promueven el retorno a un pasado idealizado de los Andes.[17] En esta investigación considero el *indigenismo* como un componente central del debate de la nación en el Perú del siglo XX, el cual—para Arguedas—está estrechamente relacionado con las ideas y prácticas intelectuales de José Carlos Mariátegui en la década de 1920. Arguedas reconoce este debate como punto de inicio de su obra intelectual, pero no se reconoce como indigenista. Su obra expresa no sólo las contradicciones de ese debate, sino además su crisis como resultado de las migraciones masivas y la urbanización del Perú.

Capítulo uno

Cultura de masas

Capitalismo, producción y comunicación

El término *cultura de masas* ha dejado de ser popular. En los diccionarios de cultura y medios va siendo reemplazado por otros vocablos que parecen tener mayor relevancia para pensar la cultura actual, tales como cibercultura, cultura digital, *new media* o *social media*. En la esfera pública y las conversaciones cotidianas, la experiencia cultural mayoritaria ya no se describe con aquel término sino con el de globalización.[1] Aunque la cultura a la que refieren todas estas palabras podría seguir siendo descrita como "masiva," tal calificativo parece haber perdido valor de uso social. Los nuevos vocablos ponen énfasis en el aspecto tecnológico—la *interconexión* es una imagen dominante—; en cambio, en la cultura de masas tal aspecto está subordinado a la condición de la cultura como mercancía.[2] Posiblemente ello se deba a que la naturaleza capitalista de la cultura se ha generalizado a tal punto que ha dejado de tener un rol preponderante en el debate. Sin embargo, durante la mayor parte del siglo XX, *cultura de masas* fue un término que condensó la experiencia social de la aceleración del impacto del capitalismo y la tecnología en las dinámicas de producción, circulación y consumo cultural. Era una experiencia *in-between*, marcada a la vez por la irrupción de nuevas formas culturales y por la destrucción acelerada de las anteriores: culturas e imaginarios que parecían haber estado allí por mucho tiempo.

No obstante, a pesar de su ubicuidad en todo tipo de debates, la cultura de masas era—y continúa siendo—un problema para los intelectuales. Por un lado, ninguna de las múltiples y diversas definiciones ensayadas era capaz de articular un consenso. Por otro, en abierta contradicción con los análisis de los "expertos," los consumidores de esa cultura no se consideraban a sí mismos como masas ni designaban como "cultura de masas" lo que consumían. Además, los intelectuales del período no se consideraban dentro sino al frente de la cultura de masas. Tal situación sobreponía heterogéneas valoraciones éticas, estéticas y políticas, por cuyos sobreentendidos y silencios la cultura de masas se inclinaba a tomar la forma de un concepto sin historia.

Este capítulo propone una reflexión sobre las tensiones que se articularon en torno al concepto de la cultura de masas en América Latina durante los años sesenta y setenta, período que concentra el debate inicial sobre el tema. La hipótesis que guía este repaso es que los intelectuales de izquierda percibieron la cultura de masas como ajena en un doble sentido: era identificada con la cultura de los Estados Unidos y, por lo tanto, estaba al margen de las problemáticas sociales, políticas y culturales que les interesaban, particularmente las que definían los debates sobre lo nacional y lo latinoamericano. No obstante, la segunda parte del capítulo muestra algunos elementos que permiten delinear una imagen de las transformaciones que estaban produciéndose en los *espacios culturales latinoamericanos* como consecuencia de la mercantilización y la industrialización. Mi objetivo no es realizar una historia exhaustiva de la cultura de masas en América Latina, sino más bien discutirla como el concepto que articuló la experiencia histórica del impacto del capitalismo en las culturas de la región. De otro lado, las discusiones que se desarrollan en este capítulo son propuestas como el contexto teórico para el estudio de las prácticas intelectuales de Rama y Arguedas, las cuales serán abordadas en los capítulos subsiguientes.

La americanización de la vida

Entre las décadas de 1960 y 1970, la asociación de la cultura de masas con los Estados Unidos se había vuelto un hecho irrefutable para la mayoría de los intelectuales latinoamericanos. En el primer encuentro de la Comunidad Cultural Latinoamericana (Arica, Chile, 1966), tuvo lugar protagónico el debate sobre "la supuesta influencia perniciosa de los medios de difusión en masa, tales como la televisión y las películas, la cual se censuró severamente, y con ello, el 'imperialismo cultural' de los Estados Unidos" (Kingsley 337).[3] Junto al flujo de capitales y políticas desarrollistas en el marco de la Guerra Fría, la circulación de valores ideológicos y contenidos culturales pasó de tener una presencia localizada en las grandes ciudades, a ser un movimiento totalizador que buscaba hacer de los países latinoamericanos—teniendo como eje de impulso a sus clases medias—un pujante conglomerado de mercados de consumo (O'Brien 101–69).[4] En esas décadas, la cultura de masas era vista como la coronación de una larga historia imperial de los Estados Unidos en Latinoamérica. Este "*late imperialism*" se proponía conquistar la cultura nacional y latinoamericana, último reducto que parecía resistir la embestida de la *americanización de la vida* experimentada durante el siglo XX, pero intensificada desde 1945: electrodomésticos, *jeans*, coches, Coca-Cola, viajes aéreos, turismo, cómics, series de televisión, etc.[5]

En América Latina, esta crítica política a la cultura de masas es ofrecida por los primeros estudios de comunicación social desarrollados en diversos países entre las décadas de 1960 y 1970.[6] Estuvieron caracterizados por entender su trabajo como una respuesta a los modelos funcionalistas del análisis de la comunicación en Estados Unidos, y por establecer una separación teórica, ética y política entre el lugar de la observación y su objeto de estudio—la cultura de masas—, cuestionando la manipulación ideológica de las masas y la americanización de la vida. Dos contextos nacionales especialmente relevantes para el desarrollo de estos estudios son Chile y Venezuela.[7] En el país del sur se realizaron los estudios pioneros de comunicación en el subcontinente, en los que el debate sobre la cultura de masas se consolidó en torno al problema de la dependencia y la neocolonización.[8] Son ampliamente conocidos los trabajos de Armand Mattelart y el grupo de investigadores nucleados en torno a las revistas *Cuadernos de la Realidad Nacional* y *Comunicación y Cultura*. Asimismo, es representativo el clásico libro de Ariel Dorfman y Armand Mattelart, *Para leer al Pato Donald* (1971),[9] conjunción—característica también de la época—de manual de descolonización y *best-seller*. Como ha sido observado, una influencia importante en estos estudios, y particularmente en la obra de Mattelart del período, fue la teoría leninista del imperialismo (McAnany 32).

Por otro lado, en Venezuela destacó el trabajo de Antonio Pasquali, cuyos libros *Comunicación y cultura de masas* (1964) y *Un aparato singular: Análisis de un día de TV en Caracas* (1967) se cuentan también entre los pioneros del análisis de la cultura de masas y los medios masivos (Franco, "What's").[10] Un aspecto novedoso de su trabajo, que se distingue de la crítica política al imperialismo, es el interés del venezolano por teorizar las condiciones

técnicas de los medios de comunicación de masas: en éstos, sólo
un sector social reducido emite información, mientras que las masas tienen la exclusiva función de receptores. Para Pasquali, "todos
los canales artificiales hoy empelados para la 'comunicación' con
las masas silencian, por su propia estructura, al sujeto receptor y
bloquean su capacidad interlocutora" (*Comunicación* 84). No obstante, tales observaciones sobre la dimensión técnica del problema
terminaron subordinadas a una defensa del individuo como posición crítica y de resistencia a la alienación que procicíaa la cultura
de masas (Schwarz y Jaramillo 53).

En conjunto, estos estudios pioneros ofrecen una imagen de la
cultura de masas definida por sus contenidos. Esto es, la cultura
de masas se expresa en objetos y discursos que tienen una relación
directa o mediada con las industrias culturales de los Estados
Unidos. Por ejemplo, en *Para leer al Pato Donald* es evidente que
el blanco de ataque son los personajes de Disney. Del mismo
modo, en un número monográfico de *Casa de las Américas* de
1973 dedicado a la cultura de masas, la crítica se concentra en
diversas publicaciones: *Selecciones del Reader's Digest*, novelas del
corazón, de vaqueros o policiales, revistas ilustradas y cómics que
presentan Tarzán, Batman o Superman. Al respecto, es importante
resaltar que estos contenidos remitían prioritariamente a la cultura
impresa; aunque la televisión empezaba su ascenso, todavía no se
había masificado en la mayoría de países latinoamericanos, como
sucederá a partir de los años ochenta.[11] Por otro lado, muchos de
estos contenidos—como los personajes de Disney—provenían de la
cultura de masas estadounidense de los años cuarenta, pero eran
interpretados en el contexto de la Guerra Fría como herramientas
ideológicas para contrarrestar la influencia comunista en América
Latina.

Vale la pena observar que estas características de los contenidos
que definían la cultura de masas en América Latina contrastan
significativamente con los que eran usados en Norteamérica para
debatir el mismo tema durante los años sesenta. Por ejemplo, el
conocido pensador canadiense Marshall McLuhan postulaba la
transformación del mundo en una "aldea global" que, gracias
a la tecnología, había reconstituido el diálogo a escala planetaria:
"The old civic, state, and national grouping have become unwork-
able. Nothing can be further from the spirit of the new technology
than 'a place for everything and everything in its place.' You can't

go home again" (*The Medium* 16). Los contenidos de esta narrativa remitían a inventos recientes como el satélite, o a la "información eléctrica" que interconectaba campo, ciudad y regiones mundiales. Aunque la superación de los provincialismos y el alumbramiento de una unidad tecnológica mundial podían ser plausibles desde países como Estados Unidos, para la mayoría de intelectuales latinoamericanos, estas hipótesis de McLuhan estaban más cerca de la ciencia ficción que de la realidad. No sólo eran diferentes la experiencia tecnológica y los contenidos de la cultura de masas, sino también la idea de que se habían superado las problemáticas nacionales. La revolución y la pobreza levantaban escenarios de conflicto que negaban la conciliación interclasista proyectada por McLuhan.

De este modo, para los intelectuales latinoamericanos de izquierda, la cultura de masas terminaba siendo definida como una cultura extranjera—significativamente arcaica con respecto a los centros desarrollados del mundo capitalista—claramente identificable por sus contenidos y asociada con los Estados Unidos; si puede decirse así, se trataba de una cultura de masas "al estilo" estadounidense.[12] Por esta razón, para estos intelectuales era dominante la percepción de la cultura de masas como un proceso capitalista que afectaba exclusivamente a la cultura de ese país. Por ejemplo, Leonardo Acosta definía la cultura de masas como "la superestructura del moderno capitalismo supertecnificado," que responde a "los cambios ... ocurridos en la sociedad capitalista, sobre todo norteamericana" (10). Este impacto del capitalismo se percibía como un proceso externo a la superestructura de las culturas nacionales o latinoamericanas, así remitieran éstas a la cultura de los intelectuales—aludiendo por lo general a la cultura de la imprenta—o a la de los sectores populares rurales y urbanos.

Al respecto es importante mencionar que uno de los ejes principales de la época desde el que se estableció la separación entre capitalismo y cultura nacional o latinoamericana fue el de la *revolución*, especialmente importante debido al impacto regional de la Revolución Cubana.[13] Los estudios y debates sobre la cultura de masas en América Latina se producían en una época en que la revolución era el horizonte político fundamental para muchos intelectuales de izquierda, lo cual daba prioridad a otras problemáticas sociales y culturales. También para la revolución las masas eran un sujeto político decisivo.[14] ¿Pero qué tipo de cultura debían tener las masas revolucionarias? Aun cuando las respuestas estaban abiertas al disenso, definitivamente no era posible decir que se trataba de la cultura de masas. Esta última se percibía como la cultura que encarnaba el capitalismo y el imperialismo estadounidense. Por lo mismo, se encontraba en las antípodas de la revolución. Un ejemplo tomado del volumen de *Casa de las Américas* mencionado anteriormente:

> Que el imperialismo norteamericano combate por todos los medios a su alcance cualquier empeño revolucionario, no es un secreto para nadie. Tampoco lo es que pretende adelantarse al surgimiento de esos empeños, o neutralizarlos, queriendo hacer del oprimido, del revolucionario potencial, un pasivo veedor, oyente, lector, receptor de mensajes reaccionarios ... prensa escrita, cine, radio, televisión, comics, manifestaciones espurias del arte, formas incesantes de la publicidad y la propaganda hacen que en el "mundo libre" el hombre viva inmerso en una atmósfera conformista, procapitalista, antirrevolucionaria. ... (*Imperialismo* 3)

A pesar de que, en general, los estudios latinoamericanos de la cultura de masas terminaron favoreciendo una mirada en que las masas fueron comprendidas como agentes pasivos de manipulación, concentrando el aspecto político de su crítica en el rechazo a la imposición de una cultura foránea que buscaba dominar los espacios nacionales y regionales, resulta importante notar que en las mismas décadas hubo otros intelectuales que plantearon formas distintas de comprender el problema, entre los que destacan principalmente los escritores de literatura. Como ha estudiado Jean Franco, desde mediados de la década de 1960 la literatura latinoamericana empezó a explorar las tensiones de la cultura de masas, las cuales se expresaban mediante la crisis de los mecanismos tradicionales de la producción literaria (del autor al *superstar*) y el desplazamiento de la literatura por los medios audiovisuales como base para la definición de cultura ("Narrator").[15] Sin embargo, este debate desde la literatura no dejaba de ser minoritario, y sólo hacia finales de los años ochenta empezará a percibirse como otra forma de comprender la relación entre cultura y capitalismo.[16] Lo que hacía visible la literatura quedaba elidido en los estudios de comunicación social, dejando fuera de su campo la pregunta por el capitalismo como problema de la cultura latinoamericana.

Así, puede decirse que por la *cultura de masas* no pasaban los principales problemas y desafíos sociopolíticos nacionales y regionales; por lo menos, aquellos identificados por los intelectuales de izquierda que rechazaban la modernidad capitalista.[17] La cultura de masas creaba por negación un "nosotros" latinoamericano y nacional, y ubicaba las culturas sobre las que se fundamentaban esas identidades en un "más atrás" del capitalismo.[18] No obstante, aquí es importante no perder de vista que aquello que podía ser reclamado por los intelectuales como "cultura nacional" o "cultura latinoamericana" era una imposición de las minorías letradas sobre los sectores populares. En este sentido, la pérdida de esas culturas a manos del capitalismo era un duelo que correspondía más a los intelectuales que a las clases populares.

Cultura de masas y espacio cultural

Aun cuando la percepción dominante de los intelectuales latino-americanos consideraba la cultura de masas como una cultura extranjera, la profundización del impacto del capitalismo y la tecnología era un proceso que en esas décadas estaba dejando de ser característico de las regiones más desarrolladas del sistema-mundo capitalista, para manifestarse también en los países perifé-ricos—los cuales constituían la mayoría del espacio y la población mundial. Podría decirse, siguiendo la tesis de Theodor Adorno y Max Horkheimer, que con la cultura de masas se completaba la expansión del capitalismo sobre la vida social, pues las con-diciones de producción de mercancías se trasladaban de la base a la superestructura.[19] Por supuesto, la expansión a los países periféricos era parte de la vertiginosa transformación global que desencadenaba el desarrollo de sociedades y culturas capitalis-tas después de la Segunda Guerra Mundial. La crisis del campo arrojaba a millones de pobladores hacia las ciudades, generando procesos de urbanización que rebasaban cualquier pronóstico y volvían prácticamente inservible cualquier teoría clásica de planifi-cación urbana (Hobsbawm 287–301). Lo que es más, los cambios experimentados tomaban la forma de un repentino salto histórico, como observa Eric Hobsbawm: "For 80 per cent of humanity the Middle Ages ended suddenly in the 1950s; or, perhaps better still, they were *felt* to end in the 1960s" (288).

Asimismo, la urbanización fue uno de los procesos que alteró de manera más drástica la sociedad y la cultura en América Latina, alcanzando a los países que hasta entonces eran predominante-mente rurales (Quijano, *Dependencia* 7–16). Las masas del campo que tomaban las ciudades habían establecido un desencuentro entre los procesos sociales de muchos países y los proyectos revolucionarios y desarrollistas. Irvin L. Horowitz anota que en los años sesenta existían tres estrategias claramente distinguibles para definir el cambio social. En primer lugar, el modelo estadounidense, orientado a desarrollar una política nacional multiclasista. La superación del antiguo régimen debía obtenerse a través de la libre competencia. En segundo lugar, el modelo soviético, que hacía depender la revolución de la radicalización del proletariado industrial en las ciudades; quien dominaba las ciudades controlaba la nación. Por último, el modelo chino que, en situación inversa, proponía que eran las masas campesinas las que tenían que rodear las ciudades, centros clave del poder político y económico. El *impasse* consistía en que, a pesar de la experiencia cubana de 1959 y los programas desarrollistas de Estados Unidos en la región, todos estos modelos eran puestos en crisis por la migración interna, que tomaba las ciudades de forma desordenada, esperando obtener solamente los beneficios básicos para poder sobrevivir (22–23).

En este contexto social, las dinámicas productivas y comunicativas de los espacios culturales son rápidamente impactadas por la mercantilización e industrialización, así como por la irrupción de públicos masivos y la mediación de tecnologías de registro y reproducción. En la segunda mitad del siglo XX, se muestra con claridad el predominio de la cultura urbana sobre la rural en la mayoría de países (Romero; Brunner, "Tradicionalismo") e incluso las regiones internas alejadas de los centros urbanos son conmovidas, ya sea por la presión cultural directa que reciben de esos centros o por la influencia indirecta proveniente de las oleadas migratorias que redefinen las relaciones entre el campo y la ciudad. Esta acelerada dinámica de urbanización y migración interna es, a fin de cuentas, uno de los componentes que marca la problemática de la cultura de masas en América Latina, y que está ausente tanto de las percepciones de los intelectuales latinoamericanos revisadas anteriormente, como de los debates europeos y norteamericanos clásicos (Adorno y Horkheimer, o McLuhan, por ejemplo).

El aspecto más visible de esta transformación de los espacios culturales es la masificación del público. Todas las formas culturales que son impactadas por las dinámicas de la cultura de masas acusan la ampliación significativa de sus audiencias. Se trata de una transformación cuantitativa en la comunicación, pero cuyos efectos producen un cambio cualitativo fundamental: la posibilidad de que una cultura que era consumida exclusivamente por un grupo social delimitado por criterios de clase, educación, etnicidad, género o ubicación geográfica—entre otros posibles—sea consumida por diversos y heterogéneos grupos de manera simultánea. Con esto, las divisiones estéticas, políticas y de estatus más conocidas del período, que definían lo que se entendía por alta cultura, cultura popular y cultura masiva, entran en un momento de crisis.[20]

Públicos masivos

Resulta difícil ofrecer una descripción exacta de la masificación del público en los espacios culturales latinoamericanos, ya que no existen suficientes estadísticas. Sin embargo, me interesa utilizar algunas disponibles para dibujar la tendencia general, con la salvedad de que se trata siempre de una imagen aproximativa. A continuación indico algunos datos sobre tres espacios culturales: la televisión, la cultura de la imprenta (periódicos) y la radio. La elección de estos espacios responde, en primer lugar, a que los dos últimos están directamente relacionados con el trabajo de Rama y Arguedas que se estudiará en los próximos capítulos. La televisión es importante como contraste, pues aunque todavía no había alcanzado expansión masiva en la mayoría de los países latinoamericanos, ella es referida frecuentemente en la cultura y los debates de los años sesenta. En segundo lugar, porque en estos tres espacios se observa la mayor ampliación de públicos culturales entre los años cincuenta y sesenta.[21]

Hacia 1950 la televisión era la punta tecnológica de la comunicación de masas y del predominio de Estados Unidos como industria cultural; pero, considerada mundialmente, aún no había salido de su etapa de expansión. En 1950 existían en ese país 97 estaciones y 6 millones de aparatos de TV. Para 1955, las estaciones sumaban 439 y 33 millones los aparatos de recepción. En 1962, existían ya 607 estaciones y 60 millones de aparatos (UNESCO, *World* 1964 171). Sin embargo, en otras regiones, como África, América Latina y Oceanía, la televisión empezaba a instalarse muy lentamente. Sólo Estados Unidos, Reino Unido, Francia y la Unión Soviética realizaban transmisiones regulares de TV.[22] En América Latina, en 1950 había estaciones en México (2),

Cuba (1), Brasil (1) y Argentina (1). Hacia 1955, México tenía
7 estaciones, Cuba 9 y Puerto Rico 2; se habían creado además
estaciones en Venezuela y Colombia, y países como Chile, Perú y
Uruguay planeaban su ingreso a la era de la televisión (UNESCO,
World 1956 25). Para 1956, Uruguay obtiene su primera estación
de TV[23] y hacia 1964 consigue su segunda, mientras que en Perú,
para entonces, ya existían 5. Además, se habían creado similares
en Costa Rica, República Dominicana, El Salvador, Guatemala,
Honduras, Nicaragua y otros países, aunque Bolivia no tenía
aún una estación de TV.[24] A pesar de esta rápida expansión, debe
tenerse en cuenta que en la mayoría de estos países, la transmisión
se hacía sólo a determinadas horas y era muy reducido el número
de los aparatos y el público; la televisión estaba todavía lejos de ser
un verdadero fenómeno de masas. Sin embargo, esta masificación
sí se daba sostenidamente en los espacios de la imprenta y la radio.

Con respecto a la cultura de la imprenta, una característica
de la masificación de sus públicos—tomando como marco el
consumo de periódicos—es que la mayor ampliación proviene de
los países de África, Asia y América Latina, donde este aumento
exponencial en las ventas está relacionado con mayores índices de
alfabetización y consumo entre sectores populares. En cambio, en
los países ricos las estadísticas se mantienen estables e incluso se
detectan retrocesos en Estados Unidos (UNESCO, *World* 1964
13). En América Latina, el aumento de consumo de periódicos es
significativo: a pesar de que hacia 1964 sólo cuatro países exceden
el nivel de 10 copias diarias por 100 habitantes (Argentina, Uruguay, Chile, Guyana Francesa),[25] otros están dirigiéndose hacia
esa tendencia. Por ejemplo, en Ecuador en ese año el consumo
aumentó 30%, en Venezuela 60%, y en Paraguay y Perú lo hizo
en 100% (19). En el Capítulo 2 discutiré el caso de los libros,
cuya circulación y consumo, como la de los periódicos, se amplía
de manera inédita en los países del Tercer Mundo a partir de los
años cincuenta, mientras que en los países europeos o en Estados
Unidos, la expansión de la cultura del libro es significativamente
anterior.

Por otro lado, con la radio se produce un fenómeno similar
al de la cultura de la imprenta, aunque mucho más acentuado
y expandido. En gran medida, esta situación se debe a que la
tecnología de la radio opera con la oralidad y no encuentra los
problemas de entrenamiento cognitivo que requiere la cultura

escrita. Las estadísticas muestran una asombrosa proliferación de estaciones y un aumento masivo de aparatos y oyentes durante los años sesenta. La primera característica se da a nivel mundial: el número de aparatos de radio por 100 habitantes aumenta, en todas las regiones, mucho más rápido que la respectiva ecuación estadística para la prensa. Sólo dos regiones (África y Asia) tienen menos de 5 receptores por 100 habitantes. En América, Europa, Oceanía y la Unión Soviética el rango va de 10 a 73 receptores por 100 habitantes (UNESCO, *World* 1964 27). No hay en el pasado una época donde la radio se haya masificado de tal manera.[26] En esta proliferación tuvo un rol importante la radio a transistores (o de bolsillo), pues facilitó la creación de nuevos contextos comunicativos para la cultura radial en lugares pobres, donde no existía luz eléctrica. Las radios portátiles masifican su uso urbano, impactando por ejemplo en la cultura de los hombres, como la escucha del fútbol (Faraone, *Estado*; *Medios*), y la cultura popular rural en diversos países.[27]

Por consiguiente, puede concluirse que la radio y la cultura de la imprenta se tornan espacios clave para el establecimiento de las dinámicas de la comunicación de masas en Latinoamérica. No obstante, es importante resaltar también una diferencia en la cobertura espacial. Los públicos de la radio son cualitativamente mayores, pero están restringidos por una cobertura espacial menor (provincias, regiones, países). En cambio, los públicos de la cultura de la imprenta, aunque son inferiores en su número global, se interconectan a mayor distancia. Este alcance de cobertura no podía ser logrado por otro medio, ni siquiera la televisión, entre las décadas de 1950 y 1960.[28]

Por otro lado, una condición tecnológica que favorece la masificación del público es la popularización del uso de objetos portátiles o "de bolsillo." Desde la creación del libro de bolsillo en 1935, a la grabadora de voz portátil y la radio de transistores en la segunda mitad del siglo XX,[29] cuyo impacto he mencionado antes, estos objetos materiales tratan de alcanzar a públicos cada vez más masivos y heterogéneos. Impulsan una "democratización" del consumo cultural—guiada obviamente por intereses empresariales—consiguiendo reducir drásticamente el precio de objetos como los libros, o abaratando el costo de los aparatos de recepción de cultura audiovisual. Estos objetos respondían, asimismo, al cambio en los hábitos del consumo popular, los cuales tenían que adaptarse a situaciones cotidianas como viajes en transporte público, horarios fijos de trabajo y espectáculos masivos. Las máquinas culturales "pesadas," como el cine, requerían de una congregación del público que sólo podía realizarse en el tiempo libre de los espectadores. En cambio, los objetos portátiles producían nuevos contextos de consumo. Si otras tecnologías, como la escritura y la radio, habían logrado introducir la cultura en las casas y hasta en el interior de la habitación, los objetos de bolsillo atravesaban los espacios públicos y privados, incentivando una práctica de consumo cultural que no estaba limitada a determinados momentos del día. Así, los límites establecidos entre tiempo de ocio y trabajo, vida familiar, individual y pública, eran impulsados a una reorganización. Estos aparatos técnicos definieron aún más la comunicación como un proceso tecnológico, industrial y masivo.

One-to-Many

Los objetos portátiles describen sólo el ámbito de la recepción en la cultura de masas, cuya característica es la masificación de públicos. Sin embargo, es muy distinta la situación que se produce en el ámbito de la producción. Desde este polo la cultura de masas se presenta como profundamente antidemocrática, pues está caracterizada por la situación técnica del *broadcasting*, en el que son pocos los emisores y muchos los receptores: *one-to-many* (Hartley 138; Chandler y Munday 255). Debido a que la producción en esta situación técnica requiere de inversión de capital y especialización tecnológica, la elaboración de un periódico o la emisión de un programa televisivo no es una práctica al alcance de las mayorías. La democratización que se da en el ámbito de la circulación es, desde el ámbito de la producción, una necesidad puramente comercial. Además de la polarización capitalista entre emisor y receptor—que refleja la tensión entre dueños de medios de producción y asalariados—esta determinación técnica responde al tipo de máquinas emisoras que acompañaron la historia de la cultura de masas en el siglo XX; de la imprenta y el cine a la radio y la televisión.[30] Contrariamente a lo que sucedía en el polo de la recepción con los objetos portátiles, estas máquinas son significativamente "pesadas," pues la organización del trabajo y de su funcionamiento técnico requiere concentrar la producción en un espacio físico fijo. Con diverso grado, contribuyen, al igual que la situación *one-to-many*, a definir los procesos comunicativos de la cultura de masas como "poco democráticos."[31]

De este modo, "lo masivo" implicado en el concepto *cultura de masas* tiene como marco de experiencia la situación técnica del *broadcasting*. Por consiguiente, no es posible analizar las transformaciones que se producían en la cultura de la segunda mitad del siglo XX interpretándolas desde las condiciones técnicas actuales. Estas últimas favorecen—al menos en teoría—que cualquier receptor se convierta en productor;[32] asimismo, segmentan los públicos, diversificándolos según distintos criterios e intereses individuales. En cambio, en la cultura de masas la función del productor está concentrada en pocas manos, mientras que los públicos tienden a una mayor homogeneización. (Tanto así que resulta más apropiado hablar de *el* público.) De allí que la situación *one-to-many* promueva los imaginarios de comunidades más extendidas y compactas, entre las que podrían contarse—para el interés de este trabajo—la nación o América Latina como unidad cultural. Incluso, es posible sugerir que muchos de los debates que acompañaron la cultura de masas, como el de la manipulación de las audiencias, tuvieron su condición material en esta naturaleza unidireccional de la comunicación y el tipo de concentración de poder que promueve.[33]

Llegado este punto de la argumentación, puede decirse que la tecnificación y la mercantilización de la comunicación conformaron una de las bases materiales más importantes del *espacio cultural* promovido por la cultura de masas.[34] Las relaciones entre públicos, productores y objetos materiales empezaban a depender cada vez más de la organización capitalista de la cultura, así como de la tecnología y los mercados para su consumo. En la segunda mitad del siglo XX, estas dinámicas se extendieron cada vez más a diversos tipos de cultura, como la imprenta, la radio y la televisión, los cuales se iban integrando en el espacio mercantilizado e industrial de la cultura de masas, generando una dinámica de circulación que interrelacionaba la totalidad de formas culturales. En otras palabras y para decirlo con Umberto Eco, se iban integrando al "sistema de condicionamientos recíprocos" que establece la cultura de masas entre todas las esferas de la comunicación social (33–34). Las diversas dinámicas comunicativas de la cultura confluyen en ese espacio sistémico unitario, incluso aquellas que se consideraban por fuera u opuestas a la cultura de masas. Para Eco, todo esto "tiene lugar en el momento histórico en que las masas entran como protagonistas en la vida social y participan en las cuestiones públicas" (42). Por lo tanto, la cultura de masas plantea, desde la época del predominio de la imprenta, la pregunta por la democracia. De allí que al debatir la cultura de masas desde el presente se ponga en juego—o podría ponerse en juego—la cuestión de la democratización de la cultura, evaluando los límites y los posibilidades que establecía la nueva cultura para los sectores populares.[35]

La crisis del intelectual

Después de analizar las transformaciones en el ámbito de la comunicación social, es útil retornar a observar la situación del productor en la cultura de masas. La impresionante suma de críticas realizadas por los intelectuales a esta cultura—en diversos continentes—describe una crisis civilizatoria alarmante, puesta de manifiesto sobre todo por la calidad de la cultura y los hábitos de consumo de las masas populares. Palabras como anarquía, revuelta, declive civilizatorio, estandarización o manipulación narran este enjuiciamiento intelectual construido desde distintas posiciones políticas. No obstante, en su reverso se expresa la angustia de los intelectuales por la pérdida de poder en la sociedad. Las masas ya no son educadas por ellos, sino por los objetos producidos en serie que inundan los mercados culturales y usurpan la función pedagógica atribuida anteriormente a los padres, al sacerdote y al intelectual.

Como observaron Theodor Adorno y Max Horkheimer en su conocido e influyente ensayo *Dialéctica de la Ilustración* (1944), el desplazamiento del intelectual por la cultura de masas toma la forma de la crisis del trabajo artesanal. La cultura empieza a ser producida de acuerdo a los criterios de producción capitalista industrial; de allí que el término central del ensayo sea el de "industria cultural," y el proceso clave de su desarrollo, la conformación de la cultura de masas como un "sistema" (165). Al ser la cultura de masas la forma del desarrollo de la superestructura de las sociedades capitalistas avanzadas, ella organiza como público a las grandes masas de asalariados, dirigiéndose a conquistar el tiempo libre—única fracción del día de la que, en apariencia, es dueño el trabajador—diseñado por el capital como tiempo necesario para reponer fuerzas y reproducirse.[36] Al mismo tiempo, la producción cultural se adecúa a la producción general de mercancías y a la organización empresarial, teniendo como finalidad última la adquisición de valor de las mercancías. En esta figura, el intelectual es una pieza más de la "máquina cultural," perdiendo la autonomía que parecía poseer en una época pasada, cuando sus prácticas artesanales definían su oficio como un trabajo improductivo que no participaba de la creación de plusvalor.

Para los filósofos de la Escuela de Frankfurt, este trabajo artesanal es recuperado como figura política de resistencia. Dicha figura mira a un *antes* de la cultura de masas, cuando existía una comunicación crítica no guiada por el interés práctico de la producción capitalista, y cuando el trabajo de los intelectuales permitía definirlos como productores autónomos. Aquí Adorno y Horkheimer no sólo están pensando en la figura del trabajo artesanal de Marx,[37] sino también en un pasado histórico reciente: la Europa prefascista, que sugieren como la antítesis del presente que encuentran al llegar a los Estados Unidos.[38] En dicho pasado, la obra de arte autónoma tenía la huella de la producción artesanal y de una comunicación genuina.[39] No obstante, el creciente predominio de las masas pone en crisis las condiciones de posibilidad de la experiencia estética del individuo moderno promovida por esa obra de arte, pues para Adorno y Horkheimer "toda cultura de masas bajo el monopolio es idéntica" (166). De todo esto se desprende que, en la época del predominio de la cultura de masas, el trabajo artesanal que define la cultura del intelectual puede seguirse realizando sólo como una práctica minoritaria, aislada de las experiencias culturales de las masas. El intelectual está constreñido a tomar uno de los dos caminos posibles, los cuales reproducen las posiciones antagónicas clásicas que acompañaron el debate de los intelectuales sobre la cultura de masas: o se aferra a esa práctica minoritaria, intensificando la separación entre el productor y el público (T. Adorno), o se inscribe el trabajo en las nuevas condiciones capitalistas, politizando el espacio de la mercantilización e industrialización de la cultura (Benjamin).[40]

En 1973 el escritor chileno Armando Cassigoli observaba irónicamente el grado de penetración al que había llegado el imperialismo cultural y la reproducción de la colonialidad en la cultura de masas: "Antes, nuestra domesticación era realizada por la Iglesia, la Escuela y la Familia. Ahora, son los comics, la pantalla chica y el cine, los encargados. Los Evangelios en forma de historietas nos dan un Cristo blanco y rubio y a un Judas con el rostro moreno como el de cualquier latinoamericano" (6). Estas observaciones eran también una forma desplazada de comentar el rol secundario al que había sido relegado el intelectual por la industria cultural; sin embargo, el intelectual no aparece mencionado. El "intelectual crítico," característico de la época (Raquel), parece estar en un lugar protegido de la mercantilización y la industrialización de la cultura; su función como conciencia crítica de la sociedad se abstrae de las condiciones materiales de producción y circulación de la mercancía. Esta situación es apuntada por el argentino Juan José Saer, pensando especialmente en los escritores que encuentran trabajo en el mercado de escritura de la época, pero que desconocen públicamente esa dependencia productiva:

> Por su origen y formación, los escritores de América Latina están vinculados a esa cultura [la cultura de masas], aun cuando mantengan con ella una relación ambivalente, que a veces supone el rechazo violento o la ignorancia casi perfecta. El rechazo no siempre tiene fundamento ideológico preciso, y la ambivalencia se hace sobre todo evidente cuando tenemos en cuenta que muchos intelectuales que trabajan en la organización y producción de los *media*, ganándose la vida con ellos, únicamente hacen referencia a las comunicaciones de masas para expresar su desprecio. (303)

Esta mercantilización del trabajo intelectual, claramente identificable desde la época modernista (Ramos), había llegado a un punto de expansión en los años sesenta con procesos como el *Boom* de la novela hispanoamericana.[41] Pero aquellos que asumían la posición criticada por Saer continuaban concibiendo las condiciones de trabajo del intelectual como intocadas por el capitalismo. De manera también polémica—no podría haber sido de otro modo en la época—Jaime Rest cuestionaba en los años sesenta una actitud similar de algunos intelectuales ante la cultura de masas, quienes trataban de "elucidar lo acontecido mediante los presupuestos de que la cultura es un compartimento estanco dotado de absoluta autonomía en el marco social, y de que las fronteras de este ámbito ya no pueden rectificarse pues fueron establecidas en forma definitiva por obra de la tarea intelectual y poética completada en épocas pasadas" (10–11).

En otras palabras, tanto el productor como el público parecían existir más atrás del mercado, como si preservaran una condición artesanal. De un lado, la literatura o el arte tenían un circuito de comunicación reducido, las culturas indígenas existían en condiciones precapitalistas y la cultura revolucionaria surgía como negación del mercado. De otro lado, el intelectual respaldaba su autonomía en un trabajo que no estaba regido por las condiciones generales de producción capitalista. Así, era la cultura estadounidense la que irrumpía para fracturar las dinámicas de comunicación entre intelectuales y públicos a nivel nacional y latinoamericano. De aquí que el rechazo al imperialismo cultural no siempre permitiera aceptar que la comunicación conseguida por los intelectuales con amplias audiencias era posible porque las revistas y los libros—por nombrar sólo los medios clásicos del intelectual crítico—funcionaban como mercancías. Tal situación llevaba a atribuir el desplazamiento del intelectual a la intromisión de esa cultura extranjera, y no a las nuevas condiciones de producción. Se percibían los efectos pero no el proceso de la cultura de masas. Esta cultura quedaba al margen de las problemáticas sociales, culturales, étnicas y políticas que circulaban por las otras culturas.

Rama y Arguedas

Una característica compartida entre las prácticas intelectuales de Ángel Rama y José María Arguedas que se analizarán a partir del siguiente capítulo es que movilizan una continua reflexión sobre los efectos de la urbanización y la migración, así como sobre la creciente mercantilización e industrialización de las culturas con las que trabajan. Aun cuando estas obras responden a la tensión principal de la época, articulada en torno al rechazo del imperialismo cultural en la región, muestran también otras formas en que se experimenta el impacto del capitalismo y la tecnología. Podría decirse que sus obras iluminan los aspectos que la posición dominante ante la cultura de masas de los intelectuales del período no pudo visualizar de la misma manera; el modo y la intensidad con que la cultura impresa y la cultura indígena, consideradas ambas como lugares de resistencia a la cultura de masas, son atravesadas por las mismas dinámicas productivas y comunicativas.

Como se argumentó en este capítulo, el impacto de la cultura de masas sobre los *espacios culturales* impulsa nuevas formas de pensar la comunidad y el significado de lo común, fundamentalmente porque crea nuevas relaciones sociales en torno a la cultura.[42] En una época en que predomina la mercantilización, los mundos urbanos y la tecnificación de la cultura, ¿qué sucede con las ideas y los imaginarios creados bajo otro orden técnico y social? El Latino-americanismo, desde su redefinición en la época modernista—y particularmente desde 1898—se encabalga en la crítica antiimperialista. Como ha visto Julio Ramos, un orden productivo en que se expresa esta tendencia es la postulación de la autonomía literaria con respecto al mundo mercantil, lo que orientaría el discurso literario a la indagación del "ser latinoamericano" (81–82). Es la "otra América" la que se define por el materialismo capitalista; la del sur se construye casi como puro Espíritu. ¿Hasta qué punto modifica esta tendencia el encuentro, en la obra de Rama, de este Latinoamericanismo con nuevas condiciones materiales generadas por el impacto del capitalismo en la cultura?

Algo similar podría preguntarse respecto a la comunidad de la "cultura nacional" en el caso de Arguedas. Al siglo XX llega un discurso de la "cultura nacional" que era principalmente un ejercicio de imaginación de letrados e intelectuales a través de la cultura de la imprenta, pues se enfrentaba con la carencia de públicos. De igual manera, persiste la imagen de un país fragmentado por la geografía y las relaciones coloniales y del primer siglo republicano, que distancia el espacio intelectual urbano y los mundos indígenas. Pero si las migraciones masivas del campo a la ciudad, la ampliación de la educación popular y las mediaciones del mercado y la tecnología en las culturas indígenas caracterizan el momento en que Arguedas interviene como intelectual, ¿hasta qué punto se preserva o se modifica lo que se entendía como "cultura nacional"? Estas preguntas esbozan la dirección que los otros capítulos sugieren para repensar la relación cultura-capitalismo en la historia intelectual y cultural de Latinoamérica de la segunda mitad del siglo XX.

Capítulo dos

Cultura de la imprenta
como cultura de masas alternativa

Las prácticas editoriales de Rama

1960, Uruguay. La escena encuentra al crítico literario Ángel Rama observando el consumo cultural en Montevideo. Un tipo específico de consumo: el de los libros de bolsillo, en un país latinoamericano que poseía una de las tasas de alfabetización y educación más altas del mundo.[1] Rama capta la presencia de un público popular que consume novelas policiales importadas, al margen de los espacios por donde circula la cultura literaria:

> Generalmente se desprecia el género policial—incluso los mismos que los leen—considerándolo una literatura bastarda. Aunque estamos muy lejos de pretender hacer de él un arte superior, debemos decir que no conocemos en nuestro país muchos escritores capaces de la eficiencia del oficio riguroso, de un Patrick Quentin, por ejemplo. ...("La construcción" 45–46)

Dicho "oficio riguroso"—modelo, además, del escritor profesional—es índice de un proceso de comunicación entre autores, obras y públicos que era inexistente para la literatura nacional, la cual seguía circulando por circuitos restringidos, entre intelectuales y públicos altamente segmentados.

El título del artículo periodístico del que proviene esta escena— "La construcción de una literatura"—presupone provocativamente la ausencia de una literatura. No obstante, no se refiere a la inexistencia de obras literarias de mucha o poca calidad estética, sino a la falta de una literatura entendida como proceso social y material de comunicación, capaz de poner en relación constante a autores y públicos. En diálogo explícito con el concepto de *sistema literario* de Antonio Candido,[2] Rama piensa que el único modelo exitoso de *literatura* en el ámbito uruguayo ha sido la gauchesca: "si los gauchescos pudieron crear una literatura lo debieron a que fueron casi los únicos que eligieron decididamente un público para proyectar en él sus creaciones." En la literatura urbana, en cambio, "el escritor trabajó para la elite de escritores, con el ojo puesto en el hombre universal y el hombre del futuro" ("La construcción" 44). Si tuviera que encontrarse un equivalente de la gauchesca en la década de 1960, tendría que mencionarse a la novela policial de la escena anterior; una "literatura bastarda," despreciada por los intelectuales, pero que ha logrado articular un espacio cultural en el que interactúan lectores populares, movidos por el interés común en un mismo cuerpo de cultura. Puede decirse que esta forma de comprender la literatura como proceso social y material sintetiza el proyecto intelectual de Ángel Rama. Su interés es crear, desde la cultura de la imprenta, un *espacio cultural* latinoamericano en el que las relaciones entre productores y públicos, sostenidas por un campo editorial, y guiadas por las experiencias históricas de sus participantes, definan una cultura autónoma. Se trata de pensar la comunicación como un hacer común, o como demanda de una comunidad. Por este motivo, la creación de ese espacio cultural presupone, en la obra de Rama, un trabajo colectivo en múltiples direcciones y, de manera especial, en el ámbito de la publicación: operar una práctica a la vez intelectual y mercantil que permite la comunicación entre productores y públicos.

La problemática que estudia este capítulo se estructura en torno a la escena del género policial y al mencionado proyecto de espacio cultural en la obra de Rama. Desde aquella escena, se observa el consumo popular en la cultura de la imprenta como un proceso sociocultural manifestado *en* el espacio de la cultura de masas.[3] Es decir, se ha establecido un circuito de lectura y consumo de libros y otros objetos de la cultura de la imprenta a espaldas de los intelectuales y el Estado. Rama—uno de estos intelectuales—lee esas nuevas condiciones e interviene en ellas a través de diversas prácticas editoriales, tratando de incentivar la creación de espacios culturales a nivel latinoamericano y nacional. En ello, percibe la importancia del quiosco como un lugar al que acuden los lectores populares para adquirir, con prescindencia de los criterios de selección estética o de los mecanismos universitarios y editoriales que legitiman la calidad del trabajo intelectual, mercancías culturales como obras literarias o libros, folletos, enciclopedias y revistas ilustradas de información y conocimiento. Sus proyectos editoriales buscan introducir en ese espacio de consumo y mercancías los contenidos de la cultura literaria y la cultura universitaria provenientes del trabajo intelectual nacional y latinoamericano.[4] En este sentido, Rama está buscando que la cultura de la imprenta latinoamericana pueda funcionar, material y simbólicamente, como lo estaba haciendo la cultura de masas.

En consonancia con lo que sucedía en el resto de América Latina, en el Uruguay de la escena del policial, la vida cotidiana había sido permeada por mercancías, tecnologías y contenidos de la cultura de masas. El proceso, en despliegue desde por lo menos 1910 (Bouret y Remedi), se había cristalizado ya entre 1930 y 1960 (Faraone, *Medios*; *El Uruguay* 111–14), mostrando una clara intensificación hacia los años cincuenta. Revistas ilustradas y otras publicaciones periódicas, junto a la cultura de la radio y el cine—a la que se iba sumando la televisión—impactaron de manera especial en las nuevas generaciones, definiendo una "cultura juvenil" que tenía cada vez mayor distancia con respecto a la de los adultos (Markarian; Porzecanski). A través de cómics, revistas, libros, cine, programas radiales y televisivos, aquella cultura de masas materializa un circuito de comunicación y aprendizaje que logra "poner en contacto" amplios sectores sociales con los mismos objetos culturales. La industria cultural "importada" toma la función pedagógica que en el pasado buscaba poseer el letrado o el intelectual "local" sobre las masas. De otro lado, los *espacios culturales* se amplían, entran en crisis, se reformulan e interrelacionan con mayor intensidad que en el pasado. Para la cultura de la imprenta, el impacto de las dinámicas capitalistas y tecnológicas, que estaban en proceso en algunos países desde el último tercio del siglo XIX,[5] encuentra su momento de mayor intensificación en la segunda mitad del siglo XX. En este momento, el impacto ya no alcanza únicamente a la prensa o a las revistas, sino también al libro, último objeto de la cultura de la imprenta en masificarse.

En este nuevo contexto en que la cultura de masas ha incorporado a todos los objetos materiales de la cultura de la imprenta en América Latina, se explica con mayor claridad la hipótesis de que Rama estaba buscando que esta cultura pudiera funcionar—material y simbólicamente—como aquella. Materialmente, a fin de que pudiera construir un tejido comunicativo capaz de incluir a cada vez más autores y públicos en Latinoamérica. Simbólicamente, de modo que esa cultura cumpliera un rol educador que rivalizara con el que poseía de manera dominante la cultura de masas. Este interés de Rama podría concentrarse en una pregunta sencilla: ¿qué sucedería si en el quiosco en lugar de Patrick Quentin estuviera Juan Carlos Onetti? El espacio dominante de la cultura de masas podía ser ignorado por algunos intelectuales, pero también podía ser asumido como el lugar hacia el cual se desplazaban las contradicciones sociales y los procesos culturales; el nuevo espacio de construcción de la hegemonía. Las prácticas intelectuales que estudio en este capítulo colocan a Rama en esta última posición. Nos permitirán observar un aspecto central de su obra conjunta al que todavía no se le ha prestado suficiente atención.

Arca y el libro de bolsillo

Uruguay, el pequeño país de clases medias, modelo latinoamericano de integración y modernidad, poseía admirables librerías en las que podían conseguirse las últimas novedades europeas en lengua original, pero contaba con escasas casas editoriales. Esta situación era índice del reducido circuito comunicativo que caracterizaba la literatura nacional. Sin embargo, hacia el inicio de la década del sesenta se producían transformaciones importantes en la cultura del libro que modificaban aquella situación. En 1958 el editor español exilado Benito Milla fundó Alfa, un sello editorial que se encargaba de promover el libro uruguayo. Con ironía, Carlos Maggi—compañero intelectual de Rama—comentaba sobre esa editorial: "Por algo se llamaba Alfa; porque fue la primera" (Entrevista).[6] De otro lado, en 1961 da inicio la Feria del Libro, impulsada por la poeta Nancy Barcelo. Esta feria fue un espacio clave para hacer visible una demanda masiva del libro nacional, que hasta entonces nadie daba como existente.[7] En 1968 Carlos Maggi veía así la nueva coyuntura del libro uruguayo: "los libros nacionales, en Buenos Aires y en Montevideo, se venden masivamente y … los escritores y los editores se afanan por ofrecer al público el material científico o de ficción que ese público reclama vinculado al aquí y al ahora en que está viviendo …" ("Sociedad" 33). En una entrevista, Maggi recordaba que en algunos años se llegaron a editar más de cien títulos sólo para la Feria. Compartiendo el interés por el fenómeno con Carlos Real de Azúa y Carlos Martínez Moreno, se preguntaba cómo medir el consumo de libros que traía consigo ese nuevo momento editorial, para lo cual ideó una comparación curiosa:

calculé que si una entrada de fútbol era consumida por un
espectador, un libro era consumido por lo menos por un pro-
medio de dos lectores. Si hacía esa proporción, se vendían más
libros que entradas de fútbol. El fútbol es la actividad popular
más extendida que se hace en el Uruguay, y resulta que si hacía
ese cálculo … la suma daba que se vendían, se leían, más libros
que entradas de fútbol. Era un boom. (Entrevista)

Las cifras que ofrece su estudio de 1968 son un buen indicador
del impacto en juego: en las cuatro décadas anteriores a 1960, en
el Uruguay la suma de ejemplares publicados por año de todos los
libros nacionales de literatura—incluyendo en esta categoría ensayos y otras áreas de humanidades—no pasaba de 50 mil; en 1967,
esa cifra era de 500 mil ejemplares ("Sociedad" 33). Hacia finales
de esa década, la edición del libro nacional estaba en su máximo
esplendor:

[L]os libreros compran al firme cantidades importantes de las
ediciones recién lanzadas y la red de distribución se amplía de
tal modo que empieza a venderse literatura nacional, no sólo en
las librerías, sino en los super-mercados, en los quioscos calleje-
ros y en los pequeños comercios de la más diversa índole en el
interior del país. (38)

El *boom* se había extendido del circuito restringido de intelectuales
a los lectores populares, y de Montevideo a las provincias.

El interés de Rama por el campo editorial fue temprano, y se
manifestó no sólo como tema de indagación intelectual, sino también en una dimensión práctica, que lo llevó a crear más de una
docena de proyectos editoriales. La edición era un aspecto material
de la relación productor-público al que le dio especial consideración. En 1950 fundó, con Maggi, el sello artesanal Fábula—de
breve duración—y, entre 1951 y 1958, fue el encargado de la colección Clásicos Uruguayos de la Biblioteca Artigas. Para entonces,
Rama era ya conocido en el campo intelectual uruguayo como
periodista, actor aficionado de teatro, escritor, periodista cultural,
crítico, profesor de educación secundaria y alguien de quien se
sospechaba, como decía Real de Azúa, que no dormía nunca.[8]
En Fábula publicó sus primeros dos libros (*¡Oh, sombra puritana!*,
novela, y *La aventura intelectual de Figari*, ensayo), junto a los de
otros jóvenes autores uruguayos. Entre 1960 y 1961 dirigió en Alfa
la colección Letras de Hoy, cuya principal orientación, al igual que

Fábula, era publicar escritores uruguayos recientes. Por último, en 1962 Rama fundó, con su hermano Germán y el crítico José Pedro Díaz, la editorial Arca, sello por el que—con excepción tal vez de la posterior Biblioteca Ayacucho—será más conocido a nivel latinoamericano.[9] En 1974, Arca fue clausurada por la dictadura.

Entre Fábula y Arca media la expansión del mercado popular para el libro uruguayo. La primera editorial diseñó sus ejemplares en una edición de lujo y tiraje reducido, mientras que la segunda se caracterizó por lo inverso. Es significativo que esta variación se exprese en las características materiales de ambos tipos de libro. En la primera, predomina la edición artesanal, con criterios españoles de empaste.[10] En la segunda, la edición industrial, que privilegia tapas coloridas, muchas de ellas con diseño gráfico vistoso, y tamaño reducido. Así, los libros de Arca dialogan con ciertas características estéticas y productivas de los *best-sellers*, punta de lanza de la "literatura de masas" importada. Podría decirse que estos libros miran, con deseo y pudor, a las novelas policiales que Rama, en la escena de 1960, había visto circular entre públicos populares en Montevideo.

Tal vez sea útil dar un alcance del tipo de textos que se publicaban en Arca, para lo que bastaría mencionar algunos ejemplos literarios. Uno de sus primeros éxitos de venta fue *La hojarasca* de Gabriel García Márquez, cuando éste era un escritor desconocido. Se editó también a José Revueltas, José Lezama Lima, Alejo Carpentier, Felisberto Hernández, Horacio Quiroga y Juan Carlos Onetti, cuando este último era leído sólo por pequeños grupos, escritor casi de culto. Fue también la editorial para muchos jóvenes escritores uruguayos, como Mario Benedetti, Idea Vilariño o Cristina Peri Rossi. Muy pronto, Arca empezó a ser una editorial de carácter regional, que impactaba sobre la formación del canon y la crítica. Asimismo, llegó a tener una periodicidad asombrosa: Jorge Ruffinelli ha comentado que, en sus mejores tiempos, Arca editó dos libros semanales (8).

Sin embargo, la importancia de Arca no reside sólo en el impacto que tuvo sobre el campo intelectual uruguayo y latinoamericano, sino también en la política editorial orientada a establecer un canal de comunicación entre los libros y el público popular. En esta línea, es de especial importancia la colección Bolsilibros, en la que se aprecia con mayor regularidad la apropiación de las técnicas y formatos de los libros de bolsillo o *pocket books*, cuya circulación se expande por América Latina desde los años cincuenta.[11] Los Bolsilibros incluían títulos de literatura, así como de diversas disciplinas humanísticas y sociales. Del primer tipo, pueden mencionarse las ediciones de *Para una tumba sin nombre* (Bolsilibro 7) o *El pozo* (Bolsilibro 12) de Juan Carlos Onetti y la compilación *Cuento cubano*, a cargo de Mario Benedetti (Bolsilibro 67); del segundo, *Breve historia del Uruguay* (Luis Carlos Benvenuto, Bolsilibro 5), *El mate* (Fernando Assuncao, Bolsilibro 6), *Artigas: Tierra y revolución* (Nelson de la Torre, Julio César Rodríguez y Lucía Sala de Touron, Bolsilibro 13), *Caballos y jinetes: Pequeña historia de los hombres ecuestres* (Daniel Vidart, Bolsilibro 15), *Buenos Aires y Montevideo en 1850* (Xavier Marmier, Bolsilibro 17), *El folklore musical uruguayo* (Lauro Ayestarán, Bolsilibro 28) o *Tangos* (Idea Vilariño, Bolsilibro 30). La mayoría de los ejemplos seleccionados pone énfasis en libros cuyos contenidos están relacionados directamente con la cultura e historia del Uruguay y la región del Río de la Plata. Aunque existieron otros contenidos, esto muestra el vínculo nacional con un público popular que, desde por lo menos el inicio de los años sesenta, había sostenido un comportamiento de consumo masivo en el espacio de la cultura de la imprenta. Sin embargo, los Bolsilibros y otras colecciones de Arca lograron un alcance latinoamericano. No sólo publicaron literatura y trabajos de humanidades y ciencias sociales relacionadas con el subcontinente; además, divulgaron autores extranjeros que tenían poca circulación: es el caso de los ensayos de Walter Benjamin sobre Brecht (1970), cuya carátula, a simple vista, se confunde con la de algún *best-seller* de la época.

La forma material de estos libros ilumina la importancia del espacio de la cultura de masas, al que aquellos son dirigidos por las políticas editoriales, y en donde funcionan como mercancías. El lugar de consumo de los libros baratos y coloridos es el mismo en el que los sectores populares van a buscar otras mercancías; objetos de consumo cotidiano, de necesidad o de lujo. Guillermo Schavelzon recuerda que los libros de bolsillo de Arca se vendían en establecimientos comerciales o quioscos de periódico, en la calle o afuera de las escuelas, en autobuses o farmacias (128–30). Por su lado, Carlos María Domínguez afirma que la colección Bolsilibros llegó a editar 118 títulos con tirajes de dos mil o tres mil ejemplares, y muchos se reeditaban.[12] Recuerda además que cuando editaron *La guerrilla tupamara* de Esther Gilio, las ediciones de tres mil ejemplares se acababan en el día; había que hacer otra edición de la noche a la mañana, para lo cual ayudaba la linotipo con que trabajaba la editorial (2). La dinámica que me interesa enfatizar es que estos libros sacan la cultura del libro, una cultura de los intelectuales y la universidad, de sus espacios tradicionales de circulación, para llevarla al mismo espacio en que circula la cultura de masas. En la escena del policial, Rama percibe las nuevas condiciones materiales de la cultura de la imprenta, y a través de su trabajo editorial, interviene en ese espacio. Podría afirmarse que su plan editorial, entendido como intervención en el espacio de la cultura de masas, se había hecho claro para Rama al mismo tiempo que la escena del policial. En ese mismo año (1960), publica en *Marcha* una encuesta, realizada por él, a libreros y editores del Uruguay, en la que anota las características del público al que luego él se dirigirá como editor:

> Domínguez trabaja un tipo de material que se distribuye de preferencia en kioscos y es consumido vorazmente por los jóvenes y las mujeres; pero quien se ha tomado el trabajo de refitolear una hora la Feria del Libro de los domingos, habrá visto muchos hombres maduros y pobremente trajeados que venían a canjear sus paquetitos de novelas—policiales o vaqueros—por otros nuevos, agregando una módica suma. Es el público más verdadero, atento y popular que tiene la literatura en el país y toda consideración de la realidad cultural de nuestro pueblo debe partir de esta comprobación. ("¿Qué leen?" 22)

El interés de Rama por "medir" la producción y el consumo editorial, o los hábitos de lectura en Latinoamérica, se vuelve una constante de su trabajo; muestra el interés por interrogar la cultura, con la que él trabajaba, desde su dimensión material.[13] Su proyecto de "construcción de una literatura" favorecía ese tipo de análisis cultural, al mismo tiempo que requería el diseño de intervenciones editoriales en un espacio de cultura de masas que muchos intelectuales ignoraban o despreciaban. Su proyecto editorial en Arca iba más allá de la literatura, añadiendo saberes de las humanidades y las ciencias sociales; es decir, contenidos de lo que en la época podía ser calificado como alta cultura o cultura universitaria. En ambos proyectos el interés de Rama reside en que la cultura restringida a públicos de elite pueda introducirse en las dinámicas de consumo de los sectores populares urbanos, y enfrentar el problemático y "sucio" espacio de la mercancía para redirigir las fuerzas desatadas por la interacción entre cultura y mercado, llevándolas a incentivar un proceso alternativo de comunicación.

Un *boom* antes del *Boom*

El libro de bolsillo o *pocket book* es un objeto material clave en la transformación de la cultura de la imprenta en la segunda mitad del siglo XX a nivel global. Aunque su creación es atribuida a Penguin en 1935, su expansión mundial se realiza en aquel período.[14] En una de las primeras antologías estadounidenses sobre la cultura de masas (1957), David M. White escribía: "We are in the midst of a reprint revolution that may be the greatest boon since Gutenberg. This revolution, which started in 1939 when Pocket Books experimented with twenty-five cent reprints, saw 300 million paperbound books printed last year! Since 1939 we've consumed about two billion copies" (19). Del mismo período provienen los primeros estudios a nivel global sobre la circulación del libro, como el de Ronald Baker, *Books for All* (1956). Este carácter masivo de la producción y el consumo de libros había llamado la atención de diversos intelectuales e instituciones. Tal vez entre los más importantes y conocidos de esas décadas esté Robert Escarpit. En su opinión, el libro de bolsillo significó la adaptación de una antigua cultura a la nueva "civilización de masas" (*La revolución* 36). Su optimismo ante el fenómeno era desbordante: "Un cambio revolucionario en los procesos de fabricación y los métodos de distribución ha hecho aparecer lo que se denomina 'libro de bolsillo,' que ha constituido una respuesta, al menos provisional, a una necesidad de leer de año en año más general y más urgente." La expansión de la cultura de masas de esas décadas no había fracturado los contextos de circulación e interés por la cultura de la imprenta; a la inversa, los había diversificado y ampliado: "Contrariamente a lo que de manera tan espectacular como gratuita ha afirmado Marshall McLuhan, el libro no está en retroceso en el mundo actual. Entre 1960 y 1966 la radiodifusión ha multiplicado su audiencia por tres; en el mismo tiempo el libro ha doblado su producción en títulos y triplicado su producción en ejemplares" (Escarpit, "Lo literario" 26–27).[15]

Es la época del libro de bolsillo también en América Latina. Desde el punto de vista continental, la editorial Arca de Rama es sólo un caso, pues podrían mencionarse muchos otros más. En países hispanoamericanos caracterizados por una poderosa industria editorial, como Argentina o México, el impulso que generó el libro de bolsillo fue percibido como la intensificación de un proceso que, con subidas y bajadas, se había dado en el pasado en torno a diversos objetos, tales como el periódico o las revistas ilustradas.[16] Pero para otros países, se trataba de una novedad con escasos o nulos antecedentes. Un ejemplo clave en esta última dirección es el de los proyectos editoriales de Manuel Scorza, en particular sus Festivales del Libro (Ortega, "El libro"; Escajadillo, "Scorza"; "Manuel"; Gras 51–75). En el Perú, comenzando en 1956, se organizaron cinco festivales, los cuales lograron, en tres años, "poner un millón doscientos mil libros en las calles" (Escajadillo, "Scorza" 192). El tercer festival, el de mayor tiraje, editó 500 mil ejemplares en total. De este modo, los Festivales diseminaron libros de bolsillo por diversas ciudades, buscando atraer a un público lector popular. El éxito de ventas confirmó, contra los pronósticos de la mayoría de intelectuales e instituciones nacionales, un mercado cultural que, aunque modesto en comparación con el de otros países, colocaba la literatura peruana e hispanoamericana en un nuevo espacio cultural. Luego se organizaron festivales en otros países: en Venezuela, tres festivales con 300 mil ejemplares cada uno (director: Juan Liscano); en Colombia, dos festivales con 250 ejemplares cada uno (director: Alberto Zalamea); en Ecuador, un festival con 100 mil ejemplares (director: Jorge Icaza); en Cuba, dos festivales con 250 mil cada uno (director: Alejo Carpentier); y en Centroamérica, dos festivales con 250 ejemplares (Escajadillo, "Scorza"). Como Ambrosio Fornet me comentó en una entrevista, Scorza fue el primero que le "tomó el pulso" al campo editorial hispanoamericano.

Coincidiendo con esta apreciación, Dunia Gras ha sugerido que Scorza captó las nuevas condiciones del libro en su estancia en México (51), lo que es plausible si pensamos, por ejemplo, en los Brevarios y la Colección Popular de El Fondo de Cultura Económica (FCE), que a su vez tuvieron como modelo desarrollos estadounidenses en la cultura del libro. Los Brevarios, que aumentaron los tirajes del FCE de 2 mil hasta 10 mil (Díaz Arciniegas 125), eran al principio (1948) libros de tapa dura y encuadernación cocida. En cambio, los libros de la Colección Popular (1959) tenían ya claramente la marca de producción industrial que caracterizó a los *pocket books* o *paperbacks* (132). Según Díaz Arciniegas, los Brevarios buscaron reproducir las colecciones populares norteamericanas de la National Home Library (114). Como esta colección, las del FCE incentivaban la creación de bibliotecas en los hogares. Tal situación tenía un componente de novedad cuya importancia no debería pasar desapercibida, pues las bibliotecas personales habían sido tradicionalmente interés y propiedad de los intelectuales, mas no de sectores medios y populares. Las dinámicas que acompañaron el desarrollo del libro de bolsillo colocaron la cultura de los intelectuales en otro lugar; por lo tanto, modificaron su función social. Al llevar la *alta cultura* al quiosco, el libro de bolsillo invita al consumidor—por lo menos en términos teóricos—a organizar su propia colección; es decir, a diseñar un nuevo orden, una nueva forma de leer y un nuevo uso social para esa cultura. De este modo, las nuevas condiciones de producción del libro crean un espacio en el que el límite entre alta cultura y cultura de masas empieza a modificarse debido a que ambas actúan en ese mismo espacio. La mediación tradicional del crítico en el juicio estético y el valor cultural de una obra entra en una crisis que no ha hecho sino prolongarse hasta el presente.

En Argentina se desarrollan también diversas experiencias editoriales en la dirección descrita. Un caso de especial mención, por la cercanía con algunos proyectos de Rama—como veremos más adelante—es el de Boris Spivacow, director de EUDEBA y del Centro Editor de América Latina. Su importancia en el Cono Sur y a nivel hispanoamericano es ampliamente reconocida, pues logró difundir la cultura universitaria, especialmente aquella relacionada con América Latina, entre públicos populares no universitarios. Los casos mencionados son, no obstante, sólo instancias individuales de un inmenso tejido de editoriales que trabajaron con los mismos intereses y que, teniendo sus inicios en la década del cuarenta (FCE, Losada), continuaron extendiéndose entre 1950 y 1970. Al respecto, Rama resaltó la importancia de las "editoriales culturales" que recorrían el continente: Buenos Aires (Emecé, Sudamericana, Jorge Álvarez, etc.), Uruguay (Arca, Alfa, Banda Oriental, etc.), Chile (Nascimiento y ZigZag), Caracas (Monte Ávila), México (Siglo XXI, Era, Joaquín Mortíz, etc.), a lo que habría que sumar las editoriales españolas (Seix Barral, Anagrama, etc.) que cumplieron un rol protagónico en la historia del *boom* de la novela hispanoamericana ("El boom" 66).

Esta enumeración, significativamente parcial, sirve para resaltar dos características del proceso que estoy describiendo. En primer lugar, se genera una intensa interconexión a nivel regional cuyo sostén material son las dinámicas entre productores, editoriales y públicos dentro de la cultura de la imprenta hispanoamericana. Los libros eran objetos materiales usados tradicionalmente por las elites educadas; pero con este fenómeno se introducen en nuevos circuitos resaltando la importancia en la época de los nuevos públicos lectores.[17] La comunicación de masas, la mediación de la mercancía y la publicidad intensifican los contextos de circulación de las culturas literaria y universitaria en castellano, ampliando el interés del público popular por dichas culturas. La tendencia, ciertamente, es más amplia que el espectro de los libros de bolsillo. Casos como la revista argentina *Primera Plana*, analizada por Diana Sorensen, apuntan en la misma dirección: la literatura, o parte de su funcionamiento comunicativo, está inscrita en una oferta de consumo, codeándose con viajes, productos de belleza, deportes, estrellas del espectáculo o automóviles (111–16). Está en funcionamiento un sistema de comunicación de masas—mayor, pero que incluye a la literatura—en interacción con un abanico de públicos y una industria cultural *local* que lleva a la máxima expresión, entonces conocida, la industrialización de la cultura de la imprenta. En segundo lugar, el proceso comunicativo establecido en torno al libro de bolsillo incluye a países que habían sido caracterizados como lugares de escaza producción y consumo de libros. Zonas como el Área Andina o Centroamérica no habían visto en el pasado reciente un fenómeno cuantitativamente similar de edición, distribución y consumo para los libros nacionales o hispanoamericanos. No obstante, casos como el de Scorza permiten observar el desarrollo de un *boom* que es significativamente anterior al conocido *Boom* de la novela hispanoamericana.

Este último *Boom* ha sido un espacio privilegiado de debate sobre la articulación entre literatura y mercado. Aunque no existe claro consenso sobre cuándo—con qué novela—habría comenzado el *Boom*, la mayoría de estudios sugieren que aquella articulación es característica de la década del sesenta. Incluso cuando el *Boom* no pueda pensarse al margen del clima político-revolucionario y de descolonización de la época, la emergencia de una nueva cultura juvenil, la intensificación del Internacionalismo, o las demandas de identidad latinoamericana como forma de superar el marco nacional, lo que lo hace más característico es el *consumo*. Como ha visto Sorensen, el *Boom* designa una formación cultural particular de la sociedad de consumo en América Latina durante los años sesenta (115). Por consiguiente, está asociado con la expansión de las clases medias y con una cultura urbana y mercantil propia de ellas (Vidal 65–112). Sin embargo, el recorte disciplinario—que circunscribe el *Boom* a lo literario—impide ver la dimensión totalizadora del proceso.[18] Se trata de un sistema de interdependencia que subsume en su lógica a la cultura de libro—tanto la literatura como textos humanistas o de las ciencias sociales—haciéndola existir y *competir* en un mismo espacio con revistas ilustradas o cómics. Esto supone, a su vez, una transformación radical en las condiciones de producción de la cultura literaria y universitaria: una tendencia hacia la profesionalización y la dependencia cada vez mayor del mercado, que se ha intensificado hasta el presente.

Ese "otro *boom*," anterior al *Boom* de la novela hispanoamericana, ayuda a enmarcar el problema estudiado en una temporalidad mayor, así como a plantear el debate sobre el impacto del capitalismo en la cultura latinoamericana del período. Como se vio en el Capítulo 1, pocas contradicciones son tan polémicas como la que se establece entre el impacto del capitalismo en la cultura y la revolución. Para la mayoría de tradiciones intelectuales de izquierda, el consumo de mercancías no era lugar para pensar y dirigir la estética revolucionaria. Para algunos países, la disyuntiva estaba resuelta por contextos políticos, como observa Claudia Gilman: "La perspectiva crítica respecto del mercado fue más fácilmente observable desde Cuba, país donde a partir de la revolución se había eliminado el mercado literario, la industria editorial estaba en manos del Estado y se suprimía no sólo el pago de los derechos de autor sino también la idea que sustentaba la existencia misma de esos derechos" (*Entre* 273). Pero para la mayoría de países latinoamericanos, las condiciones materiales y los contextos políticos eran opuestos. ¿Hasta qué punto era progresista o reaccionario intervenir en el *espacio cultural* que el "otro *boom*" había abierto, interconectando a públicos en diversos países, como observó con agudeza Roberto Fernández Retamar ("Intercomunicación")? Las prácticas intelectuales de Rama que he observado y las que desarrollaré a continuación están marcadas por estas tensiones y preguntas.

Los dos públicos lectores

La expansión de la cultura de la imprenta hispanoamericana sugiere una tipología de lectores que permita comprender mejor su dinámica. Me interesa aquí ofrecer una síntesis de dos tipos de lectores, los cuales señalan circuitos comunicativos diferenciados. La posibilidad de que estos dos lectores pudieran cruzarse en el consumo era parte de la estrategia intelectual de Rama.

El primer público lector está vinculado con las instituciones de educación formal, principalmente con la universidad. Utiliza los circuitos más tradicionales de la cultura escrita, como las librerías y las bibliotecas, y posee un acercamiento a campos de discusión y tradiciones de debate más especializados. Podríamos llamarlo, con cargo a los matices precisados, un *lector educado*. El otro público se conforma a espaldas de las instituciones de educación formal, aunque ha recibido los "beneficios" de las viejas políticas de alfabetización (las cuales, sin embargo, siguen siendo un problema importante para algunos Estados hispanoamericanos). Es el "lector característico" de *Selecciones del Reader's Digest*, cómics, revistas, novelas baratas del corazón, de vaqueros o policiales. Sus circuitos de comunicación escrita, por lo tanto, se estructuran en espacios más generales de intercambio mercantil y, sobre todo, en quioscos de periódicos. Podríamos llamarlo, reconociendo lo problemático del término, un *lector popular*.

En su clásico ensayo sobre el *Boom* de la novela latinoamericana, escrito a inicios de los años ochenta, Rama había llamado la atención—aunque no de manera directa—sobre estos dos públicos y el papel central de la educación (básica, media y superior) en las transformaciones culturales del período, inscritas en el aumento demográfico, la intensificación de la industrialización y la urbanización después de la Segunda Guerra Mundial y el aumento de las clases medias ("El boom" 51–66). El *universitario* fue—precisa Rama—el mejor público del *Boom*; sin embargo, "no constituyó todo el nuevo público ni siquiera la mayoría de él" (62). Este *otro* público, mucho más masivo, se ordenaba ya con anterioridad al *Boom* en torno a objetos de la industria cultural extranjera, como "los 'magazines' de actualidades (semanarios, quincenarios o mensuarios) que desde el comienzo de los sesenta trasladaron a América Latina los modelos europeos y norteamericanos (*L'Express, Time, Newsweek*) adecuándolos a las demandas nuevas de los públicos nacionales" (56). Es el público al que se dirigen los Bolsi-libros de Arca, según se vio en la sección anterior.

Aun así, es importante remarcar el proceso de masificación que está detrás del campo universitario en la época, lo que impide subestimar en términos históricos su existencia como público de masas en el espacio comunicativo de la cultura de la imprenta. Según ha sido estudiado por Germán Rama, recién alrededor de la década de 1960 es posible hablar en América Latina de una *universidad de masas* (94–101). La expansión cuantitativa de la población universitaria en esa década acentuó la diversificación social de los estudiantes, aunque la gran mayoría provenía de las clases medias de sus respectivos países.[19] Entre ellos existía un fuerte componente de politización, presente desde las reformas universitarias de la primera década e intensificado por la Revolución Cubana, pero también en tensión con problemáticas nacionales particulares. En este clima de época, los universitarios identificados con valores de las izquierdas se pensaban como "vanguardia revolucionaria," de gran poder social por el carácter masivo de las universidades y la capacidad de movilización, mayor que la de muchos movimientos políticos y clases sociales: en países como Ecuador—anota—los estudiantes universitarios "son más numerosos que los obreros de empresas industriales" (G. Rama 96).

En este marco de transformación de la universidad latinoamericana se intensifica la demanda masiva por determinados productos de la cultura de la imprenta. Por un lado, los libros de especialidad en cualquier área, para la que se crean nuevas editoriales, como EUDEBA o Siglo XXI, y para la que existen ya otras clásicas como el Fondo de Cultura Económica. Es una demanda que explica, por lo menos en uno de sus aspectos, la importancia de traducciones de libros especializados en humanidades y ciencias exactas que empiezan a ser integrados a los planes de estudios universitarios en diferentes países hispanoamericanos.[20] Además, dicha demanda de libros especializados acompaña en la época la modernización e institucionalización de disciplinas sociales y humanistas, como la sociología, la antropología, la crítica literaria o el psicoanálisis.[21] Por otro lado, la literatura latinoamericana; sobre todo la novela, que, según ha visto Jean Franco, funcionaba como una especie de territorio liberado y creador de identidad—compensación de la dependencia política y económica—entre la Revolución Cubana y la cultura de masas (*The Decline*; "Narrator").[22]

A este público universitario se contrapone el público popular que, en la cultura de la imprenta, estaba en contacto casi exclusivo con los objetos de la industria cultural estadounidense. Como se vio en el Capítulo 1, la cultura de la imprenta tenía particular importancia en estas décadas, pues era allí donde se percibía una gran penetración de la cultura de masas. Ahora bien, la expansión que describen estos dos tipos de público no podría haberse dado sólo por nuevas condiciones productivas, sin tomar en cuenta dinámicas sociales clave de la época: el aumento demográfico, la urbanización, la industrialización, mayores índices de alfabetización y el ensanchamiento del sistema escolar y universitario. Con diferentes niveles de impacto y consecuencias, estos procesos atraviesan consideraciones de clase social, hábitos culturales y aspiraciones de vida, y son condiciones de posibilidad de los cambios producidos en la cultura de la imprenta. Allí se encuentran los objetos anteriormente distinguidos como alta cultura y cultura de masas. Se ha fracturado una organización previa de la cultura caracterizada por espacios culturales reducidos, impactando en las oposiciones alto/bajo, rural/urbano, tradicional/moderno e intelectuales/masas.

Hacia este ámbito de problemáticas apunta José Joaquín Brunner con su discusión sobre la modernidad y el tradicionalismo en América Latina. Brunner sostiene que es después de 1950 que el subcontinente se incorpora a la "modernidad cultural" mediante el establecimiento de nuevas formas de producción, transmisión y consumo de cultura, en el marco de una "creciente integración continental a los mercados internacionales" (323). Incluso cuando pudiera discutirse la idea de la incorporación a una "modernidad cultural" (que parece describir una experiencia universal) así como el término "tradicionalismo" (el cual sugiere que hasta los años cincuenta las culturas latinoamericanas habrían estado congeladas), el diagnóstico de Brunner es de gran importancia para entender los procesos sociales que acompañan el debate histórico de la cultura de masas: "La configuración cultural tradicional que Ángel Rama alguna vez llamó la *ciudad letrada*, ese bastión de escasos intelectuales, profesores, literatos, artistas y burócratas servidores del poder y de la 'alta cultura,' ha sido definitivamente desbordada por las masas, en la medida en que ellas accedían a la escolarización, a la televisión y a la comunicación urbana" (323–24).

Las prácticas editoriales de Rama se inscriben en estas transformaciones. Su interés en el libro de bolsillo se explica porque quiere atraer a lectores *cultos* y *populares*. En este sentido, sus prácticas editoriales tratan de romper la distinción entre alta cultura y cultura popular que se había establecido históricamente en Latinoamérica en función del acceso/restricción de los grupos sociales a la cultura de la imprenta. Las dinámicas sociales del subcontinente, guiadas por un intenso proceso de urbanización, así como las nuevas condiciones productivas de la cultura escrita y del libro, permitían considerar la posibilidad de construir un *espacio cultural* en el que pudieran encontrarse productores y públicos de diversos países latinoamericanos. Se había incentivado un tejido material de interconexión que admitía proyectar un espacio cultural latinoamericano en torno a la cultura de la imprenta. Sin embargo, como otros espacios culturales, el de la cultura de la imprenta—incluso en el nuevo contexto histórico—tenía límites que no pueden soslayarse. ¿Cuánto porcentaje de la población en la mayoría de los países del subcontinente podía realmente participar como *lector popular* en ese espacio? ¿Hasta qué punto era utópico visualizar un consumo popular para la cultura de los intelectuales y de la universidad? ¿Podía esto confrontar con éxito la hegemonía de la cultura de masas?

Otra cultura en los quioscos: La *Enciclopedia uruguaya*

El trabajo editorial de Ángel Rama tiene un momento clave en la publicación de la *Enciclopedia uruguaya: Historia ilustrada de la civilización uruguaya* (1968–69). Esta publicación periódica—diseñada por Rama y Darcy Ribeiro—[23] entregaba cada semana un fascículo, con el análisis general del tema, y un cuaderno, en el que se incluía una antología de textos culturales relacionados. La *Enciclopedia* estaba dividida en dos series que contenían cinco tomos en total, y se vendían las tapas de encuadernación para cada uno de ellos, gracias a lo cual podían realizarse colecciones privadas a bajo costo. Proyectada con una duración de 55 semanas, esta publicación buscó alcanzar masivamente a los lectores populares, por lo que se vendió principalmente en quioscos de periódicos.[24] Es decir, en el mismo lugar al que los lectores populares acudían para comprar revistas ilustradas, cómics o libros de bolsillo. Al respecto, es significativo que Rama haya considerado la *Enciclopedia* como una "revista semanal" (Larrea 42). En cuanto a su dimensión productiva, fue importante para esta publicación la figura del trabajo intelectual colectivo (Achugar, "Primeros" 222–23). Como el semanario *Marcha*, la *Enciclopedia* articuló a diversos intelectuales, quienes se hicieron cargo de los contenidos según su especialización.[25] Sin ofrecer una lista exhaustiva, algunos nombres pueden dar alcance de quienes estuvieron involucrados: Carlos Quijano, Arturo Ardao, Juan Pivel Devoto, José Pedro Díaz, José Pedro Barrán, Benjamín Nahúm, Carlos Real de Azúa, Lucía Sala de Touron, Ofelia Machado, Blanca Paris de Oddone, Carlos y Germán Rama, Jorge Ruffinelli.

Desde el título, llama la atención el juego de relaciones que esta publicación establece con el término *ilustrado*. Por un lado, se sugiere un vínculo con la *Enciclopedia* de Diderot y D'Alembert, y con el Iluminismo. Por otro, remite a la cultura visual; especialmente a las tradiciones intelectuales que utilizan la imagen como medio de traducción de la cultura escrita para los sectores populares. Con respecto a la primera relación, Richard Yeo ha observado una diferencia importante entre las nociones clásica e ilustrada de la enciclopedia. La enciclopedia de origen griego o latino responde a una educación liberal del individuo, y concibe como soporte de almacén la memoria individual. En cambio, la enciclopedia del Iluminismo organiza un saber universal imposible de almacenar en el individuo, obligando a una sistematización y a archivar su producto en una memoria exterior y más durable que el cuerpo (48–50). La relación histórica de esta memoria exterior con la cultura de la imprenta trae consigo, además, el intento ilustrado de poner esa sistematización al alcance de las masas, superando su concentración en manos de las elites religiosas, políticas y letradas. La relación de este proyecto con la cultura de la imagen—presente en América, por ejemplo, en los procesos de evangelización— marca asimismo una tensión constante entre la cultura escrita y lo popular. Por consiguiente, podría sugerirse que el título de la publicación de Rama—haciendo circular estos espectros históricos—enfatiza: (a) el interés del intelectual por comunicarse con los sectores populares en su práctica; (b) un componente de sistematización y democratización del conocimiento sobre la "civilización uruguaya"; y (c) el protagonismo de la imagen, específicamente referido a la producción y el consumo dominantes en la cultura de masas.

La cultura visual en la *Enciclopedia uruguaya* se marca sobre todo en el uso del diseño gráfico, estilos y colores que dialogan con la estética *pop* estadounidense, a lo que debe sumarse el protagonismo de montajes gráficos, caricaturas, dibujos y fotografías.[26] La presencia de esta cultura visual ilumina la distancia entre la cultura intelectual y universitaria—finalmente, es ésta la que produce el conocimiento de la *Enciclopedia uruguaya*—y la cultura popular; pero también, muestra un intento de articulación entre ambas que es característico de la cultura latinoamericana de la época.[27] Por ejemplo, el estilo gráfico *pop* es utilizado por la revista *Casa de las Américas*. Este estilo gráfico, visible en las carátulas, no planteaba—por lo menos no tengo indicios evidentes—malestar en las políticas culturales antiimperialistas. Tal situación sugiere el grado de penetración de la cultura visual, característica de la que *Casa de las Américas* se apropia para buscar—con independencia de si lo logra o no—un público popular para la cultura intelectual y escrita. Hasta cierto punto, este uso de la cultura visual toma su forma contemporánea en las discusiones de la vanguardia que trabajan con la articulación entre escritura e imagen;[28] pero también en el uso de posters o carteles en contextos revolucionarios. Algunas políticas culturales de izquierda se apropian de un discurso visual que era característico de publicaciones "no-intelectuales" para tratar de establecer un canal de comunicación con las masas populares. La *Enciclopedia uruguaya* puede ser inscrita en esta tradición. Por la importancia de la imagen y su interés en la cultura del quiosco, la publicación trató de introducirse en el espacio de la cultura de masas, tendencia también característica—como se vio—de las prácticas editoriales de Rama con el libro de bolsillo.

Una operación intelectual clave que define la *Enciclopedia uruguaya* es el esfuerzo por construir una memoria histórica y cultural alternativa para el país, la cual puede ser discutida en torno a dos problemáticas centrales: (a) visualizar actores y prácticas excluidas de la historiografía nacional por medio de una *historia desde abajo*, y (b) sugerir una identidad nacional inscrita en el marco regional latinoamericano. El primer aspecto cuestiona, especialmente, el relato que Ariadna Islas y Ana Frega han llamado el de la *ciudadanía homogénea*, que se construye en las primeras tres décadas del siglo XX. Ya desde la tercera década del siglo XIX, Uruguay había empezado a gozar de una prosperidad económica y un bienestar social que establecieron cierta excepcionalidad con respecto a otros países hispanoamericanos; la misma que se expresó también en la evolución demográfica desde la segunda mitad de ese siglo:

mientras otros países aumentaban su población lentamente, Uruguay lo hacía de manera vertiginosa (Benvenuto, "La tierra" 15). A inicios del siglo XX, la gestión de Batlle y Ordóñez consolidó el bienestar social y fortaleció el crecimiento del Estado como un *welfare state*. El acceso fácil y general a la salud y la educación, que contribuyó a la integración de los inmigrantes y prestó atención especial a las mujeres (Frega 31), una urbanización acelerada y la expansión de las clases medias a través de la abundante oferta de trabajo en el comercio y la industria, a lo que se suma la estabilidad política y una dirección nacionalista en el proceso de industrialización, contribuyeron en conjunto a confirmar el "destino insular" de Uruguay y "su mayor proximidad a las regiones desarrolladas del mundo capitalista" (Macadar, Reig y Santías 74); imagen que se expresaba en frases como "La Suiza de América" o "como el Uruguay no hay" (Real de Azúa, "Política"). Con base en esa excepcionalidad, se construyó una concepción de la identidad uruguaya que descansaba en los conceptos de ciudadanía universal y participación democrática. Un relato cosmopolita, como lo llaman Islas y Frega, por el que se afirmaban los valores de la democracia, la libertad de opinión y creencias y el laicismo. Paralelamente, el *nativismo*, como alternativa a la *ciudadanía homogénea*, construye la necesidad de afirmar "lo propio" frente a "lo foráneo" que se encarnaba en los inmigrantes europeos. Podía tomarse como emblema al gaucho, pero se borraba, por ejemplo, la cultura negra y, con ella, las relaciones coloniales que acercaban a Uruguay a otro tipo de experiencia continental. De este modo, el *nativismo* termina contribuyendo a la imagen de una nación homogénea, conciliando las tendencias cosmopolitas y locales (Caetano). Más allá de estos relatos dominantes y estatales, se expandían prácticas populares como el consumo del mate o el tango; pero ellas eran también apropiadas como "adecuado complemento a la construcción de una identidad nacional unívoca" (Islas y Frega 366).

El trabajo de la *Enciclopedia* con la memoria histórica cuestiona esos relatos dominantes de nación, tratando de ampliar las experiencias y formas culturales implicadas en relaciones no siempre armónicas. Por un lado, se recurre a cuerpos de saber típicos de la alta cultura y a modos tradicionales de hacer historia: procesos literarios, análisis sociológicos, historia de las ideas o de las elites políticas y letradas. Por otro lado, se ensayan historias *desde abajo*, como la de los sectores populares, la cultura obrera, la cultura negra y de las mujeres, de la vida cotidiana y del consumo cultural, así como historias de la música y el folklore. Por ejemplo, en el Fascículo 32, *Obreros y anarquistas*, Carlos Rama cuestionaba directamente la "Historia nacional," que sólo hace referencia "a los asuntos, intereses y acciones del sector oligárquico que controla nuestra sociedad a través de su historia" (22): una historiografía predominante entre 1880 y 1940, basada en la articulación entre Estado y Nación (A. Ribeiro). El criterio de clase social enfatizado por Carlos Rama se enfrentaba así a una ideología estatal que había sabido canalizar los conflictos clasistas por la vía electoral democrática (Benvenuto, *Breve* 89). Desde la actualidad, este tipo de *historia desde abajo* no posee mucha novedad, pero sí la tenía en aquella época. Basta recordar que el trabajo de E. P. Thompson sobre la clase obrera es de 1963; el de Richard Hoggart, de 1957.[29] En el mismo fascículo, Carlos Rama subraya la poca atención que se le ha prestado a las mujeres, siempre en posición secundaria en la historiografía tradicional.[30] Construye, como contrapropuesta, el relato histórico de una acción social colectiva que señala a protagonistas con nombre propio o anónimos, como los caídos en un enfrentamiento con la policía y que aparecen en una foto (35).

En el Fascículo 9 de la *Enciclopedia*, *Amos y esclavos*, Agustín Beraza plantea la cuestión de la presencia africana en el Uruguay y en América. Un recorrido por la historia de la esclavitud hasta su abolición, estudiada en el fascículo, se extiende hasta a la presencia de las tradiciones negras en la cultura uruguaya, presentada en el cuaderno respectivo: *Cantos y bailes negros* (*Enciclopedia*, Cuaderno 9, Isidoro de María y Vicente Rossi, editores). El Fascículo 9 propone un ejercicio de memoria nacional que pueda abarcar la violencia ejercida por las elites económicas y políticas sobre la población afroamericana del Uruguay: "Los más destacados comerciantes de Montevideo, integrantes de una sociedad fina y culta, alta burguesía, firme y tesonera en sus propósitos emancipistas, se habían convertido en los más importantes comerciantes de esclavos de la América del Sur" (173). Por otro lado, resalta la continuidad de la cultura africana, mostrando prácticas culturales que se habían hecho invisibles para la historia colonial y de la república. El cuaderno de De María y Rossi (N° 9) contextualiza la cultura africana en el presente, rastreándola en diversas costumbres urbanas. Las referencias al candombe, al tango,[31] a la música y las costumbres cotidianas uruguayas de origen africano recogen un componente cultural que había sido ignorado dominantemente en la historia tradicional de la nación.[32] De manera similar, otros fascículos abordan distintos temas socioculturales, entre los que se pueden mencionar: el gaucho (Daniel Vidart, N° 7), la vida cotidiana en 1800 (Alfredo Castellanos, N° 10), la cultura del 900 (Roberto Ibáñez, N° 31), los retratistas (Florio Parpagnoli, N° 33), el tango (Juan José Iturriberry y José Wainer, N° 43), el arte nuevo (Fernando García Esteban, N° 45), el mundo del espectáculo (Juan Carlos Legido, N° 52).

En diálogo con esta producción de memoria desde abajo, la segunda problemática que me interesa subrayar en la *Enciclopedia* es la importancia de lo latinoamericano como espacio de inscripción para la cultura uruguaya. Como se ha visto antes, las particulares condiciones históricas en que se conformó el Uruguay como país llevaron a subrayar y valorar la cultura europea como la matriz que daba continuidad a la cultura nacional. Debido a esta situación, la identidad cultural uruguaya reconocía muy pocos puntos de contacto con otros países latinoamericanos. No obstante, para la época de publicación de la *Enciclopedia uruguaya*, el campo intelectual uruguayo ya estaba repensando esta herencia. En 1957 escribía Real de Azúa en *Marcha*: "Es corriente que los uruguayos imaginen a su país ornado de cierta superioridad en el conjunto de Iberoamérica. Y alguna vez tuvieron sus razones" ("¿A dónde?" 22). Su cuestionamiento a la conformidad y complacencia de la imagen interna de la nación, que percibía ya como idealización y farsa, mostraba un país que había vivido a espaldas del subcontinente: "Nuestra condición de país étnicamente europeizado, chico, sin desmesuras ni tragedias, de clima o de extensión o de raza (no éramos una "república de indios") nos puso orgullosamente al margen de las características (entendidas como lastres y no como posibilidades) de lo americano" ("¿A dónde?" 23).

Estas críticas se inscriben en un período que Stephen Gregory ha descrito como el de la disolución del "Batllismo," el cual concentraba la imagen exitosa del reformismo social y la modernización del Uruguay de la primera mitad del siglo XX (1–27). El campo intelectual percibía de manera crítica, y cada vez más preocupante, la tendencia nacional a mantener la imagen de un país con un bienestar excepcional, sin querer asumir las crisis generadas en el ámbito económico por el estancamiento productivo, la inflación o el congelamiento de los salarios. En el imaginario nacional perduraba lo que Benvenuto describió como "ciertas estructuras gestadas al amparo de la abundancia" ("La tierra" 14). En el ámbito cultural, la matriz europea, celebrada y vivida como propia, era cuestionada en pos de una identidad compartida con los países latinoamericanos (esto devino un tópico clave en los años sesenta, sobre todo a partir de la Revolución Cubana). En la opinión de Real de Azúa: "El tema del pensamiento intelectual uruguayo de la década del 60—Martínez Moreno lo planteó con toda acuidad—fue el de la ajenidad del país a las contingencias más violentas y dramáticas del acaecer latinoamericano" ("Política" 236). En 1960, Ángel Rama había escrito provocadoramente: "El acontecimiento cultural del año en nuestro país ha sido, como tantas veces, un suceso externo: la Revolución cubana" ("La construcción" 49).

El Fascículo 4 de la *Enciclopedia*, a cargo de Washington Reyes Abadie, *Conquistadores y colonizadores*, marcaba el tono de esos debates, en los cuales la identidad latinoamericana se construía—también—por negación del imperialismo estadounidense. A este fascículo lo acompaña un cuaderno titulado *La voz de los vencidos: Textos indígenas*; la introducción está firmada por A. R. (Ángel Rama). Obviamente, la referencia al libro que, con el mismo título, León Portilla había publicado años antes enfatiza la importancia de las voces indígenas en la memoria colectiva del subcontinente, y resalta la necesidad de tomar en consideración la oralidad como un campo de producción cultural y de saber que había sido prácticamente invisible para la historiografía clásica. El cuaderno incluye textos aztecas, mayas y quechuas, entre los que está la elegía a la muerte de Atahualpa traducida por José María Arguedas. No obstante, la particularidad de este cuaderno reside en el significado que supone considerar la cultura azteca, maya y quechua como parte de la "civilización uruguaya." Escribe Rama: "Textos descriptivos y textos literarios que recorren casi dos siglos y que permiten atisbar la variedad cambiante del enfrentamiento europeo y nacional a ese hombre autóctono que el uruguayo de hoy se esfuerza por llevar dentro de sí, a modo de expiación o a modo de orgullo nativo por las lejanas raíces con que se aferra a su suelo patrio" (*Enciclopedia*, Cuaderno 4: *La voz* 1). La nación ha sido relocalizada en el ámbito latinoamericano, marcando las comunes—aunque lejanas—raíces indígenas.

A propósito de la teoría de Ángel Rama sobre la transculturación, Mabel Moraña ha observado la importancia de tomar en cuenta que en la época se experimentaba un momento de crisis de las culturas nacionales para examinar la transculturación como una posible respuesta a esa crisis en los años setenta ("Ideología"). A riesgo de simplificar esa discusión, las operaciones descritas de Rama en torno a lo nacional y lo latinoamericano son parte de ese debate, el cual toma formas diversas antes y después del período represivo de las dictaduras. El ángulo específico que se alumbra desde la *Enciclopedia uruguaya* parece constatar el agotamiento del marco de la cultura nacional que se hereda de la primera mitad del siglo XX, en la que esa cultura posee una figura de autorregulación y autonomía con respecto a las dinámicas continentales. La inserción de lo nacional en lo latinoamericano se presenta así como una forma de superar aquel marco; no obstante, con el fin de repolitizarlo. Hay todavía una plena confianza en el valor de la nación para diseñar e impulsar políticas socioculturales.

Las operaciones intelectuales de la *Enciclopedia* analizadas hasta aquí reafirman el intento de poner en crisis los relatos de la nación dominantes en el Uruguay, afirmando los relatos de diversos grupos, tradiciones culturales y formas de identidad que eran ignorados o despreciados. Asimismo, integran esa dinámica en un horizonte continental que "nacionaliza" problemáticas no concebidas como uruguayas, o que "latinoamericaniza" la problemática de la nación en el Uruguay. Sin embargo, el aspecto crucial que le da significación política a estas operaciones es que no se diseñaron como un ejercicio académico orientado a un público igualmente académico. Por el contrario, la visualización del quiosco como consumo de mercancías culturales buscaba hacer de esas problemáticas "académicas" temáticas asumidas y discutidas como propias por la población "no-intelectual." La cultura de masas aparecía como un *espacio cultural* que, aunque estaba sujeto a las dinámicas impuestas por las industrias culturales más poderosas, hacía posible establecer un canal de comunicación para que circularan esos contenidos "atípicos." Aquí se muestra, con mayor visibilidad, la hipótesis que en este capítulo define el trabajo de Rama: lograr que la cultura de la imprenta latinoamericana pueda funcionar, material y simbólicamente, como lo venía haciendo la cultura de masas.

No pretendo analizar el trabajo de Rama como excepcional en su época, sino que lo tomo como un modelo desde el cual se alumbra una tendencia del trabajo intelectual susceptible de ser rastreada en otros casos. Uno de ellos, especialmente importante aquí, es el de Boris Spivacow en Argentina. Junto a su ya mencionado trabajo como editor (EUDEBA, Centro Editor de América Latina), hay que añadir la edición de similares enciclopedias: *Capítulo argentino* y *Capítulo oriental* (para Uruguay) en los mismos años en que Rama publica la suya.[33] Por otro lado, tampoco es mi intención sugerir que las prácticas editoriales de Rama son características de los años sesenta o que sólo se articulan en un período de hegemonía del espacio de la cultura de masas. Hay evidentes relaciones con una tradición intelectual interesada en publicar, crear colecciones, fundar bibliotecas, etc., que en América Latina es mucho más antigua; aunque también existen algunas diferencias que habría que precisar. Para no ir más lejos, puede tomarse como ejemplo el caso de José Vasconcelos, quien desde la Secretaría de Educación Pública lleva a cabo una ambiciosa obra de democratización de la cultura entre los sectores populares. Publica sobre todo a los clásicos (Platón, Homero, Goethe, etc.), obras de la *cultura universal* que son *regaladas* a públicos masivos utilizando el Estado como plataforma institucional y presupuestaria (C. Fell; Zapata 117–23).[34] También en el campo mexicano, la democratización cultural tiene otro ejemplo paradigmático en Abelardo Villegas (Sánchez Prado 188), en el momento de expansión del campo editorial que llega hasta Rama. El trabajo editorial de Rama se entronca así en el interés intelectual por la *democratización de la cultura*. Los intelectuales van al pueblo para educarlo: aquí se condensa la idea de la Ilustración sugerida por el título de la publicación de Rama. Sin embargo, al mismo tiempo se definen distancias no menos importantes con respecto a esa tradición. Por un lado, ya no se trata sólo de la democratización de la "alta" cultura ni de una cultura universal, pues la *Enciclopedia* busca "democratizar" también un conocimiento sobre cultura popular urbana, folklore o literatura indígena que no estaba dentro de los parámetros que definieron la democratización de la (alta) cultura. Por otro lado, casos como el de Vasconcelos muestran no sólo el interés del intelectual por democratizar, sino también la ausencia de un mercado cultural y un público popular que ha establecido, previamente, una demanda desde el consumo. El intelectual encarnado en Vasconcelos intenta crear esa demanda—por medio del regalo y no del intercambio mercantil—como un esfuerzo por crear un hábito cultural entre las masas para civilizarlas. En cambio, las prácticas de Rama están inscritas en un momento en que el consumo de mercancías culturales se ha expandido sin punto de comparación en la historia de la cultura de la imprenta latinoamericana. Tal expansión forma parte de la cultura de masas, y por lo mismo establece condiciones específicas de producción, circulación y consumo que obligan a redefinir la democratización de la cultura. El intelectual encarnado en Rama "introduce" cuerpos de cultura bajo la forma de mercancías industriales; por lo tanto, el intelectual ya no ejerce un control vertical sobre lo que se lee. Más bien, reconoce que esos cuerpos de cultura tienen que *competir* con otros; condición que se materializa en los formatos, los colores de las tapas y la importancia de la cultura visual.

De esta manera, puede decirse que la figura del intelectual que señala la *Enciclopedia uruguaya* construye su hacer en un doble movimiento. Por un lado, en cuanto lector, su función es la de proponer un orden crítico, señalar temáticas, presentar formas alternativas de historia, prácticas culturales y significaciones sociales, que están en tensión con los discursos homogeneizadores de la nación uruguaya. Por otro lado, en cuanto especialista en la comunicación social, su función es la de hacer circular entre sectores populares lo que ha quedado o quiere ser olvidado. Son los sectores populares, en última instancia, los que pueden llevar a cabo una reelaboración de la memoria histórica y la identidad nacional.

Para cumplir con esta segunda función, el intelectual piensa no sólo en el orden de los libros, sino también en el funcionamiento de la industria cultural. Es éste un aspecto de la formación intelectual que ha sido señalado por quienes estuvieron involucrados en la experiencia argentina paralela a la *Enciclopedia uruguaya*: *Capítulo argentino*, bajo la dirección de Spivacow (Carlos Altamirano, Beatriz Sarlo, Miguel Palermo, Jorge Warley, Silvia González, etc.). Beatriz Sarlo, por ejemplo, reconstruye las actividades que hacían con Spivacow, para quien la edición era una política de "competencia simbólica en el mercado capitalista" (citado en Vinelli y Somoza 281), y añade, "éramos expertos en industria cultural" (citado en Vinelli y Somoza 307). Estas nuevas competencias capitalistas complementaban el viejo impulso del intelectual en la cultura del libro que Spivacow traducía; un "utopismo progresista," lo llama Carlos Altamirano: "él buscaba que todos pudieran comprarse un libro y quería unir la lectura de textos de ficción con la lectura de textos de cultura general, incluidas las ciencias, no sólo las ciencias sociales" (citado en Vinelli y Somoza 287). En la combinación de ambos, se puede explicar el énfasis que Spivacow daba a la publicidad callejera, al aprovechamiento del sistema de distribución masiva de periódicos y a repensar la "cultura del fascículo," reafirmando para el intelectual una función *pedagógica*.[35]

Estas caracterizaciones, válidas también para el trabajo intelectual de Rama, niegan la imagen dominante que se tiene de él como un *letrado*; alguien que, cercano al espacio del Estado y aislado en su gabinete, crea en la imaginación relatos de comunidad o procesos educativos. Más bien, Rama aparece como un organizador de la cultura en sociedades de masas; un intelectual atento a los procesos materiales de su época, trabajando en un espacio comunicativo contradictorio, que pone en tensión cultura y mercancía, intelectuales y masas, proyectos culturales y proyectos políticos, trabajo artesanal y reproducción técnica. Rama busca apropiarse del espacio de comunicación de masas, tanto en sus aspectos reales como utópicos, para darle un nuevo valor político a la cultura de la imprenta latinoamericana.

Crítica, comunicación, Latinoamericanismo

De todas las facetas intelectuales de Ángel Rama, la que es más conocida y valorada es la de crítico literario. Puede hablarse de una crítica vinculada al periodismo, como aquella que ejerció en el semanario *Marcha*, por la cual establecía una comunicación rápida y contemporánea con el público.[36] Existe también la crítica orientada por una intensa reflexión teórica sobre la dimensión sociocultural de la literatura y la historia social de la cultura escrita; un interés por mapear y construir panoramas a los que la crítica posterior debe mucho. Junto a las diversas polémicas en que participó,[37] habría que recordar su continuo interés por periodizar la producción de generaciones o grupos, como "los raros" o "los nuevísimos."[38] En cualquier tipología, su crítica estuvo siempre vinculada con la problemática de la comunicación, las relaciones entre productores y públicos (Poblete) y la importancia en ellas de la mediación editorial. En palabras de Rama, su trabajo crítico se orientó a rastrear "cómo la obra se comunica y traslada dentro de la sociedad" (citado en Larrea 41). Este mismo énfasis en la comunicación es el que está presente en sus prácticas editoriales: "buena parte de mi vida he estado no solamente atendiendo una tarea crítica personal, sino trabajando en armar la posibilidad de crear esos instrumentos [publicar, hacer circular]" (citado en Larrea 41). Junto a los trabajos críticos más influyentes de Rama, hay otros que se interesan en formas marginales de la cultura escrita, que están en los bordes de lo que en esa época podía considerarse como literatura. Me interesa anotar dos de ellas: el género policial y el testimonio. Estas formas son importantes aquí debido a que se relacionan directamente con las dinámicas comunicativas del espacio de la cultura de masas en que operan el libro de bolsillo y la *Enciclopedia uruguaya*.

Desde la imagen de *letrado* que se tiene del crítico uruguayo, podría resultar sorprendente encontrar en sus escritos una referencia a Batman; y en términos positivos. Cuestionando el "criterio seudoculto actual"—refiero a un texto publicado en 1974—considera que "en el goticismo de la serie de Batman hay más invención artística que en innumerables novelas sociales bien-intencionadas" ("La narrativa" 271). Sin embargo, la referencia no se agota en el juicio estético, sino que se interesa en llamar la atención sobre el espacio de consumo popular que se condensa en el quiosco de periódicos, lugar de exhibición de Batman. El artículo del que provienen estas observaciones está enfocado en analizar la cultura literaria argentina, y argumenta que es recién con la generación de Rodolfo Walsh que la Literatura como institución resultará firmemente cuestionada, rompiendo su vínculo orgánico con la cultura dominante (266–70). Tal cuestionamiento se materializa en el interés de Walsh por llevar la literatura al lugar en que el lector popular consume la cultura de la imprenta, estableciendo para ello una conexión directa de su obra con el género policial. Para Rama, la "operación Walsh" se define desde la publicación de *Variaciones en rojo* (1953), "un volumen de cuentos policiales … incluido en esas colecciones que se difunden en kioskos" ("La narrativa" 275). Es decir, una estrategia intelectual que se concreta tanto en el uso de un género marginal como de un sistema popular de comunicación cultural. Walsh persigue al lector *educado* por la página policial de los diarios, el que está en contacto con formas marginales de la cultura escrita, revistas, cómics, novelas policiales o rosas. Es ese lugar donde se ejercita la lectura del pobre, aunque también es el espacio hegemónico de la cultura de masas. Espacio conservador y progresista a la vez, en el que Walsh introduce sus conocidos *testimonios*. Antes de ser libros, *Operación masacre*

(1957), *Caso Satanowsky* (1958) y *¿Quién mató a Rosendo?* (1969) habían aparecido en publicaciones periódicas: los dos primeros en la revista *Mayoría*, el último en el semanario de la CGT (Confederación General del Trabajo).[39] La investigación periodística de estos libros está organizada sobre el modelo del género policial; de allí que Rama vea a los *testimonios* como "las novelas policiales del pobre."

Estas observaciones sobre Walsh se entrelazan con el interés de Rama por el *testimonio*, el cual nos lleva al momento de su institucionalización como género en el premio literario de Casa de las Américas (1970). Aunque esta historia ha sido reconstruida y analizada excepcionalmente por Elzbieta Sklodowska (55–107), es útil aquí mencionar la reunión en que Rama propone una categoría en ese premio para el testimonio (1969). La propuesta de Rama ponía en debate cuál debía ser el mejor término para designar el tipo de escritura que iba en aumento desde *Operación masacre*, *Los hijos de Sánchez* (1964, en español) de Oscar Lewis y *Biografía de un cimarrón* (1966) de Miguel Barnet. Dice Rama: "voy a sugerir ... que se establezca una colección que se llame Testimonio Latinoamericano; es decir, una colección en la cual una novela, un ensayo, la poesía, el cuento, dé testimonio de lo que está pasando en la América Latina y de lo que se está realizando" (Rama et al., "Conversación" 122). La oscilación entre diversos géneros literarios era una marca que estaba contenida en los textos que luego serán reconocidos como *testimonios*. Hans Magnus Enzensberger, quien también participó de la reunión, hablaba del reportaje y la "factografía," por ejemplo. Para Rama, además, se trataban de "materiales" que podían ayudar a "mostrar la línea de la tarea y la lucha de la América Latina *a través de la literatura*" (Rama et al., "Conversación" 122; énfasis mío). Es decir, lo que estaba en juego en torno al nuevo género era el cuestionamiento del concepto tradicional de literatura y su ampliación, en un sentido discutido también por Carlos Rincón. Junto a la caracterización formal del nuevo género, yacía la pregunta por un nuevo tipo de producción escrita relacionada con circuitos de comunicación, productores y públicos diferenciados de los que caracterizaban a la Literatura como institución. Una cultura del quiosco, invisible para ella.

La relación que se establece allí entre el género testimonio y la institución Literatura es radicalmente distinta a la que caracterizó al segundo momento de recepción del género en la década de 1990, cuando las tensiones entre literatura y no-literatura vuelven a aparecer, pero para definir el testimonio como "anti-literario" (Beverley, *Del Lazarillo* 121). Un aspecto de este proceso está relacionado con la tensión *testimonio-Boom* de la novela. Para George Yúdice, por ejemplo, el testimonio había empezado a trabajar, desde antes del *Boom*, con nuevas concepciones de "lo popular" que eran invisibles para la novela: "There were testimonial narratives before and during the 'boom,' but they were not brought into the literary sphere. It is not until after the creation of a literary award for testimonial literature by Cuba's major cultural institution, Casa de las Américas, that the genre, with its attendant emphasis on the marginal and the popular, is recognized as such" ("Testimonio" 25–26).[40] La posición de Yúdice—como la de Beverley (*Testimonio*)—reelabora con grandes aportes las tensiones que se ven en el primer momento de la historia del testimonio. Pero además estas posiciones dan cuenta del desplazamiento en la valoración política de la literatura. Mientras que en el segundo momento, el género *testimonio* aparece como una forma de poner en crisis y superar la literatura, para Rama, el género era un tipo de textualidad—no la única—que podía ayudar a intensificar no sólo la interacción de formas discursivas sino también los procesos comunicativos entre productores y públicos en la cultura de la imprenta latinoamericana.

Este interés de Rama por captar las dinámicas comunicativas de la cultura escrita no hegemónica (como el policial, el testimonio o los cómics) contribuye a formar una imagen de la cultura de la imprenta como un *espacio cultural* capaz de poner en contacto a múltiples y heterogéneas experiencias y relatos sociales. Uno de los proyectos de Rama, la construcción colectiva de una cultura latinoamericana autónoma, tenía su condición de posibilidad en la existencia de ese tipo de espacio cultural. Puesto en otros términos, la comunicación entre productores, formas culturales y públicos era la base material sobre la que podía hacerse realidad esa cultura latinoamericana. Su *autonomía* descansaba, antes que en los contenidos, en el proceso. En este sentido, su posición era crítica con respecto a aquellas que—en la misma época—pensaban la autonomía cultural latinoamericana en función de "contenidos originales."

En un artículo escrito en coautoría con Washington Buño y Rafael Laguardia, propone Rama: "Ni la literatura ni el arte son meramente series de obras y cuadros, sino un complejo socio-cultural con múltiples respuestas y comunicaciones a través del cual se expresan los hombres de una comunidad"; un modelo de comunicación que puede ser manejado de manera autónoma por sus participantes: "La autonomía cultural que buscamos ... no se limita a reclamar niveles de eficiencia artística ... sino a construir una estructura donde el creador, la obra y el público se *interrelacionen*, recojan así la tradición secular latinoamericana, (e) inventen *nuevas imágenes* nacionales o regionales ..." (207; énfasis mío). Es decir, funcionando sobre la base material de la comunicación entre productores y públicos, la autonomía debía expresarse en la capacidad colectiva de *usar*, negociando diferentes experiencias, imaginarios y formas, un espacio cultural común. Sin embargo, esta idea de *común* no presupone una apuesta por la homogeneización.[41] Al contrario, se trata de un modelo de *comunidad* que, en la obra de Rama, exige considerar al mismo tiempo los procesos que la unifican como los que la diferencian. En este último aspecto es fundamental tomar en cuenta su reflexión sobre las *áreas culturales*, la que se puede seguir, por ejemplo en "Sistema literario y sistema social en Hispanoamérica." Allí Rama propone—en una dirección similar a la de Antonio Cornejo Polar—pensar lo común desde la heterogeneidad considerando los procesos históricos de diferenciación que pasan por la lengua, las costumbres, los desarrollos culturales locales y las tensiones entre cultura dominada y dominante.

Para Rama, la capacidad colectiva de usar el espacio cultural común latinoamericano estaba circunscrita a la cultura de la imprenta. Por lo tanto, se excluían otras culturas como la música o el cine. Asimismo, el proyecto tenía límites históricos que ahora se hacen evidentes, como por ejemplo el número de quienes quedaban excluidos de la conversación. Sin embargo, a través del análisis de las prácticas editoriales de Rama, el *espacio cultural* de la cultura de la imprenta en Latinoamérica mostraba, en esa época, procesos de masiva ampliación de productores y públicos; señalaba un espacio por el que circulaban formas e imaginarios importantes para la experiencia social de esas comunidades culturales, que ya no designaban exclusivamente a los intelectuales y sus espacios culturales de elite.

Estas consideraciones permiten concluir realizando una observación general sobre el proyecto latinoamericanista cultural

de Ángel Rama y su marco histórico. El tema exigiría un tratamiento largo, capaz de asumir problemáticas como las que han
apuntado Román de la Campa (Nuevas; Latin Americanism) o
Mabel Moraña (*Crítica*; "Rethinking"); sin embargo, la discusión
que he abierto en este capítulo puede contribuir puntualmente a
continuar el debate. Me refiero a que Rama piensa el Latinoamericanismo cultural en la época de la hegemonía de la cultura de
masas. Por la naturaleza de su génesis y su procedencia decimonónica, el Latinoamericanismo cultural es un discurso letrado,
construido en condiciones técnicas y sociales significativamente
distintas a las que se despliegan desde los años 50 del siglo XX.
Asumiendo el riesgo de reduccionismo, en esas condiciones previas
estamos ante un discurso formulado como voluntad política de los
letrados y los intelectuales; pero un discurso que no se encuentra
con condiciones materiales para su articulación social. La figura
que podría describir esa situación es la de un letrado imaginando,
desde su escritorio, políticas educativas, gramáticas, valores, historias e identidades en común. El Latinoamericanismo de Rama,
reconociéndose parte de esa genealogía, encuentra condiciones
sociales y técnicas en el espacio de la cultura de la imprenta que
le permiten proyectar, imaginar como posible, un contacto entre
el discurso latinoamericanista y públicos ampliados, compuestos
no sólo por intelectuales, sino también por sectores populares.
Estos últimos existían como público consumidor en el espacio de
la cultura de masas; por lo tanto, es allí donde Rama introduce su
proyecto latinoamericanista. En su obra, el Latinoamericanismo se
encuentra con el quiosco de periódicos.

La Biblioteca y el cierre de una época

En una entrevista, hacia el final de su vida, Rama recuerda la
Enciclopedia uruguaya como marca de una época clausurada:

> Yo concluí al final, ya al borde del colapso, con una cosa que
> a mí me apasiona, una revista semanal que era una enciclope-
> dia de la cultura de mi país, desde los orígenes hasta el día de
> hoy; durante dos años la publicamos a una alta tirada, con un
> estudio sobre un período histórico y una antología de textos li-
> terarios de ese período, y con eso creamos una enciclopedia que
> hoy tiene 12 tomos encuadernados muy bellos, que también
> los mandaron a confiscar y quemar las autoridades uruguayas.
> (Larrea 42–43)

Ese "final" marca el término de aquellas prácticas editoriales de Rama que concibieron el mercado como un espacio que, aunque cargado de contradicciones y procesos conservadores, podía ser visto como generador de dinámicas positivas para las políticas culturales. Es el fin de una práctica marcada por la posibilidad de una comunicación ampliada con un público popular y contemporáneo.

Pocos años después de su exilio, en Venezuela, Rama asume su proyecto más ambicioso, por el que hoy es más recordado—aunque sospecho que esto es cada vez menos cierto—: la Biblioteca Ayacucho, que rinde homenaje a la biblioteca del mismo nombre publicada por Rufino Blanco Fombona y a la Biblioteca Americana que Pedro Henríquez Ureña diseñara para el Fondo de Cultura Económica.[42] Desde un punto de vista, la Biblioteca Ayacucho podría ser entendida como la continuidad de las anteriores prácticas editoriales de Rama diseñadas en Uruguay. Pero desde otro punto de vista, es posible vislumbrar una diferencia sustancial. La Biblioteca Ayacucho se produce desde el Estado; es decir, Rama ha dejado de utilizar el mercado como espacio de intervención directa y medio de contacto con públicos populares, como se cristalizó en la *Enciclopedia uruguaya*. La Biblioteca Ayacucho, en cambio, parece orientarse a la busca de un lector futuro. Ya no está diseñada para la colección privada ni para ser guardada en los estantes de una casa; más bien, su monumentalidad la dirige hacia los espacios especializados del archivo bibliográfico. Es como si el espacio cultural que hacía posible la Enciclopedia se hubiera cerrado. A enfocar más de cerca ese espacio cultural, su relación con el capitalismo y el Estado, y su clausura, estará dedicado el próximo capítulo.

Capítulo tres

Rama y el ciclo popular
de la cultura de la imprenta

A finales de los años noventa *La ciudad letrada* (1984, publicación
póstuma) se convirtió en un clásico de los estudios latinoamericanos. Román de la Campa ha observado que en los quince años
posteriores a la primera edición apenas podían encontrarse más de
media docena de estudios críticos (*Latin* 122). Después, el ensayo
de Ángel Rama contribuyó a repensar múltiples problemáticas,
desde la historia colonial al siglo XX, a tal punto que haría falta
un estudio exclusivo de esta segunda recepción. Una línea de
desarrollo particularmente importante ha leído este libro como
una historia de la relación entre escritura y Estado en América
Latina; y la lectura más influyente en esta dirección es sin duda la
de John Beverley, quien considera que *La ciudad letrada* "was in a
sense a book about the state. It was built on the assumption that if
you traced the genealogy of the Latin American 'lettered city' from
the colonial period to the present, you would not just be describing
a literary-cultural institution; you would also be explaining something about the character of the Latin American state" (*Subalternity* 10). En efecto, el mismo Rama dice en las primeras páginas
que se trataba de "un ensayo que explora la letrada servidumbre al
poder" (*La ciudad* xix). No obstante, la relación escritura-Estado
constituye sólo una de las narrativas de *La ciudad letrada*. Existe
otra, construida de manera fragmentaria, y a veces sólo sugerida,
que se opone a la primera y trata de dar cuenta de los momentos
en que se rompe esa relación. Esta segunda narrativa ha sido muy
poco reconocida y explorada; pero es tan importante como la
primera, pues la interacción conflictiva entre ambas constituye el
centro de la argumentación del libro. Quedarse exclusivamente en
la primera narrativa favorece la idea de que la cultura de la imprenta latinoamericana constituye un bloque homogéneo y ahistórico.

Hacer lo mismo con la segunda termina otorgando al libro de Rama un optimismo idealizado que no posee.

Este capítulo busca explorar la segunda narrativa, tomándola como base para organizar el concepto del *ciclo popular* de la cultura de la imprenta latinoamericana. Siguiendo la argumentación de Rama, rastrearé el lugar que tuvo el capitalismo en la generación de dicho ciclo hacia el último tercio del siglo XIX, para después analizar la figura de su crisis hacia los años setenta del siglo XX. Como se verá, el origen y la crisis del ciclo hacen visibles distintas formas de articulación entre cultura y capitalismo. La obra conjunta de Rama no sólo las percibe y analiza, sino que también registra, a veces angustiosamente, sus aspectos destructores y generadores. Con este fin, leeré *La ciudad letrada* en diálogo con otros escritos de Rama; especialmente con sus diversos trabajos sobre el modernismo y sobre el sistema literario, así como su excepcional ensayo sobre el *Boom* de la narrativa hispanoamericana. Es útil señalar, por otro lado, que el trabajo de Rama con la cultura de la imprenta analizado en el capítulo anterior se inscribe en este ciclo popular.

Ciudad letrada: Comunicación y hegemonía

Partiendo de la articulación entre escritura, ciudad y Estado, el concepto *ciudad letrada* es explorado por Rama desde diversos niveles analíticos y problemáticas histórico-teóricas.[1] Según cada capítulo o segmento, el análisis del concepto privilegia un ángulo de observación, el cual es pronto reemplazado por otro, arrastrando consigo el movimiento general de la cognición. Con acierto, Juan Pablo Dabove ha apuntado la existencia de tres niveles por los cuales la ciudad letrada puede ser analizada como un conjunto de instituciones, de individuos o de prácticas discursivas (56); aunque siempre es posible establecer nuevos niveles analíticos que, sin contradecir los anteriores, complejizan la totalidad desplegada por el concepto. Por ejemplo, el Capítulo 2 da prioridad al análisis de la ciudad letrada en cuanto grupo social especializado en el manejo de la escritura—los letrados—mientras que el Capítulo 3 analiza la ciudad letrada poniendo énfasis en la técnica—la escritura—y el tipo de comunicación que ésta hace posible en el conjunto de la sociedad colonial. Tomaré esta distinción para explorar la problemática de la comunicación implicada en el concepto *ciudad letrada*, y luego abordar—con base en ello—la producción de la hegemonía en el espacio cultural que sugiere dicho concepto. En ambos temas juegan un papel importante dos binomios empleados por Rama: ciudad-campo y escritura-oralidad.

Para examinar la comunicación es útil recurrir al análisis espacial de las relaciones de poder en el mundo colonial propuesto por Rama, que emplea una imagen anular compuesta por tres anillos.[2] Esta imagen, como muchos argumentos sobre la cultura colonial en *La ciudad letrada*, tiene la desventaja de que homogeneiza y, en algunos casos, deshistoriza esa cultura; sin embargo, posee una validez teórica que no debería descartarse rápidamente.[3] El primer anillo rodea el Estado colonial y está conformado por los letrados; es el "anillo protector del poder y ejecutor de sus órdenes" (*La ciudad* 25). El segundo es el anillo urbano, ubicado en las periferias del anterior, que rodea la cuidad letrada. Allí habitan los sectores populares que no se identifican ni con los indios ni con los esclavos de origen africano, sino que se consideran como parte del mundo urbano, aunque ocupando una posición subordinada y en algunos casos marginal. Junto a criterios como raza y clase, una rejilla discriminadora entre el primer y el segundo anillo es la división del trabajo: mientras que los habitantes del primer anillo son trabajadores intelectuales, los del segundo son trabajadores manuales. Finalmente, el tercer anillo designa el vasto mundo rural de las sociedades coloniales, que se extiende como una periferia enemiga para la ciudad. Compuesto por haciendas, pueblos, aldeas, etc., este anillo rural es asiento principal de las poblaciones nativas y trasplantadas por la esclavitud (46).

Desde el punto de vista de la comunicación es importante marcar una diferencia básica entre los dos anillos populares (es decir, entre el segundo y el tercero). En el anillo urbano, los sectores populares hablan el mismo idioma que los doctos de la ciudad letrada; lo que distingue a unos y otros es el binomio escritura-oralidad. En cambio, en el anillo rural los sectores populares no sólo se diferencia del resto por ese binomio, sino también porque la mayoría de su población habla idiomas distintos a la lengua franca del Estado. No obstante, si indagamos el problema comunicativo situándonos en diferentes anillos, se hace visible un escenario más complejo. En primer lugar, al mirar la totalidad del espacio colonial desde el primer anillo (la ciudad letrada), se percibe que los letrados tienen un poder absoluto al monopolizar la escritura, pues controlan la tecnología sobre la que se funda el

Estado. Desde este anillo, los dos anillos populares son caracterizados por la oralidad; por lo tanto, como espacios sometidos verticalmente a la ciudad letrada, que no participan en la vida política. La supremacía del poder del letrado en la sociedad colonial se funda en esta radical oposición; en "la paradoja de que sus miembros fueron los únicos ejercitantes de la letra en un medio desguarnecido de letras, los dueños de la escritura en una sociedad analfabeta ..." (33).

Esta oposición entre oralidad y escritura, hasta cierto punto mecánica, podría sugerir erradamente—crítica que se le ha hecho a Rama—que todo lo no-letrado es oral. Sin embargo, no pienso que tal sea la intensión de su uso; más bien sirve en el ensayo para enfatizar las relaciones de poder (descritas en términos de dominante y subordinada) que se establecen, en el ámbito de la comunicación social, entre los mundos de la escritura y la oralidad.[4] Así tenemos que la escritura construye un *espacio cultural* en que se define la figura dominante de *lo público*.[5] Esto es, las pautas y normativas que rigen lo que se considera útil, bueno y bello, así como las formas y contenidos de las instituciones sociales y las relaciones políticas y civiles, todo lo cual se socializa por medio de una *lengua pública* que es escrita. De otro lado, la oralidad articula diversas formas subordinadas de *lo público*, pero son formas que—independientemente de sus contenidos—están marcadas por un valor contingente, local y en el extremo invisible para *lo público* conformado por la escritura. A fin de cuentas, es en este último espacio donde se toman las decisiones políticas, económicas y culturales que se pretenden imponer a la totalidad del espacio colonial, sin que la opinión de las mayorías populares cuente para algo. Al respecto es útil observar en el ensayo de Rama la imagen del "cordón umbilical escriturario" que proyecta la circulación de las cartas: "Los barcos eran permanentes portadores de mensajes escritos que dictaminaban sobre los mayores intereses de los colonos y del mismo modo éstos procedían a contestar, a reclamar, a argumentar, haciendo de la carta el género literario más encumbrado, junto con las relaciones y crónicas" (47). La escritura parece realizar dos operaciones básicas en este contexto: comunica el espacio metropolitano y el colonial, posibilitando el Estado sin la presencia física del soberano, y favorece una representación del espacio colonial que oculta la realidad americana para mostrar el orden formal imaginado por los ejercitantes de la escritura. Esta tensión entre realidad y orden formal parece ser una de las situaciones coloniales que los letrados están llamados a controlar. La representación letrada de lo colonial está marcada por la tendencia a la universalización de la escritura, que subsume (nombra, discrimina, clasifica) en su forma a la totalidad del mundo colonial.[6]

Ahora bien, si miramos la totalidad del espacio colonial desde el último anillo (rural), lo que se obtiene es una imagen radicalmente distinta del poder del letrado y de la influencia de su trabajo en las mayorías populares. La mayor parte de la vida social y cultural del anillo rural recorre un cauce independiente, desde el punto de vista de la comunicación. Desde el anillo rural, la ciudad letrada se ve como un pequeño punto, del que destaca un reducido número de individuos que participan siempre y no se cansan de comunicarse todo el tiempo entre sí: "productores y consumidores debieron ser los mismos funcionando en un circuito doblemente cerrado, pues además de girar internamente, nacía del poder virreinal y volvía laudatoriamente a él" (26). La distancia del campo con respecto a la ciudad es la que existe entre la oralidad popular y el mundo formalizado de la escritura. Si desde el primer anillo el letrado ejercita una visión totalizadora de la sociedad colonial, desde este anillo rural se muestra un vasto mundo popular radicalmente heterogéneo, que se reproduce a la espalda (lingüística, espacial, política, etc.) de la ciudad letrada. Aun cuando las ciudades se habían propuesto conquistar ese mundo, en la práctica, los campos eran asiento para una cultura popular influida en diverso grado por los mundos urbanos (como sucede con la religión y la evangelización), pero autónoma con respecto al centro letrado.[7] Por consiguiente, la imagen que se impone desde la comunicación no es la de una sociedad dividida por el binomio campo-ciudad, sino más bien la de dos sociedades y culturas separadas, con limitado contacto entre sí. A Rama le interesa enfatizar el carácter de isla que tuvo la cultura escrita en el mundo colonial, contraponiéndole la enormidad de las culturas populares. Podría decirse incluso que está sugiriendo aquí un valor político de lo popular: mientras que la cultura escrita tiende a ser conservadora por su tendencia a la universalización, fijeza y permanencia temporal, la cultura oral está inmersa en la experiencia histórica concreta y sometida a una continua reelaboración. Su naturaleza oral le concede autonomía con respecto al poder; le permite esquivarlo o contestarle. ¿Podría señalar todo esto una reconsideración de la oralidad en la obra de Rama que se conecta con trabajos como la *Transculturación narrativa en América Latina*?[8] Esta pregunta escapa a los objetivos del presente estudio, pero creo que podría sugerirse la necesidad de pensar cómo "descubren" la oralidad los intelectuales latinoamericanos, y qué formas de politización produjo en el siglo XX.

La situación paradójica entre el letrado y la cultura popular que termina observando el ensayo de Rama no resta importancia al poder del primero. De manera inmediata, ese poder es obtenido por la relación orgánica del letrado con el Estado. Sin embargo, hay en realidad dos tipos de poder que se sobreponen, y que tienen gran importancia para comprender las dos narrativas de *La ciudad letrada* que he mencionado al inicio de este capítulo. El primero es el *poder estatal* atribuido al letrado, por el que éste se hace cargo de implementar y mantener el orden político y de cuidar los intereses del soberano. La concentración de ese poder se refleja en la función totalizadora de los letrados que, como grupo, intervienen en la creación del aparato jurídico, la administración y los aspectos culturales y religiosos necesarios para la conducción de las sociedades coloniales. Desde este ángulo, son *siervos* del poder; el Estado es el dueño absoluto de ese poder que el letrado podría confundir como suyo. El segundo es el *poder específico*, propio del letrado, que se expresa cuando éste es consciente de su rol mediador en la "conformación de ideologías públicas" (30). Es decir, el letrado tiene una autonomía relativa, pero ésta es borrada frecuentemente por la otra fuente de poder. Lo que Rama trata de evitar con esta separación—sólo sugerida en su ensayo—es la caracterización de los intelectuales como agentes pasivos; no sólo porque a fin de cuentas los presentaría como víctimas, exculpándolos, sino además porque se los vería como simples ejecutantes mecánicos de órdenes, sin percibir su posición activa que, en términos de Bourdieu, podría ser descrita como capital cultural.

Rama refiere al poder específico del intelectual cuando está evaluando, en *La ciudad letrada*, la persistencia del letrado incluso bajo el nuevo marco republicano (su "extraordinaria longevidad"), que sólo muestra cambios sustanciales hacia el último tercio del siglo XIX.[9] Lo que destaca de esta continuidad no es tanto el crecimiento numérico de sus miembros como "la capacidad que demostraron para institucionalizarse a partir de sus funciones específicas (*dueños de la letra*) procurando volverse un *poder autónomo*, dentro de las instituciones del poder a que pertenecieron ..." (30;

énfasis mío). Si el letrado es caracterizado por una situación de dependencia colonial y neocolonial, en la medida en que necesita trabajar en las instituciones del Estado para sobrevivir en la sociedad, por otro lado, es un productor de ideologías que pronto percibe la capacidad de su poder específico; este poder "narra" al Estado, le da contenidos ideológicos que permiten mantener el orden social establecido. Por lo mismo, puede usar ese poder en beneficio privado o de otros grupos, estableciendo diversas mediaciones en su relación de dependencia con el Estado.

Esta última descripción se acerca a algunas observaciones de Antonio Gramsci sobre la producción de la hegemonía. No quiero sugerir que Rama cita o emplea directamente a Gramsci; aunque podría ser así, ya que en 1972 leyó la obra de Gabriel García Márquez en el marco de lo nacional-popular ("La narrativa"). Sin embargo, podrían observarse algunos puntos de contacto con el tema en *La ciudad letrada*, sugiriendo en Rama un intento, inicial y en algunos momentos contradictorios, por reflexionar sobre la hegemonía en contextos coloniales y postcoloniales.[10] El énfasis de Rama en definir a los letrados como productores con poder específico recuerda la concepción gramsciana de la cultura como un campo de lucha por la hegemonía; es decir, un tejido de relaciones de poder donde no se ejerce dominación o coerción directa por medio del monopolio estatal de la violencia, sino a través de la producción del consenso o el sentido común.[11] Por lo analizado anteriormente, podría explicarse el problema de manera sintética. En primer lugar, Rama percibe el *espacio* de los letrados como aquel donde se monopoliza la producción de *lo público* dominante. El carácter colonial de esta situación está dado por el hecho de que el sistema técnico de ese espacio (la escritura) está en manos exclusivas de un grupo civil y religioso (el letrado). Dicho grupo, presentándose como encarnación del poder estatal, ejerce una dominación o coacción directa sobre los que están por fuera. En cambio, desde su función específica, el grupo de letrados produce hegemonía; sólo que, en la situación colonial en que se encuentra, la hegemonía está confundida con la dominación. No se ha producido la separación entre Estado e intelectual; y desde la situación de privilegio que posee la reducida elite letrada, ello no es necesario ni mucho menos deseable.

La ciudad letrada pone énfasis obvio en la figura estatal del letrado; no obstante, incluye algunos casos en que el poder específico muestra su importancia para la reflexión total del ensayo. Por ejemplo, para la época colonial ofrece el caso de los soldados de Cortés, escribiendo mensajes en las paredes desde el anonimato, o los grafitis que encuentra el lazarillo de ciegos caminantes en las posadas del Alto Perú, escritos con trozos de carbón (*La ciudad* 53). Rama piensa estos casos como ejemplos de una escritura clandestina, que no está dirigida solamente a contestar al poder, sino que se usa para registrar voces, palabras, imaginarios de la cultura oral-popular que discurre al margen de la ciudad letrada. Pero, al mismo tiempo, utiliza esos casos para señalar que, desde la Colonia, el *espacio* de la cultura de la imprenta se ha impuesto como aquel que monopoliza la construcción de la hegemonía. Por lo tanto, y aquí parece hablar ya de la época postcolonial, quien quiera hacerle frente y organizar una contrahegemonía tiene que introducirse en ese espacio: "Todo intento de rebatir, desafiar o vencer la imposición de la escritura, pasa obligadamente por ella" (52).

De esta manera, el espacio de la cultura escrita se muestra como un campo de lucha ideológica. En ese campo, los letrados pueden ser productores de hegemonía, relacionándose con el Estado pero también actuando en direcciones divergentes, por lo cual aparecen como productores de contrahegemonía. En *La ciudad letrada* Rama no narra la historia de este proceso; ofrece más preguntas que respuestas. Sin embargo, es posible ver con más claridad ahora que su ensayo está persiguiendo dos figuras: la articulación entre escritura y Estado, y su erosión. Las siguientes secciones del capítulo seguirán reconstruyendo esta segunda figura.

Públicos no letrados

La aparición de circuitos alternativos al letrado es un proceso que, en la obra de Rama, recorre el siglo XIX. Para su argumentación, son importantes dos ejemplos: la novela de folletín en México, con *El Periquillo Sarniento* de Fernández de Lizardi, y la poesía gauchesca en el Cono Sur.[12] Ambos son mencionados en *La ciudad letrada*, pero el segundo dialoga además con diversos escritos que Rama dedicó al género gauchesco. Por medio de estos ejemplos, anota la conformación de públicos no letrados que posibilitan dinámicas comunicativas heterogéneas. Aunque se trata de casos localizados en áreas culturales específicas, indican en conjunto la ruta de transformación de la cultura de la imprenta latinoamericana que se hace más visible en el último tercio del siglo XIX.

La observación principal de Rama sobre *El Periquillo Sarniento* (1816–31) es la apuesta de su autor por un lector popular urbano que se está "educando" en periódicos y otros objetos impresos.[13] Es el "público alfabeto recién incorporado al circuito de la letra" (*La ciudad* 59), claramente marginal con respecto al letrado. Por consiguiente, su constitución tiene como base la expansión de los sectores populares urbanos, el aumento de la alfabetización y la mayor interacción de la vida popular con la cultura de la imprenta en cuanto espacio comunicativo y de entretenimiento. Por otro lado, el consumo—entendido como práctica mediada por la mercancía—adquiere protagonismo, e incentiva también la constitución de un circuito alternativo al del letrado. Para Rama este público es reflejado en la novela mediante la inclusión del "habla de la calle," que se conecta con "un repertorio lexical que hasta ese momento no había llegado a la *escritura pública*" (58; énfasis mío). Aunque el circuito letrado es el que predomina, la novela de folletín impulsa este nuevo espacio comunicativo cuyo eje de transformación es el aumento de la lectura popular.[14]

Con respecto a la poesía gauchesca, la operación fundamental que registra Rama es también la creación de un público popular, pero definido como predominantemente rural y analfabeto. Por medio de la interacción entre la escritura y la transmisión oral basada en la lectura en voz alta, se establece un circuito igualmente temprano en el que se constituye una institución literaria diferenciada de la letrada oficial. El de la gauchesca se trató en su opinión "del más nutrido público que alcanza la literatura en todo el siglo XIX, muy por encima del que conquistaron los diversos sectores cultos o educativos del mismo período" ("El sistema" xv). Evidentemente, los escritores gauchescos no provienen de los mismos estratos que su público, pero la comunicación cultural que se establece los obliga a evaluar diversas alternativas productivas y de estilo para conseguir llegar hasta su audiencia. Se deciden por formas estróficas populares y recurren a la creación de personajes con los que los gauchos pueden identificarse, reconociendo la representación de sus experiencias de vida en la poesía. Por las mismas razones, los productores deciden trabajar con la lengua popular hablada en el Río de la Plata, creando a partir de ella una lengua literaria que se conecta inmediatamente con el público. Son estas características formales las que terminan favoreciendo el inicial circuito de comunicación de la poesía gauchesca que combina la escritura y la oralidad (xxxvi; Trigo, "The Gaucho" 284). En tal sentido, la gauchesca organiza para Rama un espacio cultural alternativo que consiguió un importante grado de eficiencia comunicativa.

Esta situación de la poesía gauchesca se define desde la época de la Independencia y las subsiguientes guerras civiles, y tiene como correlato paradójico el intento de asimilar al gaucho; de usar, como ha observado Josefina Ludmer, literariamente su cultura y militarmente su cuerpo para la guerra.[15] Su ciclo empieza a cerrarse hacia el último tercio del siglo XIX con la publicación del *Martín Fierro* (1872) de José Hernández y la novela de folletín *Juan Moreira* (1879) de Eduardo Gutiérrez. Con estas obras se constata la crisis del circuito comunicativo previo, que mostraba la importancia del público rural, para establecer como dominante en el género al público urbano. En *La ciudad letrada* escribe Rama: "En la medida en que ese universo agonizante funciona a base de tradiciones analfabetas y usa un sistema de comunicaciones orales, puede decirse que la letra urbana acude a recogerlo en el momento de su desaparición y celebra mediante la escritura su responso funeral," ya que es claro que la operación de Hernández con el género "fue escrituraria y, en principio, destinada al público urbano" (86). Hacia finales del siglo XIX en el Uruguay (Rama, *Los gauchipolíticos* 171–79) o con las conferencias de Lugones sobre el *Martín Fierro* (1913) en Argentina, el gaucho vuelve a ser invocado teniendo como trasfondo el temor social a las olas migratorias. Su imagen idealizada se levanta como roca viva de la nación, al mismo tiempo que la poesía gauchesca deja de dirigirse a él como público.

El nuevo público del género ya no es oral,[16] sino lector, y parece saber poco o nada del gaucho ("El sistema" xviii). Para ese momento, Adolfo Prieto contrasta la cultura letrada tradicional, que estará más en contacto con el naturalismo y el modernismo, con la cultura criollista, que engloba a la gauchesca (23–82). Anota que un aspecto central del fin de siglo es que las interpretaciones y usos de la literatura criollista por parte de la cultura letrada van en aumento, mientras disminuye esa literatura en el circuito popular: "El perfil de Hernández se desvanece así en el ámbito de la cultura popular según un proceso de paralela cronología al verificarlo en el ámbito de la cultura letrada" (89). El *público lector* se manifiesta como una democratización de la lectura y al mismo tiempo como el predominio de lo urbano en la cultura. Por esta razón, podría sugerirse que la crisis del circuito oral de la gauchesca presupone la profundización de la crisis del mundo campesino, sacudido por una creciente modernización capitalista. Es significativo que Eduardo Gutiérrez haya publicado su *Juan Moreira* como una novela de folletín en el periódico popular *La Patria Argentina*, pues designa la intensificación del consumo popular masivo en la cultura de la imprenta. Igualmente significativo es que la primera adaptación teatral de *Juan Moreira* (1884) por los hermanos Podestá enfatice la importancia de la cultura visual en el espectro de la cultura popular urbana.

En síntesis, los ejemplos de la novela de folletín y la poesía gauchesca son índice de una modificación en el espacio de la cultura de la imprenta que subraya la importancia creciente de los públicos populares y su impacto sobre los otros elementos del circuito comunicativo. Asimismo, se hace notoria la función dominante que tendrá la mediación de la mercancía en la comunicación cultural. En torno a estas transformaciones, la imagen de separación entre ciudad y campo que ofrecía el concepto *ciudad letrada* es radicalmente modificada, observando en ello la influencia mayor de la ciudad sobre el campo. Puesto en los términos de la imagen anular discutida en el apartado anterior, puede decirse que el peso pasa del tercer anillo, el rural, al segundo, el de los sectores populares urbanos. Es en este anillo que se concentrarán los nuevos procesos productivos y comunicativos de la cultura. Desde entonces, la cultura empezará a mostrarse, cada vez con mayor intensidad, como un espectáculo urbano, mercantil, industrial y masivo.

El ciclo popular

> No importa que estas ciudades, retrospectivamente,
> nos parezcan todavía imágenes de la "gran aldea." Era
> entonces inimaginable la macrocefalia urbana y capita-
> lina que se desarrollaría a mediados del siglo XX, pero
> en términos relativos las últimas décadas del siglo XIX
> señalan en esas ciudades un aumento considerable de la
> población y un acusado cosmopolitismo que les viene
> de la inmigración masiva en algunos casos, y en otros,
> de la inserción del capitalismo europeo en la conduc-
> ción de su vida económica o de ambas causas juntas.
> —Ángel Rama
> *Rubén Darío y el modernismo*

La profundización de formas de sociedad y de cultura capitalistas en el último tercio del siglo XIX no era un proceso extendido en todos los países latinoamericanos; se detectaba principalmente en los centros urbanos y puertos que recibían el mayor impacto del comercio y la industria.[17] En esos lugares, la experiencia de la ciudad era la del *extrañamiento*: anonimato, ritmo acelerado de la vida, cambios de costumbres y pérdida de lazos con la tradición (Rama, *La ciudad* 96). Desde la perspectiva de los poetas, la experiencia característica era la de José Martí en Nueva York o la de Rubén Darío en Buenos Aires. Apunta Rama que en las calles de Nueva York Martí vive angustiosamente la experiencia de encontrar trabajo; perdido entre la muchedumbre anónima de la gran ciudad, descubre "la base real de inseguridad y la intranquilidad que se ha posesionado de los hombres" ("La dialéctica" 171). En Cuba, el poeta reconocía la vida intelectual como la que pertenecía a una elite, "única que se educaba, única que escribía y pensaba, única destinada a gobernar." Nueva York, en cambio, lo enfrenta con la promesa de una democratización, envuelta en "la fatal ampliación de los cuadros intelectuales que comienza a promover el sistema mercantil, las formas de explotación y los sistemas de comunicaciones que descargaba la modernidad sobre las costas americanas" (135). Martí siente perder la voz pública del vate romántico; su trabajo periodístico lo obliga a hacerse productivo en el sentido capitalista, es decir, valorizar su trabajo intelectual para participar en el intercambio general de mercancías que rige la vida (y la muerte).

Rama lee dialécticamente a Martí evaluando la encrucijada en que se encuentra, mostrando la figura contradictoria de ganancias y pérdidas que describe su experiencia en Nueva York.[18] El lado compensatorio de la inserción en la vida material regida por el capitalismo, que impide ya distinguir entre dinero y Espíritu, es aquella promesa de la democratización cultural por la que parecen unificarse, en una misma experiencia compartida, el poeta y las masas: "ya nada podía quedar encerrado en pequeños grupos en un tiempo en el que 'el periódico desflora las ideas grandiosas' y donde por lo tanto 'todo es expansión, comunicación, florescencia, contagio, esparcimiento'" (Rama, *Las máscaras* 26). A la pérdida de los privilegios del poeta celebrado en la comunidad-aldea, se contrapone la ganancia de un público popular y anónimo. No importa que no sea todavía un público para los libros; desde la prensa, las muchedumbres lectoras reflejan para el escritor la originalidad de su propia voz, que no es sino el disfraz de su subjetividad liberal como valor de cambio. En ese nuevo espacio comunicativo y en las muchedumbres reside la nueva figura histórica de su gloria o su olvido. La "apertura social," la "difusión del saber" o el "intercambio" de ideas son las figuras con que Martí percibe la experiencia de la democratización, que toca también las ciudades y los puertos latinoamericanos más modernizados: "se pone fin, por primera vez en la historia de América Latina, a la *cultura de elites* que había regido a sus diversos centros desde la época colonial y a través del período de la Independencia y la República, sustituyéndosela con un *atisbo de cultura de masas* por el cual apostó con decisión Martí" (Rama, "La dialéctica" 171–72; énfasis mío).

Cultura de masas es la forma con que Rama designa la democratización vivida por Martí en el puerto americano de mayor desarrollo capitalista. Públicos masivos, cultura industrial y mercantil, anonimato, espectáculo. Esa forma sólo se hará dominante en el espacio cultural latinoamericano—visible como totalidad y extendida a todos los géneros y geografías culturales—en la segunda mitad del siglo XX. Pero ya en las últimas décadas del siglo XIX, se había cristalizado en los centros urbanos con mayor desarrollo capitalista, como la "Cosmópolis" Buenos Aires de Darío. La profundización del capitalismo en la cultura se vivía, antes que en sus aspectos positivos, como una negatividad que permitía dar forma al pasado, aislando en él las "tradiciones aristocráticas de la cultura" que constituían "el baluarte de la 'ciudad letrada' que seguía persistiendo del pasaje del Virreinato a la República" (Rama, *Las máscaras* 16).[19]

En la obra conjunta de Rama esta temática es explorada con más detenimiento en torno a la cultura literaria y a su manifestación clave, el modernismo hispanoamericano. Desde su monografía *Los poetas modernistas en el mercado económico* (1967) y su libro *Rubén Darío* (1970), hasta los ensayos publicados póstumamente en *Las máscaras democráticas del modernismo* (1985) y su artículo—también de publicación póstuma—"La modernización literaria latinoamericana (1870–1910)," su reflexión sobre el modernismo como proceso sociocultural propuso hipótesis claves que—en diálogo con críticos anteriores como Pedro Henríquez Ureña o Federico de Onís—se han hecho clásicas. Entre ellas podrían mencionarse la especialización del trabajo intelectual, la autonomización relativa de la literatura o la importancia de la crónica y el periódico para el establecimiento de un mercado de escritura.[20] En conjunto, se trata de una reflexión intensa pero inconclusa, detenida por su muerte. Sus últimos trabajos sobre el tema sugieren un momento de síntesis y corrección que podría haberlos integrado a un proyecto mayor sobre la historia cultural latinoamericana. No obstante, tal interés está plasmado, aunque sea sólo parcialmente, en *La ciudad letrada*.[21] Éste es también un libro inconcluso, o el momento inicial de un proyecto mayor de historia cultural. Al respecto, es significativo que a medida que avanzamos en la lectura de *La ciudad letrada*, el libro promete acercarse cada vez más al presente (1983), pero termina concentrándose en la cultura colonial y en el período comprendido entre 1870 y 1920, en el que se inscriben las problemáticas socioculturales del modernismo.[22]

Sin embargo, en *La ciudad letrada* las problemáticas socioculturales del modernismo son observadas desde un distinto marco epistemológico, porque el objeto de indagación no es la literatura sino la cultura escrita y la cultura de la imprenta; del mismo modo, la figura específica del poeta cede lugar a la del letrado y el intelectual. La importancia que alcanza el período 1870–1920 en *La ciudad letrada* descansa sobre la hipótesis de Rama de que en ese momento se cristalizan los procesos sociales y tecnológicos de la cultura de la imprenta del siglo XX, procesos que definirán lo que llamo el *ciclo popular* de la cultura de la imprenta latinoamericana. Dicho ciclo va tomando forma en ese período, para luego recorrer el siglo XX y mostrar la figura de su crisis hacia 1973. Desplazaré el relato de la crisis hacia la última sección de este capítulo, para concentrarme ahora en reconstruir y problematizar los argumentos teóricos e históricos de Rama que me permiten ofrecer un marco hipotético para el ciclo popular.[23]

Explicado sintéticamente, dicho marco es el siguiente. Entre 1870 y 1920 se profundizan dos procesos ya discutidos en el apartado anterior: (a) la mercantilización e industrialización, entendidas como dinámicas técnico-económicas que irán subsumiendo, progresivamente, a la totalidad de la cultura, y (b) *lo urbano* como pauta dominante de la sociedad y la cultura latinoamericanas. Es decir, estamos ante los inicios, incipientes y localizados, de la problemática que en la segunda mitad del siglo XX será discutida en torno al concepto *cultura de masas* (ver Capítulo 1). Desde la articulación de ambos procesos, las dinámicas que caracterizan el ciclo popular son: (a) aumento cuantitativo y heterogeneidad sociocultural de los productores, y (b) expansión de los públicos, diversificados en consonancia con los procesos de democratización de cada período o región. El ciclo popular repolitiza la cultura de la imprenta en la medida en que su espacio es atravesado por una heterogeneidad de productores, públicos y formas y contenidos culturales; esa heterogeneidad confirma la centralidad del espacio para la producción de hegemonía y contrahegemonía.[24] El carácter *popular* de este ciclo es relacional, por lo que su contenido dependerá del objeto analizado y del tipo de relaciones entre lo que históricamente se considera elitista y popular. No obstante, la primera forma de lo popular que se encarna en este ciclo señala un proceso de *democratización* con respecto al modelo comunicativo de la ciudad letrada, que intensifica las dinámicas aparecidas anteriormente entorno a la poesía gauchesca y la novela de folletín decimonónica. La imagen típica de este modelo, la de productores y públicos tan reducidos que tienden a confundirse entre sí, es puesta en crisis por la multiplicidad, caótica y contradictoria, de imágenes en que productores de diversas clases sociales, ideologías e intereses entran en contacto con públicos ampliados y anónimos.

Si para la época colonial era válida la imagen del racimo, la expansión del proceso de urbanización en América Latina durante el último tercio del siglo XIX sugiere una imagen plasmática por la que se visualiza una mayor interdependencia entre todos los espacios sociales y las geografías culturales.[25] La crisis del mundo campesino se mostrará en el despojo de tierras, las migraciones internas y una masiva pobreza urbana; pero también en la operación letrada por excelencia de la época, que acude a idealizar el pasado campesino para integrarlo como simiente de la nacionalidad.[26] Asimismo, esa crisis se revelará a través de la creciente importancia de la oralidad urbana, y el mayor valor social para los sectores populares de hábitos como la lectura o el consumo de la cultura como mercancía. Desde el punto de vista de estos procesos, el *ciclo popular* se va formando también con los despojos que deja la violencia socioeconómica dirigida por el capitalismo industrial y monopólico en Latinoamérica.

En *La ciudad letrada* Ángel Rama comprende la mercantilización e industrialización como un proceso que impacta no sólo a la cultura de la imprenta, sino a la totalidad de la cultura. Desde el punto de vista del consumo, estos procesos se definen con la aparición de *públicos masivos* para diversas formas culturales, las cuales tejen circuitos comunicativos al margen del poder del Estado y el gusto letrado. Por un lado, puede resaltarse la aparición de un público para "el oído" (157), con el cual la música popular—frecuentemente de origen rural—empieza a organizarse como espectáculo mercantil en las ciudades. Podría ponerse el ejemplo del tango, que pasa de un consumo local y marginal a uno ampliado, compuesto por diversos consumidores, y cuya dimensión masiva justifica su uso ideológico por parte del aparato estatal (Rowe y Schelling 35–37). Hacia los años veinte, el tango empieza a organizarse ya como una industria cultural a través de los discos y la radio (Garramuño), marcando una tendencia que se observará durante todo el siglo en torno a otras culturas musicales (ver aquí Capítulo 5). Por otro lado, puede advertirse la misma dinámica en el público para "los ojos" (*La ciudad* 158). El espectáculo mercantil urbano se manifiesta primero en los teatros populares, el cual será relevado después por el cine, articulando ese público masivo con una cultura visual mediada por procesos técnicos e industriales equivalentes a los que impactan la cultura musical. Estos *públicos masivos* no se organizan desde el inicio como *públicos* en la esfera política, pero establecen las condiciones de posibilidad para su formación histórica en torno al significado político de las *masas*. Aquí, no obstante, estamos ante una manifestación de las *masas* en cuanto consumidor cultural. Como argumenta Jesús Martín-Barbero, quien ha seguido con mayor profundidad la historia de lo masivo en la cultura latinoamericana, "con la conformación de las masas urbanas se produce no sólo una acrecentamiento del conjunto de las clases populares, sino la aparición de un *nuevo modo de existencia de lo popular*" (171).

En la cultura de la imprenta, que tiene también un público para "los ojos," el proceso de mercantilización e industrialización se expresa en dos niveles interrelacionados pero susceptibles de marcar dinámicas en tensión. Desde el punto de vista del consumo, se define un público culto, principalmente relacionado con la prensa y la literatura, y un público popular, asociado con publicaciones periódicas o efímeras y revistas ilustradas. Rama presta especial atención a los públicos culto y popular que se visualizan en torno a la prensa periódica porque le interesa subrayar la dimensión totalizadora del impacto mercantil e industrial en juego: "Tan importante como la pujanza que alcanzaron los *diarios cultos*

(*La Nación* de Buenos Aires; *O Estado de Sao Paulo* de Brasil; *El Imparcial* de México) ... fue el surgimiento, variadísimo, aunque siempre inestable y temporario, de una *prensa popular* que abastecía a esas generaciones recién incorporadas a la alfabetización por la escuela común" ("La modernización" 6; énfasis mío). Prensa periódica, revistas ilustradas, novelas de folletín fueron algunos de los objetos en torno a los cuales fue ampliándose—sin punto de comparación con el pasado—el consumo popular de la cultura de la imprenta (J. Rivera, *El escritor* 24–63; Pastormelo). Adolfo Prieto observa que en Argentina el número de publicaciones creció de manera proporcional al ensanchamiento de los lectores, fenómeno que dibuja "la movilidad de una onda expansiva casi sin paralelo en el mundo contemporáneo" (14).[27] Exponentes de estas publicaciones son *La Patria Argentina* y *Caras y Caretas*, o las gacetas populares mexicanas de Antonio Vanegas que "como las hojas sueltas y revistas gauchescas en el Río de la Plata, hicieron fuego sobre 'los doctores'" (Rama, *La ciudad* 71). Los lectores populares ejercen hábitos de lectura abiertamente rechazados por los letrados y las instituciones de la Cultura; una queja, por otro lado, que acompañó la cultura de la imprenta desde sus orígenes europeos. Sin embargo, es válido resaltar el cambio implicado en ello: a diferencia de la ciudad letrada, donde "lo popular" se definía dominantemente en la oralidad, en el *ciclo popular* se intensifican las formas de articulación de lo popular en el espacio de la escritura.

En síntesis, se bifurcan un circuito culto y otro popular, con contactos y distancias, pero marcando el carácter totalizador del impacto de la mercantilización e industrialización. La mayor novedad, no obstante, es manifestada por el circuito popular. Los proyectos de educación que empezaron a multiplicarse en las últimas décadas del siglo XIX generaron efectos no sospechados: "Contrariamente a las previsiones de los educadores, los nuevos lectores no robustecieron el *consumo* de libros sino que proveyeron de *compradores* a diarios y revistas" (Rama, *La ciudad* 80; énfasis mío). Aun así, las dinámicas que abre la educación popular son significativamente heterogéneas. Para el Río de la Plata, William Acree ha estudiado con detalle la importancia de la educación primaria básica, mostrando que los libros de texto escolares fueron igualmente importantes en las prácticas de lectura popular y en la formación de identidades nacionales y de género (85–164). Rama no toma en cuenta estas líneas de desarrollo en torno al libro. Él se centra más en la prensa periódica y las revistas ilustradas porque en torno a ellas se hace visible la importancia de la mediación del mercado cultural. Este mercado tiene un lugar central pero no exclusivo en el proceso de democratización de la lectura popular, porque—como se ha anotado—favorece un tipo de relación productor-público independiente del poder estatal y de los letrados.

El proceso general del ciclo popular, que hasta aquí se ha presentado en torno a la formación de *públicos masivos*, se expresa en el ámbito de la producción a través de los cambios que llevan de la figura del letrado a la del *intelectual*. Así formulado, se trata de una problemática característica de sociedades postcoloniales, puesto que se pregunta, como ha resaltado Tulio Halperín Donghi, por la formación de un intelectual moderno que en América Latina *proviene* del letrado colonial (*El espejo* 55). El análisis del binomio letrado/intelectual, aplicado a la literatura, ha tenido su mejor estudio en el fundamental libro de Julio Ramos, *Desencuentros de la modernidad en América Latina* (1989). Como es ampliamente conocido, el marco de lectura de Ramos es el de la autonomía—o el de su imposibilidad—de la literatura como discurso cultural moderno en América Latina. La autonomización de la literatura depende de la conformación de un nuevo productor literario que se separa de la figura del letrado en la época del modernismo hispanoamericano. Ramos propone con gran acierto que en el fin de siglo la categoría de letrado es cuestionada por la del intelectual moderno "no porque fueran los primeros en trabajar con 'ideas,' sino porque ciertas prácticas intelectuales, sobre todo ligadas a la literatura, comenzaban a constituirse *fuera* de la política y frecuentemente opuestas al Estado, que ya había racionalizado y autonomizado su territorio socio-discursivo" (99). Con el tiempo, esta tesis se ha hecho clásica para la comprensión del modernismo y en el campo de los estudios latinoamericanos.[28] En este marco, Ramos cuestiona a Rama su uso del concepto de letrado, el que considera demasiado homogeneizador, impidiendo ver sus mutaciones en las últimas décadas del siglo XIX (98). En efecto, el concepto de Rama es por momentos impreciso; pero sí es posible rastrear las distinciones que *La ciudad letrada* propone entre letrado e intelectual.[29] En Rama, ésta es una problemática que proviene de sus estudios del modernismo. Por ejemplo, en 1967 había anotado la necesidad de estudiar las transformaciones productivas del escritor literario en la prensa modernista, por medio de las cuales éste empezaba a organizar su práctica como la de un *intelectual* (*Los poetas* 35).[30] No obstante, debido a que el objeto de *La ciudad letrada* es la cultura escrita y de la imprenta, se observa una reflexión que persigue la conformación del intelectual a través de diversos caminos, siendo sólo uno de ellos el de la prensa periódica.

Los tres últimos capítulos de *La ciudad letrada* muestran los quiebres—y las continuidades—entre el letrado de origen colonial y el "nuevo intelectual." Rama discute esa multiplicidad anotando la importancia de las funciones del periodista, literato, historiador, maestro, diplomático, etc.[31] Y esta diversificación de funciones intelectuales se asocia en el libro con algunos términos recurrentes: "pensamiento opositor," "pensamiento crítico," "grupo intelectual adverso," "campo autónomo," "espacio ajeno al Estado," "mercado abierto de la escritura," "irrupción de las muchedumbres," "circuito de comunicación autónomo." El objetivo de Rama es mostrar al intelectual como un *disidente* de la ciudad letrada, interesado en sostener un "pensamiento crítico" (78). Sin embargo, reconoce un movimiento dialéctico en esta formación del intelectual por el cual la autonomía relativa que gana no está desvinculada del apetito de poder y bienestar económico que mueve a su clase social: "La letra apareció como la palanca de ascenso social, de la respetabilidad pública y de la incorporación a los centros de poder; pero también, en un grado que no había sido conocido por la historia secular del continente, de una *relativa autonomía* respecto a ellos, sostenida por la pluralidad de centros económicos que generaba la sociedad burguesa en desarrollo" (74). Por supuesto, el debate clásico que está detrás es el de la división del trabajo y la problemática de la profesionalización relacionados con el capitalismo y su impacto en la cultura.[32]

Con respecto a los canales de formación y socialización de los intelectuales, es importante destacar que estamos ante una diversificación que va desde los espacios formales como la universidad, hasta la educación autodidacta o el aprendizaje no metódico. En sus estudios sobre el modernismo, Rama resalta el periódico, las revistas, los bares o los cafés como espacios que devienen nuevos centros de formación, alternativos a la universidad. Es el caso de Rubén Darío, por ejemplo, reuniéndose en cervecerías y cafés con otros jóvenes provincianos ("El poeta" 127). La prensa y las revistas se hacían incluso más importantes que los libros para conocer los últimos acontecimientos culturales, al mismo tiempo que los cafés y bares establecían circuitos sin los cuales no podría comprenderse el "sistema productivo" del modernismo (*Las máscaras* 39–40). Sólo en apariencia la bohemia era un tiempo improductivo, pues bajo ese ropaje devenía un taller de formación y de escucha del habla de la calle. Pero al lado de estos cambios en la cultura literaria, se percibe en *La ciudad letrada* un impacto equivalente en la formación de los intelectuales más vinculados con la política y los sectores proletarios, para quienes el consumo de prensa y revistas era también clave.[33] En conjunto, se dibujan dinámicas de aprendizaje, politización y formas de socialización entre intelectuales y públicos que se producen al margen de la vieja ciudad letrada: "La confusa y tumultuosa democratización va generando un *distinto tipo de intelectual* que al no ser rozado por el preciado instrumento de la educación letrada sistemática ha de proporcionar una visión más libre, aunque también más caótica, indisciplinada y asistemática" (*La ciudad* 163; énfasis mío).[34]

Puede decirse que la diversificación de las tareas intelectuales tiene en el periodismo y la educación dos modelos cuyo contraste permite urdir las confluencias y tensiones entre la autonomía y la politización del intelectual. Por un lado, como ya he mencionado, los "intelectuales-periodistas" encuentran en el mercado abierto por las nuevas dinámicas de la cultura de la imprenta una vía de operación autónoma con respecto al Estado. El periodismo "permitió en muchos países de América Latina una *respiración independiente* a los intelectuales y por lo tanto sirvió de cobijo al desarrollo del *pensamiento opositor*" (*La ciudad* 122; énfasis mío). Por el otro lado, los "intelectuales-maestros" aprovechan los canales abiertos por la ampliación de la educación popular; podría decirse, incluso, que logran su autonomía con respecto al Estado debido a la deficiencia de éste como mecanismo de control del proceso educativo. Aquí no es protagónico el vínculo anterior entre educación y consumo; más bien—sugiero—se traza una ruta diferenciada en la cual la educación se politiza. En *La ciudad letrada*, esa ruta conduce a la figura del partido político (140–43). Los sectores populares, educados en una tradición cultural escrita, dan vida tanto al público popular masivo de la cultura de la imprenta como a los partidos. En este marco se va fraguando una conciencia nacionalista en tensión con el proyecto de modernización cosmopolita, que irá madurando desde la década de 1920, y que Rama ve expresada, por ejemplo, en Gabriela Mistral y José Vasconcelos, pero que seguirá afirmándose incluso con la Revolución Cubana. Sin embargo, a pesar de la ampliación de la base política, no dejará de reproducirse la concepción elitista de los cuadros dirigentes, actualizándose constantemente la figura del caudillo. La mirada crítica de Rama, aquí, parece cuestionar la dependencia vertical de los procesos latinoamericanos de democratización, los cuales no podrán librarse del caudillo que se siente inmortal.

La diversificación de las tareas productivas que argumentan el paso del letrado al intelectual lleva consigo, en el nivel ideológico, la proliferación de tradiciones intelectuales significativamente heterogéneas, inclinadas hacia posiciones revolucionarias, liberales o tradicionalistas, con perspectivas locales, nacionales o latino-americanistas. Los últimos capítulos de *La ciudad letrada* discuten esa proliferación, pero sin desarrollarla. Aun así, el conjunto de transformaciones en el ámbito de los intelectuales y de los públicos traza las direcciones y establece los núcleos que permiten describir las dinámicas generales del *ciclo* popular. La imagen que *La ciudad letrada* puede ofrecer sobre este ciclo es la de una cultura de la imprenta politizada y atravesada por contradicciones de diversa naturaleza: procesos de democratización y de autoritarismo, for-mas de comunicación elitistas y populares, tensiones ideológicas entre líneas progresistas y conservadoras, proyectos intelectuales y estatales, un abanico representacional de imaginarios y lenguas, valores cosmopolitas y regionalistas que celebran la modernidad o convocan—a veces con nostalgia—el mundo campesino. Podría decirse que la *ciudad real*—su caos y sus contradicciones—ha tomado por asalto la vieja ciudad letrada, pues es la cultura "vul-gar, masiva y crecientemente urbana" (143) la que acorrala la cultura de la imprenta, modificando sus sistemas productivos y comunicativos. Pero, al mismo tiempo, la posibilidad de que en ese espacio cultural se produzcan dinámicas de democratización es indesligable del hecho de que muchos sectores populares—ver-daderas masas en algunos países—no puedan participar, ni como productores ni como públicos en el ciclo popular.

En el capítulo 5 de *La ciudad letrada*, Rama propone un esbozo de periodización que podría ayudar a proyectar, en un estudio futuro, la investigación del ciclo popular en el siglo XX. En primer lugar, aparece el período de la *modernización internacionalista* entre

1870 y 1920, que es la época en que América Latina se inserta al nuevo orden del sistema-mundo capitalista, y al que Rama presta más atención en su obra.[35] Sin embargo, ya en ese período surgen las dinámicas que darán lugar al período *nacionalista*, dominante entre 1911 y 1930. A éste le sigue el período *populista*, que establece su expansión entre 1930 y 1972. Ninguna dinámica cancela del todo las otras; más bien, Rama parece pensar aquí también en términos de dominante y subordinada.

A esta periodización podría añadirse otra, que llamo una periodización técnica del *ciclo popular*, la cual observa las dinámicas socioculturales en torno a tres tipos de objetos materiales: los periódicos, las revistas y los libros.[36] Como ya se ha visto, en torno a los periódicos se producen las nuevas figuras del público y el productor que entran en tensión con la narrativa estatal de la cultura de la imprenta. Las revistas, de otro lado, proponen un nuevo objeto desde el cual podrían verse mejor, por ejemplo, las dinámicas de la producción intelectual en tensión con la prensa. Me refiero específicamente a las revistas producidas—y en muchos casos editadas—por intelectuales (individuales o en grupo). Podríamos tomar como ilustración de estos objetos materiales a la revista *Amauta* de José Carlos Mariátegui (1926–30) y el semanario *Marcha* dirigido por Carlos Quijano (1939–74).[37] En conjunto, cubren un período que va desde la articulación vanguardista entre cultura y política—que, en el caso de la revista de Mariátegui, hace interactuar vanguardismo, indigenismo, nacionalismo e internacionalismo—a las perspectivas latinoamericanistas que se intensifican en el marco de la Revolución Cubana, con las que *Marcha* influye decididamente en el campo intelectual (Gilman, *Entre la pluma*). De *Amauta* a *Marcha* podemos trazar una línea productiva en la que los intelectuales desarrollan un espacio más autónomo, ya no sólo con respecto al Estado, sino también a los periódicos, que empiezan a alinearse como empresas comerciales, sobreponiendo los criterios de información y publicidad.[38] Esta organización productiva puede rastrearse varias décadas atrás,[39] mas encuentra una forma característica en la época referida cuando la revista se vincula al trabajo intelectual colectivo enmarcado en proyectos ideológicos y estéticos, así como al interés por crear redes intelectuales de dimensión internacional.[40] Tal como ha apuntado Beatriz Sarlo, desde las vanguardias las revistas intelectuales construyen su público, estableciendo un circuito clave para la producción y circulación intelectual ("Intelectuales"). Así, revitalizan la importancia para los intelectuales de la experiencia que proviene del periodismo, pero al mismo tiempo los inscriben en un campo mucho más politizado.

Finalmente, los libros empiezan a constituir un canal de comunicación intelectual especialmente importante desde la década de 1940, socializando la cultura literaria, de las humanidades y las ciencias sociales.[41] Los libros son un canal comunicativo para el público "culto" o "semiculto" (Rama, *La ciudad* 160). Sin embargo, según se vio en el Capítulo 2, el circuito del libro se transforma en la segunda mitad del siglo XX, abriéndose hacia públicos populares. Desde el punto de vista del género narrativo, Rama observa que las "editoriales-culturales" diseñan "un primer circuito global de comunicación interna, y alcanza su eclosión en los cincuenta y sesenta al contar con el apoyo de un acrecido nuevo público que procura respuestas a los conflictos que vive el continente en la circunstancia de su mayor integración al mercado—económico, técnico, social, ideológico—del mundo" (*La novela* 294). Estamos en el período que Rama designa como *populista*; es el momento cuando el impacto de la mercantilización e industrialización sobre la cultura se ha generalizado, impactando incluso a la "conservadora" cultura del libro. Lo que se había cristalizado en el último tercio del siglo XIX, recorre la primera mitad del siglo XX con momentos de desarrollo y retroceso, para llegar a su punto de mayor intensidad en la segunda mitad de este último siglo. Es el momento en que vemos a Rama trabajando con el libro de bolsillo y la *Enciclopedia uruguaya* (ver capítulo anterior); cuando parecía posible que el circuito del lector culto y el del lector popular se juntaran o, por lo menos, encontraran puntos de convergencia.

Esta expansión le da un nuevo lugar social a la cultura de la imprenta. Por un lado, genera la posibilidad de establecer mayor contacto entre los productores intelectuales y las masas. Se define en torno a esa posibilidad una concepción de *lo público* que está abierta a las dinámicas heterogéneas del ciclo popular, pero que ya no está dominado ni por el Estado ni por los letrados. Por otro lado, la cultura de la imprenta se presenta como un sistema técnico que articula—potencialmente—a productores y públicos en torno a una dinámica comunicativa, la cual propone una experiencia compartida a través del consumo de los mismos objetos materiales. Para hablar de estas nuevas condiciones—tan materiales como utópicas—podrían citarse las palabras que el mismo Rama utiliza para señalar los *boom* de la primera mitad del siglo XX que se ahorraron el título de tales: "Pareció posible que los intelectuales actuaran directamente sobre el público (y éste reactuara sobre ellos, imponiéndoles incluso una escritura y especiales formas) sin que esa comunicación fuera orientada y condicionada desde el poder, sean quienes fueran los que lo ocuparan" (*La ciudad* 161).

Capitalismo, unidad y autonomía

Un presupuesto del análisis anterior es el lugar que Rama asigna al capitalismo en la formación de lo que he llamado el ciclo popular de la cultura de la imprenta. Su importancia es indudable, puesto que el capitalismo es visto como el proceso histórico cuyos efectos generan las condiciones de posibilidad para la crisis del espacio letrado y la figura escritura-Estado. Sobre esa crisis, Rama piensa en la posibilidad de una cultura (de la imprenta) más democrática y autónoma, y de alcance latinoamericano. Sin embargo, al mismo tiempo, ve la inserción de América Latina en el capitalismo industrial e imperialista como un proceso de (neo)dependencia, con lo que se establece una imagen contradictoria. ¿Cómo sería posible una cultura autónoma bajo las condiciones de dependencia capitalista? Esta pregunta coloca la obra de Rama—por lo menos, algunos aspectos de ella—en un campo incómodo y polémico que, no obstante, es necesario atender. La pregunta fue ya formulada por Françoise Perus en su importante libro *Literatura y sociedad en América Latina: El modernismo*, donde anota que le resulta difícil aceptar la tesis de Rama de que la instauración de un nuevo orden de dependencia a manos del capitalismo imperial pueda ser considerada como un impulso "autonomista" e "independentista" (88).[42] ¿Cuáles son las hipótesis de Rama implicadas en esta imagen contradictoria? Para responder a esta pregunta, me concentraré en la tesis de Rama que considera el modernismo como el primer *sistema literario* latinoamericano, la cual localiza en lo literario la problemática del espacio cultural.

El concepto *sistema literario*, como se indicó en el capítulo previo, fue propuesto por Antonio Candido en 1959. En múltiples escritos, Rama relaciona este concepto con diferentes problemáticas teóricas y corpus literarios, inscribiéndolo en una complejidad de debates que todavía no han sido sistematizados. No obstante, una de sus definiciones más detalladas lo considera como: "un sistema coherente con su repertorio de temas, formas, medios expresivos, vocabularios, inflexiones lingüísticas, con la existencia real de un público consumidor vinculado a los creadores, con un conjunto de escritores que atienden las necesidades de ese público y que por lo tanto manejan los grandes problemas literarios y socioculturales" (*Rubén* 11). En el nivel específico del ejercicio de la crítica literaria, el concepto le sirve a Rama para estudiar la literatura en una dimensión sociológica e institucional que va más allá del análisis de la representación. En otro nivel, relacionado con la problemática comunicativa de la cultura, el concepto puede ser concebido como un espacio literario, cuyo soporte técnico-comunicativo es la cultura de la imprenta, que articula productores, públicos y obras literarias en una figura de interconexión que no reclama, necesariamente, la resolución de sus contradicciones. Es por esto que el concepto localiza en la literatura la problemática del espacio cultural.

Por otro lado, Rama define al modernismo como el primer sistema literario *común* del subcontinente, indicando con ello—en uno de sus niveles—el establecimiento de una intercomunicación entre productores, formas y públicos a nivel hispanoamericano. La hipótesis detrás de estas observaciones es doble: (a) con el modernismo la cultura literaria regional se unifica, se hace común; aunque se trata de una unidad conseguida sólo en función del público culto; (b) tal unificación genera las condiciones para la construcción de una cultura (literaria) latinoamericana autónoma. En torno a tal hipótesis se hace visible la significación que Rama le asigna al capitalismo. Por medio de la inserción de los países latinoamericanos al sistema-mundo del capitalismo industrial y monopólico,[43] se crea una unidad espacial dependiente, la que es incentivada en el nivel superestructural por la mercantilización e industrialización de la comunicación y la cultura. Para Rama es importante reconocer el carácter dependiente de esta inserción, porque le interesa resaltar que se trata de un proceso que vuelve a destruir y saquear las sociedades del continente, unificándolas como proveedoras baratas de materias primas y como mercados para sus productos industriales (*Rubén* 23). No obstante, a pesar de esto, el capitalismo empieza a establecer su "sistema de valores" como forma de sociedad y de cultura: "Al hacerlo, procede a *universalizar* las condiciones peculiares de su sistema económico, instaurando en todas partes formas similares. Son a la vez, conviene ya advertirlo, *formas dependientes*, de *tipo colonial*, lo que a la larga [establece] simultáneamente una contradicción, que no sólo se traducirá en la vida económica, sino también en la cultural" (24; énfasis mío).

Es decir, el proceso que instala una dependencia económica cada vez más violenta produce, al mismo tiempo, condiciones de universalización que podrían ser apropiadas en distintas direcciones, dando lugar a procesos diferentes y contradictorios. Resulta significativo que en estos pasajes Rama cite a Walter Benjamin y a Theodor Adorno (*Rubén* 25), ya que se trata de un debate vinculado con la reflexión sobre el capitalismo en la cultura que tiene un componente dialéctico, abierto siempre al disentimiento. Como anotación puntual, me interesa resaltar aquí que tal debate está asociado con algunas observaciones de Marx en *El Capital* y el *Manifiesto comunista* sobre la figura de la universalización producida por el capitalismo industrial. Tal universalización se presenta, primero, como la destrucción de formas de vida y de cultura que se han venido desarrollando en un cauce local, con relativa autonomía entre sí. Al saqueo de tierras debido a la acumulación originaria se sobrepone después la violencia con que opera la penetración del capitalismo en la vida laboral—negando el trabajo artesanal autónomo—y en el tiempo de ocio y consumo de cultura.[44] Con esto se establecen nuevas condiciones históricas para la formación de la experiencia social: desde un ángulo, el proceso *universaliza* las condiciones de sometimiento y pobreza popular; desde otro—que es más visible en el *Manifiesto comunista*—esa universalización trágica es condición para el establecimiento de una conciencia unificada de clase, susceptible de oponerse al proceso que la ha engendrado.[45]

Es más que evidente que Rama no sigue este debate con todas sus implicaciones políticas y teóricas (por ejemplo, el concepto de clase social), lo que lo convertiría en otro pensador. Mas sí observa el proceso dialéctico que se está generando en el período para la cultura latinoamericana. El capitalismo industrial unifica el espacio sociocultural de manera dependiente en América Latina, pero el mismo proceso establece las condiciones para una conciencia de unidad continental e interés autonómico, a través de la cual podría superarse—o subordinarse—el encuadre de lo nacional. Entendida así la imagen contradictoria, puede decirse que desde la época modernista está en juego la posibilidad de una cultura latinoamericana autónoma. Sin embargo, esta autonomía no es producida por el capitalismo, sino que proviene de una acción colectiva guiada por los intelectuales. Puesto en otros términos, sus productores son los escritores y públicos que, articulados en circuitos comunicativos independientes de poderes como los del Estado, operan con las fuerzas liberadas por el capitalismo para intentar construir una cultura común. Como discutí en el capítulo anterior (ver sección "Crítica, comunicación, Latinoamericanismo"), la autonomía descansaba en la capacidad de *usar* ese espacio, articulando continentalmente la heterogeneidad de formas y contenidos de las culturas locales, nacionales y regionales. Para argumentar mejor esta cualidad heterogénea será necesario observar rápidamente lo que sucede con el sistema literario después del modernismo, según Rama.

Ya para 1910 se ha terminado de hacer visible el "único sistema literario común" que interrelaciona a toda América Latina (*La novela* 111). En la siguiente década, se observa la tensión constitutiva del sistema, establecida entre un impulso cosmopolita y otro regionalista. Si en la época modernista estos impulsos se habían encarnado en el binomio Darío-Martí, en los años veinte lo hacen en torno a Huidobro-Vallejo y, en la segunda mitad del siglo, alrededor de Cortázar-Arguedas ("Las dos").[46] Con este último binomio se ha coronado ya la crisis de la poesía y el auge de la novela, tendencia que se había notado con la tradición regionalista desde los años diez. La disminución de la "demanda" de poesía sigue una línea inversamente proporcional a la ampliación de públicos populares. Lo que empieza a observarse hacia la década de 1940 es la acentuación de la *pluralidad en la unidad* del sistema. Al llegar a la década de 1960, la intercomunicación en el espacio literario "resultará intensificada, paradójicamente, por la Cuba bloqueada … y por la reorientación hacia las tierras de América que registran los escritores que todavía estaban bajo el imperio del cosmopolitismo …" (*La novela* 143–44). Es en este momento del sistema que se introduce la novela de la transculturación, que pone en circulación, en el espacio literario latinoamericano, la problemática sociocultural de las regiones que se habían mantenido más aisladas con respecto a la modernización capitalista (Rama, *Transculturación* 57–116). Es también el momento que recoge las dinámicas del *Boom* y del testimonio, nuevo género que—por más problemático que sea—lleva a politizar las identidades populares más alejadas de la literatura (ver Capítulo 2).

Las dinámicas anteriores permiten observar que el espacio literario está marcado por una intensa heterogeneidad de formas, representaciones y tendencias ideológicas. A ellas tendría que sumarse la importancia que da Rama a la relación entre el concepto de sistema literario y la teoría de las áreas culturales de Darcy Ribeiro (*As Américas*). A propósito de aquellas dinámicas, escribe Rama: "Este esfuerzo unitario será para poner de relieve la pluralidad de estructuraciones culturales, de tradiciones literarias, de problemáticas humanas de *cada región*" (énfasis mío). La unidad está compuesta por la intercomunicación de diferencias regionales históricamente delineadas:

> Lo que esta unidad patentiza son las áreas literarias (a que me he referido extensamente en otros textos) que bruscamente se hacen nítidas y que vinculadas a las áreas lingüísticas y a las áreas culturales que han ido contorneando los antropólogos (Darcy Ribeiro) evidencian singularidades en el comportamiento creativo, oponiendo la zona rioplatense y la muy próxima chilena, la zona andina y la zona del Caribe, la zona nordestina brasileña y la central o sur del Brasil, la mexicana y la mesoamericana. (*La novela* 144)

Así, puede apreciarse el sistema literario común como un espacio que integra, sin síntesis, una gama de discursos e instituciones; descripción que se acerca al concepto de heterogeneidad propuesto por Antonio Cornejo Polar.[47] La *unidad* del sistema remite a la interconexión de la heterogeneidad y no, como se ha sostenido a veces, a un proyecto de homogeneización.[48] En Rama la *unidad* del sistema da cuenta de un proceso sociológico—no exclusivamente discursivo—que inscribe a productores y públicos en sus especificidades históricas concretas. Podría sugerirse que Rama percibe el sistema literario—y a su espacio cultural—como un micromodelo de la historia social latinoamericana desde el modernismo, mostrando sus intentos de comunidad, junto a sus tensiones y aporías. Una de estas últimas reside en el hecho de que tal espacio literario se conformó como un modelo democrático de intercomunicación cultural a pesar de que vastas poblaciones populares no podían participar en él. Tal vez responda a la situación neocolonial de América Latina que lo conseguido en el ámbito superestructural no se reflejara en el ámbito socioeconómico, donde la dependencia y una pobreza extendida hacían imposible el optimismo y la afirmación de valores democráticos.

Crisis del ciclo popular

Como todo ciclo, el *popular* de la cultura de la imprenta enuncia la pregunta por su fin. Al comienzo del capítulo 5 de *La ciudad letrada*, la intensidad de la prosa de Rama, que ha estado marcando hasta entonces su erudición con un ritmo sanguíneo, parece tomar un respiro. Es una pausa breve, luego de la cual volverá a instalar aquella intensidad; pero es un momento significativo. Contempla la historia latinoamericana y calibra su temporalidad; lo que ha sido historia social se vuelve historia familiar, biografía. Rama parece disculparse por adelantado por el sesgo individual, los prejuicios, el deseo y—no lo dice—la nostalgia. Ensaya periodizaciones pareciendo recordar lo que él mismo había escrito en otro sitio: "Las cifras redondas nos asechan transmitiéndonos su magia" ("Las dos" 135). De la época internacionalista iniciada en 1870, se ha pasado al período nacionalista, hasta llegar al populista, que ya percibe cerrado en 1973. Desde entonces—escribe en 1983—se instala el "catastrófico período," "que sólo diez años después ha desvelado su insostenible gravedad" (*La ciudad* 106). Retrospectivamente, los cien años transcurridos contienen un ciclo cultural, sobre cuyas ruinas va tomando forma el presente.

Las rápidas observaciones de Rama sobre el *período catastrófico* están relacionadas con un cambio en la relación del capitalismo y la historia sociocultural latinoamericana. El año 1973 ha mostrado "por un lado lo avanzado de la incorporación latinoamericana a la economía-mundo; por el otro la debilidad de su integración dependiente, al crecer la distancia entre el centro y la periferia en la economía del capitalismo." La nueva situación a la que se ha llegado ha erradicado toda pretensión de autonomía y optimismo, enrostrando la condición colonial del continente: el presente "ya nos parece teleguiado por fuerzas internacionales ajenas a las voluntades latinoamericanas que sólo pueden oponerle respuestas, muchas veces confusas o erráticas, como si en otras circunstancias se recuperaran situaciones de los primeros siglos coloniales" (*La ciudad* 106). Rama no profundiza en estos comentarios, pero ellos se muestran como las marcas de la producción intelectual; cifran la época a la que el libro—*La ciudad letrada*—responde. Podría decirse: el presente pone en crisis el ciclo cultural que ha llegado hasta allí, haciéndolo visible como unidad y como historia. El libro póstumo de Rama se propone reconstruir esa historia; sin embargo, es sólo el inicio de un trabajo que quedó interrumpido por la muerte.

¿Cómo puede volverse a esos fragmentos para tratar de deshilvanar el contenido de la crisis enunciada? Desde la publicación de *La ciudad letrada*, diversos especialistas han continuado interrogando el libro y buscando respuestas a problemáticas como las que he sugerido. La referencia detallada a esos trabajos sería muy larga, pero no habría objeción si se mencionara sólo un trabajo, *The Decline and Fall of the Lettered City* de Jean Franco. Este libro, en diálogo evidente con el ensayo de Rama, también aborda la crisis de la cultura literaria, analizándola en función de un inmenso y erudito corpus de textos, autores y procesos históricos que son parte historia y parte biografía de la autora. El argumento de Jean Franco sobre la capacidad de la literatura para representar realidades alternativas, utopías que en los años sesenta y setenta fueron percibidas como la antítesis del Estado (7), es parte indesligable del ciclo popular y de su crisis. Aquí, sin embargo, me concentraré en observar el problema desde los desarrollos argumentativos que he propuesto, conectándolos con otro texto fundamental de Rama, coetáneo de *La ciudad letrada*: "El 'boom' en perspectiva."[49] Como aquel libro, este ensayo realiza una evaluación sobre el proceso sociocultural de la literatura y la cultura de la imprenta latinoamericana, indagando sobre los públicos, productores y campo editorial. Es un complemento necesario para leer *La ciudad letrada*, así como para la discusión sobre el ciclo popular, especialmente porque se interesa por los cambios ocurridos desde la década de 1940 a la de 1970.

Desde la problemática del ciclo popular, el principal argumento del ensayo sobre el *Boom* puede ser descrito como el arribo de un momento en el que se ha fracturado el relativo equilibrio entre cultura, intelectuales y capitalismo; equilibrio que hacía posible percibir y usar autónomamente las fuerzas liberadas por el impacto del capitalismo en las sociedades y culturas latinoamericanas. Tal equilibrio definió el ciclo popular: la crisis de la ciudad letrada y la apertura hacia un espacio autónomo con respecto al Estado, en el que podrían generarse dinámicas culturales democratizadas y heterogéneas a nivel latinoamericano. En la figura ideal de ese ciclo, los intelectuales eran reconocidos como los productores decisivos; el aparato editorial, como el medio por el cual se establecían dinámicas autónomas de comunicación con diversos públicos, cultos y populares; y el mercado, el espacio de mediación para un consumo cultural capaz de superar los prejuicios letrados que establecían una disyunción inmodificable entre el lector popular y la cultura de los intelectuales. Todos los componentes de esta figura ideal, junto con sus aspectos realistas y utópicos, empezaron a entrar en crisis con las nuevas relaciones entre cultura y capitalismo que Rama percibe en 1973.

En su ensayo sobre el *Boom* escribe acerca del público y el mercado: "hemos pasado de un mercado de consumo literario de élites a uno de masas" (97). Rama explora allí este cambio, observándolo en su progresión durante el siglo XX hasta llegar a su máxima expresión en torno al *Boom* de los años sesenta. A diferencia del modernismo, el *Boom* había conseguido un público de masas para la cultura del libro y parecía realizar en su máxima expresión el sistema literario inaugurado por aquel. Sin embargo, a través del comportamiento del público quedaba claro para Rama que la cultura de la imprenta—no sólo la literatura—había terminado de insertarse en el funcionamiento general de las mercancías; con ello, se sujetaba más a las dinámicas de la publicidad o el *marketing* que a las del valor cultural. Eran las "fatales consecuencias de la absorción de las letras dentro de los mecanismos de la sociedad consumidora" (53). El mismo proceso que había impulsado la democratización termina haciendo de ésta un efecto ideológico de la mercancía.

De otro lado, como en otros textos analizados aquí, Rama enfatiza el rol fundamental de las editoriales latinoamericanas en establecer un circuito autónomo de comunicación cultural. No obstante, desde la década de 1970, esas "editoriales culturales" autónomas empiezan a desaparecer, ya sea porque son absorbidas por las editoriales transnacionales, porque empiezan a darle mayor importancia al lucro, orientando la edición de libros según el estándar de las industrias culturales internacionales, o porque son clausuradas por las dictaduras. "La *autonomía editorial* de América, iniciada desde los años treinta, se ha visto drásticamente reducida por el avance de las multinacionales, tanto por razones económicas como políticas" (68; énfasis mío). La comunicación en la cultura de la imprenta también ha sido "tomada," cerrando el espacio de intervención a los actores que no pueden competir con ellas en el terreno empresarial.[50]

Sin embargo, posiblemente, es en el lado de los escritores que Rama lamenta más el impacto de la transformación capitalista. Una de las demandas que más se habían escuchado, y menos conseguido, en el ciclo popular era la necesidad de que el escritor alcanzara la profesionalización. Con el *Boom* se la alcanza, prescindiendo de las políticas culturales y del Estado, pues era un logro de las propias dinámicas capitalistas que premiaban con éxito y cheques a los escritores que jamás creyeron que vivirían de su escritura. Es la conversión que Jean Franco ha descrito como el paso del autor al *superstar* ("Narrator"). Escribe Rama: "No se necesita compartir las teorías de McLuhan para saber, sin embargo, que el medio impone sus propias leyes más allá de la voluntad de quienes operan dentro de él" ("El 'boom'" 107). La profesionalización del escritor había terminado eliminando la autonomía que gozaba previo al *Boom*, cuando las decisiones que tomaba no respondían solamente a las exigencias de los agentes y el mercado. Aunque muchos escritores resistían las nuevas condiciones—o no eran de interés para el mercado—el panorama para Rama era desolador. Paradójicamente, en esa época de espectáculo modernísimo, el escritor recuperaba la arcaica figura del poeta civil, faro cultural de las masas, a quien se le entrevistaba y preguntaba su opinión sobre—virtualmente—cualquier tema. Rama termina su ensayo notando esa ironía: "En todo caso, nunca me han parecido más solos los narradores latinoamericanos que en esta hora de vastas audiencias" (110).

Puede concluirse que los procesos descritos por Rama dan cuenta de un momento en que la figura abstracta del mercado—como punta visible del sistema capitalista—ha tomado el lugar de la organización de la cultura.[51] Un componente clave del ciclo popular era la existencia de un intelectual capaz de organizar la cultura, desde la producción hasta la comunicación; pero esa figura muestra su crisis en las nuevas condiciones. El capitalismo, que había ayudado a dar forma al espacio del ciclo popular, ahora lo cierra, fracturando sus dinámicas productivas y comunicativas con mucha rapidez. Desde el presente esta figura resulta más clara que en los años ochenta; remite con precisión al diagnóstico de Adorno y Horkheimer, actualizado luego por Fredric Jameson (*Postmodernism*), sobre el proceso por el cual la cultura es subsumida por el capitalismo.[52] Este proceso había estado en marcha durante el ciclo popular, pero el relativo equilibrio entre cultura y capitalismo generaba el efecto de ocultar su dependencia: entonces parecía plausible distinguir claramente entre el ámbito económico y el cultural. Es sintomático que esta distinción se haya vuelto clave justamente en la época del modernismo, cuando intelectuales como José Enrique Rodó o Rubén Darío empiezan a hablar de un "nosotros" guiado por el Espíritu y la Cultura, oponiéndolo a un "ellos" vulgarmente materialista. Esa distinción era más bien un efecto del capitalismo, que sólo se mostrará sin su encubrimiento ideológico en la época del *Boom*.

Sin embargo, dos razones más me interesa mencionar para la crisis del ciclo popular. La primera es nombrada por Rama en su ensayo sobre el *Boom* y, especialmente, en *La ciudad letrada*. Me refiero al recrudecimiento de la violencia de las dictaduras.[53] Para esto, 1973 es un año más que simbólico. Junto a consecuencias mucho más trágicas, señala la destrucción de los espacios culturales autónomos diseñados en el ciclo popular. La instalación violenta del neoliberalismo a cargo de un Estado acomodado a su servicio reavivaba la imagen—por otro lado nunca desaparecida—de un Estado colonial—y colonizado—obsesionado con ganar para sí, o desaparecer físicamente, al intelectual y los canales de comunicación autónomos: "En el año 1969, en mitad de la agitación nacional, el gobierno del Uruguay dictó un decreto que prohibía la utilización, en cualquier escrito público, de siete palabras" (Rama, *La ciudad* 55). La "ciudad letrada," esa articulación de la escritura con el poder estatal, volvía a aparecer envuelta en procesos políticos más trágicos. Desde el marco de esa articulación entre escritura y Estado, aunque señalando procesos históricos muy distintos, Rama podría estar pensando también en la decepción que le produjo el Caso Padilla (1971), en el que sentía revivir el control estatal soviético sobre la cultura, precisamente en un proyecto revolucionario latinoamericano que él defendió.[54]

Por último, la segunda razón, que no es mencionada por Rama, pero que estimo igualmente clave para la crisis del ciclo popular: el nuevo rol cultural que toma la televisión en América Latina. Para los años ochenta, la televisión se ha extendido ampliamente a nivel regional alcanzando a una mayor cantidad de sectores populares que antes,[55] y así se vuelve la máquina para "los ojos y oídos" más poderosa en la cultura latinoamericana, cuyo protagonismo llega hasta la masificación en curso de la Internet. El aumento del protagonismo de la televisión podría rastrearse en paralelo a la disminución de la importancia social de la cultura de la imprenta en América Latina. En este marco es sintomático que los Estados—en su mayoría—hayan dejado de quemar libros y confiscar ediciones, práctica común en el ciclo popular. Aun cuando nada indica que eso no vuelva a suceder, es un indicador de la retirada del poder social y político que se había desarrollado en la cultura de la imprenta y que se encarnaba en los letrados y los intelectuales. Es igualmente sintomática, en los años noventa, la imagen de presidentes neopopulistas usando la televisión, reconociendo en ella el nuevo espacio donde se negocia el poder y por donde parece pasar *lo público*.[56] Los imaginarios, deseos y demandas de identidad, las políticas estatales y comerciales, los hábitos de entretenimiento y de educación que pasaban por la cultura de la imprenta parecen trasladarse al espacio de la televisión y otras tecnologías audiovisuales. Hay una migración de *mediósfera* por la cual la cultura de la imprenta deja de ser el lugar central para la producción de la hegemonía.

Quisiera terminar volviendo brevemente a las hipótesis sobre Rama y el capitalismo discutidas en torno al ciclo popular. Queda claro que el interés principal de Rama fue incentivar—reflexionando teóricamente e interviniendo de manera práctica—el establecimiento colectivo de una común experiencia cultural latinoamericana, sobre la cual pudiera imaginarse—desde la cultura—una comunidad regional más democrática y autónoma. Desde el relato de la crisis del ciclo popular, queda igualmente claro que Rama concedió demasiada confianza al equilibrio de fuerzas entre intelectuales, cultura y capitalismo, estableciendo una alianza con éste último que, desde el presente, se nos muestra condenada al fracaso. Queda también manifiesto que el énfasis puesto en la comunidad cultural no se articuló con un proyecto en el plano social; por lo menos, esa articulación no fue clara. Por último, se hace patente que la comunidad cultural ideada por Rama se basó en una noción de *individuo* que buscaba universalizar la condición de "latinoamericano," prestando poca importancia a criterios como los de clase social o etnicidad, que eran fundamentales para algunas áreas culturales.[57] Sin embargo, habría que preguntarse también si esa noción de individuo no es fundamental para toda perspectiva latinoamericanista (una herencia liberal), pues resulta difícil concebir un proyecto de unidad continental basado en la clase social o la etnicidad, ya que estos criterios segmentan lo latinoamericano.[58] Es probable que Rama haya tenido en cuenta esta tensión, y que su apuesta haya sido establecer una comunidad cultural en la que puedan superarse las divisiones de clase y donde la etnicidad dejara de ser un criterio estamental de exclusión. Son problemáticas que quedan abiertas al debate. En cualquier caso, no hay duda de que la obra de Rama, con sus aciertos y tensiones, se nos presenta como una de las más complejas, intensas y arriesgadas de la cultura latinoamericana del siglo XX, cuyo valor todavía no ha terminado de acontecer.

Capítulo cuatro

Migración y cultura de la imprenta en el Perú de Arguedas

Este capítulo estudia las prácticas intelectuales de José María Arguedas con la cultura de la imprenta en el Perú. En una dirección similar a Ángel Rama, el escritor y antropólogo andino considerar la posibilidad de usar esa cultura como un sistema técnico de comunicación popular. Sin embargo, su trabajo está confrontado por la preeminencia del factor étnico, el multilingüismo y la persistencia de una estructura de colonialidad en contra de la mayoría de la población nacional. La imagen de un país fragmentado por esta situación, y por la geografía andina, es insistente en su obra conjunta, aunque con la intensificación de las migraciones de los Andes a la costa, desde los años cuarenta, irrumpe en el país un imaginario de interconexión, de mezclas y violentas pérdidas culturales, el cual tendrá igualmente gran impacto en su obra. Quizás como ningún otro intelectual peruano del siglo XX, la obra de Arguedas se confunde con el Perú. Está a tal punto marcada por los cambios que se desencadenan con la modernización, las migraciones y la urbanización, que muchas veces es casi inútil tratar de distinguir las contradicciones del país de las de su obra.

Una de las tensiones comunicativas más importantes que impactan en su trabajo con la cultura de la imprenta es la que se elabora entre las culturas de oralidad primaria, que él agrupa bajo el término *folklore*, y las culturas escritas. La posibilidad de crear formas de interconexión entre ellas constituye el elemento utópico más movilizador de sus prácticas intelectuales. Conseguirlo podía resignificar las dimensiones comunicativas sobre las que era posible pensar la construcción de una cultura nacional.[1] Sólo que esa utopía no le pertenecía a él sino a José Carlos Mariátegui; al menos, así lo consideraba el propio Arguedas. En torno al pensador marxista, este último reconstruye una tradición intelectual que entiende la provincia—en tensión con el mundo urbano de

Lima—como locus de reflexión e intervención. Desde allí traza él mismo uno de sus *beginnings*.

Amauta y las carreteras

Una escena de lectura muestra la obra de Arguedas en una dimensión acaso olvidada, fugaz, secundaria. Ángel Rama lee a Arguedas, transcribe una observación del escritor cuya fama de novelista ha opacado la del antropólogo: "El movimiento 'Amauta' coincide con la apertura de las primeras carreteras."[2] Como sucede usualmente en su obra, Arguedas cifra en una frase diversas problemáticas, que en este caso señalan, retrospectivamente, la época histórica sobre la cual asienta su trabajo intelectual. Las carreteras y la revista *Amauta*—editada por Mariátegui entre 1926 y 1930—son dos figuras de comunicación que articulan dinámicas culturales diferenciadas, pero al mismo tiempo proponen un *espacio nacional común* en el que toma nueva forma el debate sobre la nación.

Las carreteras en mención son parte del proyecto de Augusto B. Leguía, cuyo segundo gobierno (1919–30) se propuso implementar, dentro del marco de la primera modernización del siglo XX, un proyecto capitalista de nación, incentivando las inversiones extranjeras y la industrialización (Yepes 11–52; Burga y Flores Galindo). La imagen del espacio nacional que llega a esta época de modernización, desde el primer siglo republicano, es la de un territorio desarticulado,[3] el cual Leguía intenta unificar por medio del establecimiento de un mercado interno y un ambicioso plan de carreteras de penetración hacia las regiones internas.[4] Como parte de ese proyecto, se diseña el Plan de Conscripción Vial o Servicio de Caminos, por el cual todos los residentes en el Perú—nacionales o extranjeros—debían prestar servicio en el mantenimiento y la construcción de carreteras, ferrocarriles, cursos de los ríos, etc. En la práctica, sin embargo, este servicio recayó en los sectores populares, particularmente en los grupos indígenas de las provincias. Las carreteras impulsan un proyecto capitalista de unificación nacional que valoriza a los sectores populares solamente como mano de obra gratuita al servicio de la modernización.[5]

No obstante, las carreteras generan también efectos "no previstos" sobre lo social. Uno de ellos es el incremento de las migraciones desde las provincias a las ciudades de la costa; proceso central de la historia andina contemporánea del Perú.[6] Arguedas se refiere constantemente a esta imagen de las carreteras asociada con las migraciones andinas del siglo XX. Un caso al que le presta especial atención es la carretera que conecta Puquio (Ayacucho) y Nazca (Ica), a la cual hace mención tanto en sus artículos de folklore y ensayos como en su obra literaria. Puede recordarse, por ejemplo, la historia de "Los serranos" en su primera novela, *Yawar Fiesta* (1941), donde se narra la construcción de esa carretera en la década de 1920 a cargo de los comuneros de Puquio: "Los periódicos de Lima hablaron de la carretera Nazca-Puquio. ¡Trescientos kilómetros en veintiocho días! Por iniciativa popular, sin apoyo del Gobierno" (76). Este impulso—siguiendo la narración del capítulo—es inmediatamente imitado por pueblos de la sierra y hasta de la selva, extendiéndose la dinámica de migración desde escasos grupos privilegiados a amplios sectores populares. El mismo Arguedas comenta en otra ocasión sobre aquellas escenas de *Yawar Fiesta*: "Otro personaje peruano reciente … es el provinciano que migra a la ciudad. La invasión de Lima por los hombres de provincias se inició en silencio; cuando se abrieron las carreteras tomó la forma de una invasión precipitada" ("La novela" 176). En un escrito antropológico anota que esa carretera se convirtió a partir de 1948 en la vía más directa a Lima desde la zona sur andina ("Cambio" 199).[7]

La geografía no es concebida por Arguedas bajo el determinismo decimonónico, sino como un criterio que posibilita el espacio social andino. Desde su perspectiva, ella tuvo un rol central en la limitada comunicación entre las regiones internas y la costa. Lo ve así, por ejemplo, al comparar el Perú con México: el territorio en este último país "no está torturado y dividido por abismos profundos e indomeñables cordilleras como las que quiebran el suelo peruano. El español tuvo en México una movilidad incomparablemente mayor que en el Perú. Nunca cruzó una diligencia de Lima al Cuzco ni de Lima a Trujillo o Arequipa" ("El complejo" 5–6). Esta situación incentivó el desarrollo de espacios sociales y culturales que, aunque tenían muchos puntos en común, se definieron por desarrollos locales relativamente autónomos: "Los pueblos peruanos estuvieron siempre aislados por la topografía invencible. Y se atomizaron por eso. Hace apenas unos veinte años que las antiguas áreas culturales, que fueron respetadas durante la administración colonial, están siendo destrozadas y reordenadas por las carreteras" ("El complejo" 6).

Las carreteras intensifican la influencia de las culturas urbano-costeñas sobre las indígenas y, al mismo tiempo, diseminan a estas últimas por nuevos espacios debido a la migración. En la década de 1950 escribe Arguedas al respecto:

> Durante las últimas décadas de este siglo, la influencia de la cultura moderna en las regiones andinas del Perú se hizo mucho más penetrante, como consecuencia de las vías de comunicación mecánica. Estas vías redujeron el tiempo que duraban los viajes de la Capital a las provincias y de la costa hacia la sierra y la selva, *en proporciones revolucionarias.* En treinta años el Perú saltó del sistema de comunicación feudal al de las carreteras y aviones. ("José" 241; énfasis mío)

El escritor peruano no capta estos cambios como un observador; los percibe primero en su biografía: de Andahuaylas a Puquio, de Puquio a Ica, de Ica a Lima.[8] En su vida alcanzó a viajar en barcos, automóviles y aviones; pero la impresión que debe haberle causado en los años sesenta volar en cuestión de horas de Lima a Nueva York o París era seguramente equiparable a la provocada por cubrir el tramo entre Lima y Cusco con la misma rapidez.[9] No en balde se refiere al acortamiento de las distancias en el espacio nacional como un cambio de "proporciones revolucionarias." Son pocos los momentos en que Arguedas utiliza el término *revolucionario* en sus ensayos, y cuando lo emplea, es para calificar el impacto de la tecnología y las migraciones en la historia sociocultural del Perú.

Es así que las "vías de comunicación mecánica" activan nuevas formas de relación entre regiones que habían estado relativamente separadas. Por supuesto, esta separación no debería llevar a imaginar un pasado prehispánico o colonial atomizado; más bien, es enfatizada por Arguedas para señalar la novedad que se produce en el siglo XX: un espacio sociocultural común en que se interrelacionan fluidamente las culturas de la nación. La imagen tradicional de dos países aislados y enfrentados (la república de indios y la república de españoles)[10] es sacudida por las migraciones que se profundizan con la expansión de sociedades y culturas capitalistas en el Perú. Con ello irrumpen nuevas formas de tensión y violencia en la convivencia nacional, especialmente debido a que la "república de indios" deja de estar ubicada exclusivamente en las provincias andinas, distancia que el imaginario costeño y criollo se había encargado de mitificar.[11] Para Arguedas, el índice inicial de este proceso remite a la década de 1920; sin embargo, la dinámica sólo resultará intensificada en la segunda mitad del siglo XX. Lo que había empezado como un fenómeno aislado se convierte, en pocas décadas, en una "invasión precipitada."

¿Cuál es la figura de *Amauta* implicada en esta discusión? En diversas ocasiones Arguedas vinculó su trabajo intelectual con el de Mariátegui y dicha revista, reconociendo en ambos una influencia decisiva que estará al principio y al fin de su propia obra intelectual. En 1968, en su discurso de aceptación del premio Inca Garcilaso de la Vega, comenta: "Fue leyendo a Mariátegui y después a Lenin que encontré un orden permanente en las cosas; la teoría socialista no sólo dio un cauce a todo el porvenir sino a lo que había en mí de energía, le dio un destino y lo cargó aun más de fuerza por el mismo hecho de encauzarlo" ("No soy" 257). Pocos años antes, en 1965, había dicho:

> Yo declaro con todo júbilo que sin "Amauta," la revista dirigida por Mariátegui no sería nada, que sin las doctrinas sociales difundidas después de la primera guerra mundial tampoco habría sido nada. Es "Amauta" la posibilidad teórica de que en el mundo puedan, alguna vez, por obra del hombre mismo, desaparecer todas las injusticias sociales, lo que hace posible que escribamos y lo que nos da un instrumento teórico, una luz indispensable para juzgar estas vivencias y hacer de ellas un material bueno para la literatura. (Arguedas et al., *Primer encuentro* 235)

Arguedas había leído *Amauta* cuando estudiaba en Huancayo en 1928 y tenía diecisiete años de edad (Pinilla, *Arguedas: Conocimiento* 58–79).[12] Ya entonces consideraba esta revista como un proyecto nacionalista e indigenista en estrecho vínculo con una intelectualidad regional en Puno, Cusco, Trujillo y Lima (Arguedas, "Ensayo" 63–64). Para él *Amauta* no era sólo una propuesta político-cultural, sino también un *espacio* en el que se interconectaban diversas provincias del Perú—especialmente de la costa y los Andes—de la misma manera en que confluían en la revista varios discursos y prácticas, como el indigenismo, el nacionalismo y el marxismo.[13] Lo que recuerda Arguedas de sus años juveniles es justamente la circulación de la revista de Mariátegui, pues la hallaba en diversas ciudades y pueblos andinos: "Cuando yo tenía 20 años encontraba 'Amauta' *en todas partes*, la encontré en Pampas, en Huaytará, en Yauyos, en Huancayo, en Coracora, en Puquio: nunca una revista se distribuyó tan profusamente, tan *hondamente* como 'Amauta'" (Arguedas et al., *Primer encuentro* 235; énfasis mío). Puede decirse que Arguedas veía *Amauta* como un objeto impreso que buscó establecer una ampliada comunicación cultural entre regiones, de manera similar a la que era promovida por las carreteras; aunque, en el caso de la revista, los públicos estaban compuestos fundamentalmente por intelectuales provincianos, dejando por fuera a la mayoría de los sectores populares.

Como ha sido muy bien estudiado (Flores Galindo, *La agonía*; Beigel; Coronado), el trabajo editorial de Mariátegui fue un aspecto fundamental de su proyecto político e intelectual, y articuló un conjunto de publicaciones periódicas como *Nuestra Época* (1918), *Claridad* (1923–24) y *Labor* (1929–30). En torno a estas publicaciones, Mariátegui buscaba establecer circuitos de comunicación orientados a diversos públicos, con el fin de diseñar un tejido nacional, extendido en redes internacionalistas, donde pudiera ser puesto en debate el problema de la nación peruana. La importancia que estas publicaciones daban a la intelectualidad de las provincias andinas estaba en tensión directa con los intelectuales de Lima y sus circuitos comunicativos, quienes habían mantenido un continuo desprecio por el mundo que se extendía por los extramuros de la antigua capital virreinal. En este sentido, la politización no se explicaba sólo en el nivel ideológico, sino también en la materialidad que la acompañaba. Mariátegui proponía un tratamiento socialista de la cultura y la información que también influirá en Arguedas, como se verá más adelante.[14]

Cabe señalar que *Amauta* y las prácticas editoriales de Mariátegui, aunque excepcionales, no son exclusivas en la época. En el caso peruano, están acompañadas por diversas transformaciones en la cultura de la imprenta que pueden explicarse en el marco de lo que he llamado, en el capítulo previo, el ciclo popular. Es útil observar con mayor detenimiento esa transformación, pues ayudará a localizar y ampliar la percepción de Arguedas sobre *Amauta*, ofreciendo también nuevos argumentos para el ciclo popular.

Amauta y el ciclo popular de la cultura de la imprenta (1900–1930)

En su clásico estudio sobre indigenismo y descentralismo en el Perú, José Deustua y José Luis Rénique han observado que entre

1900 y 1930 se produjo una expansión inédita de la cultura de la imprenta, la cual acompañó los procesos político-culturales de la época. Tal expansión puede medirse por el incremento de periódicos y revistas a nivel nacional: de 167 en 1918 a 443 en 1930; un crecimiento de 265%. Paralelamente se observa un aumento en la alfabetización y la escolarización del orden de 221% entre 1906 y 1930, en el marco de un crecimiento poblacional que, para las mismas décadas, es del orden de 140% (1–14). El crecimiento de las clases medias, la ampliación de la educación y el *boom* de publicaciones periódicas constituyen un fenómeno social que, con diversos grados de intensidad, se manifestó tanto en Lima como en provincias.

Como sucedió en otros países, en el Perú la conformación de un mercado de escritura en el marco de la prensa comercial fue también característico de las primeras décadas del siglo XX, y organizó un laboratorio productivo para algunos escritores (Lauer, *El sitio* 19–46). Mónica Bernabé ha discutido este proceso en torno a Abraham Valdelomar y el joven cronista Mariátegui, argumentando la importancia del mercado como alternativa al sistema de patrocinio (82–83).[15] Este proceso se desarrolla principalmente en Lima, aunque en la mayoría de las provincias la situación no era la misma.[16] Sin lugar a dudas, también en el Perú la vía del mercado fue medio para establecer un espacio productivo relativamente autónomo con respecto al Estado; pero los cambios más significativos se dieron bajo formas precapitalistas de institucionalidad productiva y de consumo. Dos de los ejemplos más destacables son la prensa obrera y el indigenismo provinciano.

La prensa obrera proliferó durante las tres primeras décadas del siglo XX en diversas regiones del Perú; periódicos artesanales, folletines y hojas sueltas fueron clave en la organización política y la comunicación popular. El inicio de estas publicaciones—al igual que lo acontecido en otros países—estuvo vinculado con la prédica anarquista de intelectuales nacionales e inmigrantes europeos,[17] quienes cobraron notoriedad en la década de 1870 y acentuaron su presencia con el cambio de siglo.[18] Aunque también se desarrolló en algunas ciudades de provincia, su asiento principal de producción y circulación fue Lima.[19] Esta prensa tenía una marcada dimensión de clase, por lo que su circulación fue más segmentada.[20] Por lo menos al principio, esta identidad clasista diferenciaba a la prensa obrera de las publicaciones de los intelectuales académicos o de los que publicaban en medios comerciales. Por ejemplo, hasta 1919 aquella prensa subrayaba el hecho de que sus contenidos eran producidos por los propios obreros, quienes evitaban presentarse como intelectuales (Machuca Castillo 145–46).[21] Posteriormente, las publicaciones de intelectuales no-obreros empiezan a ser más frecuentes, hecho que responde al cambio ideológico entre anarcosindicalismo y socialismo, y al impacto de los estudiantes de la Reforma Universitaria.[22] La prensa obrera tuvo como condición un alto grado de alfabetización entre la clase trabajadora, y era común—aunque no abundante—la publicación de poemas o cuentos, sean estos de escritores conocidos o de los mismos obreros (Machuca Castillo 157–212). Asimismo, estuvo acompañada de la creación de bibliotecas y la difusión de obras de teatro y música, como parte de un plan de extensión cultural a las reuniones gremiales.

De este modo, la prensa obrera marca un importante momento de politización en la cultura de la imprenta del Perú del siglo XX, sobre la cual se construye una "cultura popular obrera" (Burga y Flores Galindo 238) en tensión con la cultura oficial del Perú.[23] El dinamismo de la primera contrasta con las muy poco vigorosas redes de comunicación de la última. Pero aun así, se hace visible cierta condición arcaica en la producción de aquella prensa, contrastada con la sofisticación de los periódicos comerciales y las revistas masivas. Lo que destaca en estas publicaciones obreras es una organización socialista de la producción que, como ha argumentado Régis Debray, está basada en el trabajo artesanal y la participación colectiva de obreros, tipógrafos, impresores, cajistas, etc. ("Socialism"). Así, sobre la base de estas condiciones productivas, la prensa obrera diseña un circuito de circulación autónomo con respecto al Estado y el capitalismo. Por consiguiente, muestra otra línea por la que entra en crisis la figura de la ciudad letrada (ver Capítulo 2).

Por otro lado, el caso del indigenismo provinciano puede ser comprendido igualmente como un circuito de comunicación autónomo que no se vale del mercado ampliado de escritura, sino de las redes intelectuales que caracterizaron el período vanguardista e indigenista al que pertenece *Amauta*.[24] Aquí es fundamental volver a enfatizar la importancia de la intelectualidad regional (Deustua y Rénique 20–52). Como es ampliamente conocido, estos grupos intelectuales provenientes de los sectores medios emergentes desarrollan políticas culturales de reivindicación del indio, reclamando su protagonismo—y, consecuentemente, el de las regiones internas—en la formación de la nacionalidad peruana.[25] Desde diversas ciudades o regiones provinciales, como Puno, Cusco, Trujillo, Arequipa y el Valle del Mantaro, se construyen redes similares a las de *Amauta* a nivel regional, nacional e internacional. Al respecto, puede considerarse brevemente el caso del indigenismo del sur andino (Cusco, Puno), pues es el que mejor ha sido estudiado.[26] Diversas investigaciones permiten reparar en la importancia que tuvo el impacto de la modernización en el indigenismo, promoviendo una experiencia cultural que respondió a la mayor interconexión material y comunicativa de las provincias con el país y el extranjero. Por ejemplo, para el caso cusqueño Yazmin López Lenci destaca la importancia de tecnologías como el telégrafo, el teléfono y los automóviles, que intensifican la interconexión y la movilidad sociocultural (*El Cusco* 232). En Puno, la construcción del ferrocarril Puno-Arequipa, la llegada de docentes de Lima y la navegación en el lago Titicaca contribuyeron a romper el aislamiento de la ciudad (Vich 23–25). Es significativo, por otro lado, que Cusco y Puno hayan mantenido una comunicación más fluida con Bolivia y el norte de Argentina que con la capital peruana, situación que intensificó la conciencia regional antilimeña.

La modernización de medios de transporte y sistemas de comunicación—desde el correo postal a la radio—contribuyó a diversificar los contextos de circulación de la escritura e instaló un espacio dinámico para la producción en la cultura de la imprenta del sur andino. Ulises Zevallos-Aguilar ha advertido que el proyecto nacional del Grupo Orkopata en Puno se articuló en respuesta a la modernización capitalista de los años veinte (*Indigenismo* 30); aunque, como también precisa, esa respuesta se consolida en última instancia gracias al trabajo intelectual. Al respecto es útil recordar la función de la forma revista (Capítulo 3), pues ella está en la base del sistema productivo indigenista, así como del vanguardista (López Lenci, *El laboratorio* 27–38). Las revistas diseñan un campo más autónomo y politizado con respecto a la prensa comercial, mientras que el sistema de canjes y publicidad favorece una circulación ampliada que potencia las redes intelectuales entre regiones y países. De esta manera, las revistas del período esbozan lo que Zevallos-Aguilar ha llamado un "circuito alternativo de

izquierda" ("Balance" 188). La modernización incentiva—mas no
determina—una experiencia común, sobre la cual se fortalece la
identidad regional, que alcanza nuevo valor político al estar inscrita en el contexto internacionalista del período.

La percepción que tenía Arguedas de *Amauta* y su circulación
se conecta con estas dinámicas comunicativas del indigenismo
provinciano y los intelectuales regionales. Similares marcas encuentra Alberto Flores Galindo al analizar el sistema productivo y
la circulación de la revista de Mariátegui. El historiador ve *Amauta*
como una empresa colectiva de intelectuales, la cual se establece
sobre la base de una continua circulación por las regiones internas
del Perú. Esta revista buscó vincular grupos de intelectuales provincianos y logró tejer algunas redes en ciudades del norte (Trujillo
y Chiclayo), la sierra central (desde Jauja podía irradiarse hacia
los centros mineros como La Oroya y Morococha) y la sierra sur
(Arequipa, Puno y Cusco). Estas redes estaban compuestas principalmente por intelectuales, pero en varias regiones destacaba la
presencia de grupos de obreros y artesanos (*La agonía* 452–53).
Así, *Amauta* estaba organizada desde un tratamiento socialista de
la información y la cultura, cuyo fin último era la conformación
de un bloque político-cultural.

Estas características del indigenismo y *Amauta* permiten interrogar críticamente un consenso académico sobre la producción
indigenista que, en gran medida, es deudor del importante análisis
de Ángel Rama sobre el área cultural andina (*Transculturación*
124–72).[27] Dicho consenso cuestiona y descalifica a los intelectuales del período como un sector medio que utilizó su condición
privilegiada de intelectual para ascender en posiciones de poder y
obtener beneficios personales o de clase. Tal caracterización sociológica tiene un incuestionable momento de verdad; sin embargo,
reducir el proceso a ella impide evaluar el intento de los intelectuales, especialmente provincianos, por modificar la hegemonía
de la cultura criolla (de filiación hispanista, letrada y limeña)[28] en
el espacio de la cultura de la imprenta, y por tratar de construir
un público democratizado por fuera del circuito letrado tradicional. Como sucede con todo proceso cultural, esas dinámicas de
comunicación tenían límites incuestionables; tal es el caso de la
naturaleza elitista de la cultura de la imprenta, que excluía de su
espacio a las mayorías indígenas. Refiriéndose a este límite, Rama
sostiene una posición que se ha hecho clásica: "Inútil subrayar

que en ninguna de esas oportunidades habló el indio, sino que hablaron en su nombre ..." (*Transculturación* 139).[29] Nada más preciso. Esta "aporía," como la llama Antonio Cornejo Polar, no se expresó sólo en la exclusión indígena como público, sino también en lo que Zevallos-Aguilar llama la redefinición de la nación basada en la política de la *representación* del indígena (*Indigenismo* 33–73). Como anota Cornejo Polar a propósito de la tensión de la poesía de Vallejo y la lengua popular, se trata de "la aporía de un proyecto que se autolegitima por, con y en su vinculación con los estratos populares sin poder llegar a ellos por su condición iletrada o porque, aun sabiendo leer, no tienen la posibilidad real de hacerlo." Esto obliga a reconocer los "abismos étnico-sociales del área andina," pero no a invalidar todo el proceso (*Escribir* 160).[30] Aun cuando existen innegables dinámicas de democratización y politización en la cultura de la imprenta de la región andina, ellas siempre aparecen bajo esa figura contradictoria donde las variables de etnicidad y clase social se sobreponen y actualizan el espectro de la experiencia colonial.

Estas tensiones son también parte de la influencia de Mariátegui y *Amauta* sobre Arguedas, como se comprobará luego. Por ahora puede decirse que Arguedas ve en esa revista el modelo para imaginar la construcción de un espacio cultural. Sin embargo, las migraciones masivas de la segunda mitad del siglo XX modificarán de manera fundamental los presupuestos, hipótesis y aporías del proyecto condensado en *Amauta*. Para recuperar este proyecto, Arguedas tendrá que repensarlo a partir de las condiciones históricas de su tiempo.

Folklore, nación y Estado

La relación de Arguedas con el Estado peruano es un capítulo de su trabajo intelectual que no ha llamado suficientemente la atención. El vínculo se inicia en 1939, cuando acepta el puesto de profesor de Castellano y Geografía en Sicuani (Cusco), luego de salir de prisión por apoyar una manifestación en contra de un representante de Mussolini. Este puesto, modestísimo, es también el inicio de las prácticas de Arguedas como intelectual-profesor, las que seguirá realizando después en el ámbito universitario hasta el final de su vida en 1969. Asimismo, define el momento inicial de su obra en que manifiesta constante interés por el folklore.[31]

Este último reafirma todavía más la provincia como locus de enunciación e intervención, pues es una práctica intelectual que se consolida en departamentos del interior, como Cusco y Ayacucho. Desde esos años, el folklore es para Arguedas un medio para conocer las culturas indias y mestizas contemporáneas—en respuesta a la idealización criolla que sólo se interesaba por el pasado inca—y, por eso mismo, un lugar privilegiado para pensar la nación.

En 1939 Arguedas publica *Canto Kechwa*, una primera recopilación de canciones que acompaña con un ensayo sobre la capacidad creadora del pueblo indio y mestizo, pero que es además un trabajo con la memoria personal de la infancia y la migración. Algunas canciones las transcribe de memoria, otras—indica él mismo—las recoge de amigos músicos serranos en Lima (23). Por eso el folklore es, en este comienzo, una suerte de autoetnografía,[32] pues no parece haber distancia entre la cultura oral que se trasvasa a la escritura y la de quien recopila. Similar tensión se produce en el trabajo de recopilación folklórica que Arguedas realiza con sus alumnos de Sicuani en los mismos años, a quienes les pide que recojan las tradiciones culturales de sus familias y barrios (*Nosotros* 167–226). Las culturas que luego serán definidas como folklore son parte de la experiencia cotidiana de esos jóvenes, pero al mismo tiempo dejan de serlo, pues se objetivan en la escritura como un archivo susceptible de ser reproducido y de entrar en contacto con diversos públicos.

Un significado político de este trabajo con el folklore es la valoración *en* la escuela de una cultura marginalizada por esa misma institución educativa. La cultura india o mestiza se percibía como inferior y sin valor estético, mientras que la cultura traída por la escuela era el único conjunto de valores, imaginarios y conocimientos socialmente útiles para alcanzar "el progreso." Por lo menos durante la primera mitad del siglo XX, dicho interés en la escuela no provenía exclusivamente de la política civilizatoria del Estado, sino además de las comunidades y pueblos indígenas. La educación se convertía en medio para alcanzar los beneficios del mundo criollo. De allí que introducir el folklore en la escuela sea una manera de politizar la cultura popular, cuestionando las atribuciones de valor dominantes.

Cuando Arguedas se propone publicar los trabajos de recopilación de sus alumnos, recibe objeciones de sus colegas y hasta del director del colegio (Carta a José). Pero finalmente consigue editarlos en la revista *Pumaccahua* (1940), de único número (*Nosotros* 167–226). En la Presentación, Arguedas observa la falta de conexión entre los contenidos de la educación escolar y la experiencia sociocultural de los estudiantes de la sierra, argumentando que el folklore puede producir materiales educativos más importantes para ellos, además de marcos de interpretación de la realidad concreta de las sociedades andinas. Esto se debe a que el folklore discute la experiencia social de los grupos que lo producen, y al mismo tiempo da cuenta de la conflictiva relación entre las sociedades andinas y el Estado. De esta manera, podría considerarse al folklore como una mirada cultural que permite repensar la historia oficial del Estado-nación.

Ahora bien, esta valoración del folklore y su vínculo con la educación no es una apuesta exclusiva de Arguedas. Por el contrario, se relaciona con la historia del folklore en el área sur andina—la misma mencionada en torno al indigenismo y la intelectualidad provinciana—especialmente en Cusco, Puno y Ayacucho, donde se desarrollan diversos proyectos de recopilación y uso educativo del folklore.[33] Pablo Macera ha sostenido que el folklore marcó una "línea de resistencia de las élites provincianas contra la concentración del prestigio y poder cultural alrededor de Lima" (citado por Degregori, "Panorama" 36). Para 1931, Julio Delgado había sustentado una tesis en Arequipa, el primer intento de exposición metodológica del folklore como ciencia en el Perú (Roel Mendizábal 74–122). Pero es entre 1940 y 1958 que el folklore alcanza un punto de producción mayor, cuyo centro de irradiación principal fue el Cusco. En esta ciudad coinciden folkloristas y antropólogos como Josafat Roel Pineda, Óscar Núñez del Prado, Efraín Morote Best y Gabriel Escobar, quienes se acercan a figuras mayores como el padre Lira o el profesor ayacuchano Víctor Navarro del Águila. Arguedas había conocido al padre Lira cuando trabajaba en Sicuani (Merino, "José" 108), así como a Carmen Taripha—criada de Lira—a quien Arguedas concede particular importancia en los diarios de su última novela, *El zorro de arriba y el zorro de abajo* (14).[34] Es decir, el trabajo inicial del folklore de Arguedas coincide y está vinculado con la intelectualidad indigenista y con una identidad regional.

Al poco tiempo de su experiencia docente en Sicuani, Arguedas pasó a integrar el cuerpo de funcionarios del Ministerio de Educación, con lo que adquirió mayor influencia en el planeamiento de la educación nacional.[35] Es de especial interés el año 1947, cuando fue nombrado Conservador General de Folklore en la Dirección de Educación Artística y Extensión Cultural del Ministerio de Educación. El trasfondo de este nombramiento es la presencia de Luis E. Valcárcel, figura intelectual clave para la cultura peruana del siglo XX, como ministro de Educación (1945–47).[36] En ese mismo año, Arguedas y Francisco Izquierdo Ríos diseñaron un proyecto de recolección de folklore a nivel nacional, teniendo como instancia mediadora a los maestros de las escuelas provinciales del Perú.[37] Utilizando encuestas, los maestros recopilaron relatos de la costa, la sierra y la selva, conformando hasta la actualidad el proyecto más ambicioso de recolección de tradición oral en el país. Para Arguedas, una hipótesis central del proyecto era la relación que los maestros tenían con el folklore:

> Este Archivo contiene 30.000 páginas de informes escritos por los maestros y profesores de educación común de la República acerca de todos los aspectos de la cultura del país. Los maestros peruanos son buenos informantes porque trabajan en las regiones y pueblos de los que son oriundos, salvo pocas excepciones. Pertenecen además a la clase media o proceden de las clases populares, y son ellos mismos, más que observadores, portadores del folklore de sus provincias. ("Folklore" 103)

Al igual que en la recopilación con los alumnos de Sicuani, aquí el folklore es percibido como una cultura local viva que mantiene la memoria popular; aunque con la diferencia que ahora posee un alcance nacional. Arguedas está pensando en juntar la heterogeneidad de las culturas del Perú bajo el término unificador de folklore. Mediante esta operación el resultado se presenta como la cultura mayoritaria del país; más aún, como una cultura nacional-popular. Esta es otra manera en que Arguedas politiza la cultura y la práctica del folklore, las cuales eran comúnmente despreciadas por los intelectuales urbanos y los imaginarios de la cultura criolla.

Es importante subrayar que una condición de posibilidad de este trabajo con el folklore en las escuelas es la expansión de la educación básica—primaria y secundaria—a nivel nacional. Carlos Contreras ha indicado que la política educativa del indigenismo—desde los años veinte—es decisiva para la introducción de la escuela en la zona andina. Progresivamente, los niños mestizos e indígenas van teniendo mayor acceso a la educación, lo cual genera una rápida transformación sociocultural en las regiones andinas, impulsando la figura del "mestizo" (25).[38] Son justamente los años cuarenta—en los que Arguedas desarrolla sus proyectos de folklore—cuando la educación muestra este crecimiento de singular importancia para la historia cultural del Perú en el siglo XX. En este escenario, la encuesta de folklore tiene un significado político particular, pues está involucrando a un amplio sector de la población infantil y adolescente que, en pocas décadas, entrará a jugar un papel importante en la vida social del país. Por otro lado, la acrecentada presencia de escuelas y colegios hace posible que la encuesta tome una genuina dimensión nacional. La situación paradójica de todo esto es que Arguedas está utilizando el Estado para promover una cultura alternativa y crítica con el discurso estatal.

Sin embargo, las posibilidades de autonomía intelectual que Arguedas encontró en el Estado fueron tan evanescentes como los intentos reformadores del gobierno de turno. En 1945 Bustamante y Rivero se convertía en el primer presidente elegido democráticamente desde 1931. Su intención, por lo menos manifiesta, era iniciar una reforma democrática, pero terminó rápidamente en 1948 con un golpe militar (Klaren 353–65). La presencia de Luis E. Valcárcel en el Ministerio de Educación abrió un espacio de relativa autonomía para Arguedas, pero también se cerró drásticamente con la caída de Bustamante. La persistencia de un estado oligárquico (N. Miller 3–4) bloqueaba en la práctica cualquier reforma democratizadora. Desde entonces, Arguedas seguirá relacionándose parcialmente con algunas instituciones del Estado, buscando operar con relativa autonomía incluso en el contexto de la dictadura de Odría (1948–56).[39] Por ejemplo, en 1950 es nombrado jefe de la Sección de Folklore del nuevo Ministerio de Educación y en 1953 asume el cargo en jefe del Instituto de Estudios Etnológicos del Museo de la Cultura Peruana. No obstante, será recién en 1963 cuando vuelva a comprometerse con una política cultural de alcance nacional.

La cultura y el pueblo de inmigrantes

Al comenzar la década de 1960, las migraciones de las regiones internas a las ciudades de la costa habían acentuado la tendencia hacia la urbanización que en pocas décadas terminará convirtiendo un país rural en uno predominantemente urbano (Matos Mar). En el campo aumentaban los levantamientos campesinos y las invasiones de tierra, haciendo de la reforma agraria un tema de debate continuo. En 1963, bajo estas tensiones nacionales, asume la presidencia el arquitecto Fernando Belaúnde Terry, con quien parecía abrirse un nuevo momento progresista para el trabajo con políticas culturales. Belaúnde pretendía acabar con el predominio oligárquico implementando un gobierno de la burguesía. Su orientación nacionalista y desarrollista lo llevó a prestar atención a las provincias y a la vieja demanda de integración nacional, tomando en consideración el problema de la cultura. Además, conseguir la cohesión cultural de la nación era un medio para contener la alternativa revolucionaria que, influida por los acontecimientos recientes en Cuba, iba prendiendo en el sur andino (Klaren 365–409). El breve gobierno de la junta militar que le precedió había creado la Casa de la Cultura bajo esos supuestos, pero fue durante el período de Belaúnde que se instaló efectivamente. Arguedas fue su primer director.[40]

En el artículo que publica en la prensa para difundir su plan como director de la Casa de la Cultura, Arguedas escribe: "Yo siento que hay una nueva luz que ilumina el Perú, por eso estoy aquí en este Despacho; para servir con la acción al país como lo he servido con mis limitadas posibilidades de escritor. Si no contara con los medios para realizar el plan que hemos propuesto, volvería a la otra misión, a la del intelectual atento, humilde y feliz" ("En otra" 490). La desconfianza de Arguedas es notoria, y explicable por su experiencia anterior con el Estado. Habría que tomar en cuenta que la Casa de la Cultura es el primer intento del Estado peruano por desarrollar formalmente una política cultural con una plataforma institucional y de recursos independiente (J. Cornejo Polar, *Estado* 78–79). Arguedas no sólo tiene que sortear la inestabilidad económica y política del país, sino también la existencia de un Estado y una sociedad limeña profundamente excluyentes con los mundos provincianos y particularmente indígenas. Estos y otros factores terminarán imponiéndose: la Casa de la Cultura continúa su historia, pero Arguedas renuncia como director en 1964.[41]

Aun así, en el corto tiempo de su dirección—un año— Arguedas propuso, y ejecutó parcialmente, un ambicioso plan de actividades culturales que tenía como radio de alcance la totalidad

114

del territorio nacional. Le interesaba introducir la alta cultura y el folklore tanto en instituciones culturales urbanas como en zonas marginales, en barriadas de inmigrantes y en las provincias del país. Asimismo, concedía atención a diversas formas culturales. Por un lado, en el ámbito de la cultura de la imprenta, el plan incluía la edición de libros y revistas dirigidos a públicos populares y especializados. Por otro lado, con respecto a las culturas de comunicación audiovisual, se creó una discoteca y una filmoteca, las que estaban vinculadas a la sección de Musicología y Cine, así como al Departamento de Folklore de la Casa. El interés estaba puesto tanto en la posibilidad de recolectar y *unir* la tradición oral, la música y las danzas de las diversas regiones del Perú como en el uso de esa recopilación para las actividades de promoción cultural.[42] En el diseño de este plan puede verse la manera en que Arguedas concibe la formación de una cultura nacional; pero es necesario resaltar que dicho plan está en tensión con la política cultural que da origen a la Casa de la Cultura. Si bien, por un lado, coincide con el interés de Belaúnde por las provincias y por la creación de una cultura nacional que integrara a las sociedades andinas, por otro lado, se distancia de un discurso de integración que reclamaba una cultura nacional homogénea, la cual tenía como matriz el castellano y la cultura criolla de la costa; es decir, la asimilación indígena a la nación mediante la pérdida de su cultura local. El plan de Arguedas, por el contrario, tiene como imagen clave la interconexión, no la homogeneización. Lo que busca es poner en contacto, hacer chocar, las diversas culturas locales. El efecto futuro de esa interconexión es lo que Arguedas percibe como una cultura nacional.

De otro lado, el plan de Arguedas no puede explicarse bajo el paradigma de la democratización o extensión cultural, el cual está en el origen del proyecto inicial francés de las *maisons de la culture* de André Malraux.[43] Este último intenta, exclusivamente, llevar la alta cultura a los sectores populares; no la cultura popular a los grupos dominantes. Lo popular es el lugar de la no-cultura, estado que el proyecto de extensión está llamado a modificar. Un presupuesto implícito en este proyecto de extensión es que los sectores populares comparten una misma matriz sociocultural básica con los sectores altos (lengua, identidad nacional, ciudadanía política, etc.). En cambio, la situación que tiene que enfrentar Arguedas es radicalmente diferente, pues predomina la diferenciación étnica y la práctica del racismo. Esta situación explica que su proyecto funcione en ambas direcciones; es decir, no sólo socializando la cultura elevada entre las masas populares, sino llevando la cultura de estos últimos a los grupos privilegiados. El interés de hacer circular diversas culturas por diversos públicos étnica y socio-económicamente segmentados propone una figura de contacto comunicativo en el que se imagina una futura cultura nacional que superara el Perú oligárquico.

De esta manera, Arguedas repolitiza el proyecto original de extensión cultural, haciendo explícito el problema étnico y de dominación: se introducen "los valores indígenas en los sectores sociales que los ignoran o desprecian" y se socializan los valores "de la cultura llamada occidental, entre los medios indígenas a quienes se les negó el acceso a este caudal de sabiduría ..." ("En otra" 488). El proyecto de la Casa de la Cultura no consiste en ofrecerles a los sectores populares una cultura para civilizarlos, sino en devolverles lo que la estructura de dominación les ha quitado y ha hecho exclusivo de los "sectores cultos." Puede sugerirse aquí una cercanía teórica de Arguedas con Mariátegui, especialmente con respecto a la hipótesis que este último tenía sobre el momento cosmopolita en la formación de una cultura nacional (231–340). Este momento pone en crisis la matriz en que se ha formado la cultura colonial, incentivando un momento de apertura y desestabilización sobre el cual puede empezar a articularse la cultura nacional. Para Arguedas, la relación de los sectores populares—me refiero especialmente a los que en la matriz colonial conformaron la república de indios—con la cultura universal es un acontecimiento de crisis productiva y de politización de su identidad subalterna. Sin embargo, tal acontecimiento no tiene únicamente una naturaleza teórica; es decir, no existe sólo en la voluntad y la reflexión de Arguedas. Es, fundamentalmente, un acontecimiento que está produciéndose en lo social "desde abajo," debido a la interconexión generada por las migraciones.

Quisiera observar la materialización de esta tesis en la revista *Cultura y Pueblo*, una publicación periódica popular que el mismo Arguedas diseña y publica desde la Casa de la Cultura. Concebida originalmente como una revista trimestral,[44] se trata de una publicación de cuarenta páginas y en formato estilo tabloide editada entre 1964 y 1970. Su tiraje inicial fue de 20 mil ejemplares,[45] dimensión masiva excepcional para este tipo de revistas en el Perú;

tenía un bajo costo, inicialmente de 2 soles,[46] y se dirigía especialmente a un público popular en Lima y las provincias del Perú, cubriendo en su totalidad las regiones de la costa, la sierra y la selva.[47] Debido a su renuncia como director de la Casa, Arguedas sólo fue director de la revista por los dos primeros números, publicados ambos en 1964.[48] Empero, en esa corta duración está claramente plasmada la política cultural que estoy describiendo. Me concentraré en dos aspectos de ella: la confluencia entre literatura y folklore como eje para definir la cultura nacional, y la problemática del público de *Cultura y Pueblo*, que está relacionada con la situación del monolingüismo y el bilingüismo en el contexto de las migraciones.

Folklore y literatura

En *Cultura y Pueblo* Arguedas trabaja con el folklore en dos direcciones principales: escribe una serie de artículos teóricos sobre el tema y lo utiliza en una sección de la revista titulada "Nuestra literatura." Con ello persigue dos objetivos: (a) darle estatuto de "cultura" al conjunto de prácticas populares que aglutina el folklore por medio de un tratamiento teórico del concepto, y (b) proponer que los lectores reconozcan en el folklore una cultura popular común. Aquí, nuevamente, Arguedas está operando con un público no-especialista, con los mismos individuos para quienes el folklore continuaba siendo su "cultura originaria."

En el primer artículo que dedica al folklore en *Cultura y Pueblo* ya aparecen claramente ambos objetivos. Afirma que el concepto europeo de folklore no es válido para comprender el Perú, pues en el primer caso se refiere a la cultura de las minorías ("¿Qué es ...? [I]" 11); su reformulación teórica pasa por contextualizarlo en una región en la que designa a las culturas de la mayoría social en situación de dominación. De otro lado, sugiere que los lectores populares construyan por sí mismos esa reformulación del concepto, oponiéndose a los intelectuales peruanos que tratan de "adornar" y "estilizar" el folklore. Incluso llega a hablar de la ornamentación como un "verdadero crimen," a pesar de las buenas intenciones: "antes que la vanidad, la verdad, es una respetuosa recomendación a nuestros lectores aficionados al Folklore" ("¿Qué es ...? [V]" 11). Arguedas no busca defender una pureza esencial de la cultura indígena, pues como él mismo explica, por ejemplo en función del cuento "Juan Oso" (6), los relatos orales muestran una antiquísima y continua incorporación de elementos culturales externos. En cambio, su mirada de las culturas indígenas desde el folklore pasa por desesencializarlas, reconociendo su historicidad y el cambio constante como su característica fundamental.

Por otro lado, Arguedas reserva para el folklore—en cuanto práctica de conocimiento sobre la cultura popular—una libertad cognoscitiva que permite entender las recopilaciones no sólo como literatura, sino como expresión de toda una cosmología cultural ("¿Qué es ...? [IV]" 13). Con respecto a disciplinas emergentes en esos años, como la antropología, el folklore era relegado a una forma de saber arcaico. Pero es justamente este modo de operar antes de los recortes disciplinarios aquello que le da mayor plasticidad cognoscitiva, de la misma manera que lo hace menos dependiente de las disputas teóricas y los fondos de financiamiento.

En otra dirección, el folklore le sirve a Arguedas para postular la existencia de una *literatura oral* en el Perú, eje sobre el cual sería posible el diálogo material de la oralidad y la escritura.[49] Arguedas recoge el término *literatura oral* del folklore y la antropología, haciendo referencia explícita a Franz Boas ("¿Qué es ...? [II]" 10). No obstante, la interpretación que propone en *Cultura y Pueblo* se orienta a cuestionar explícitamente la hegemonía, de origen colonial, de la escritura en un país donde las culturas orales primarias son dominantes y el monopolio de la escritura alfabética ha estado en manos de las minorías no indígenas.[50] En respuesta a esta situación, comienza por establecer similitudes entre los procesos creativos de la *literatura oral* y *literatura escrita*: "la persona *iletrada* crea un cuento, lo hace especialmente para contarlo, para transmitirlo a los demás, *exactamente igual* que el novelista o el cuentista letrado. El folklore ha demostrado que no hay diferencia entre el proceso de creación de la literatura oral y el de la literatura escrita" ("¿Qué es ...? [III]" 10; énfasis mío).

El diálogo material entre las dos literaturas se expresa en una sección de *Cultura y Pueblo* titulada "Nuestra literatura." Cada número de la revista tiene tres secciones fijas: Nuestra tierra, Nuestra historia y Nuestra literatura. En esta última, se publican textos de diverso origen histórico, lingüístico y estético. Por ejemplo, en el primer número de la revista tenemos: (1) "Creación del hombre," himno proveniente de la crónica colonial de Juan Santa Cruz Pachacuti, en versiones quechua y castellana; (2) una canción quechua contemporánea (huayno), "El fuego que he prendido," "que canta el pueblo de las comunidades andinas de hoy (Ayacucho)," igualmente en versiones quechua y castellana; (3) "Yaraví" de Mariano Melgar, forma poética en que se cruzan tradiciones literarias cultas y populares; (4) el poema "Oh Porvenir" de Manuel González Prada; (5) "Poema" de Javier Sologuren; (6) un relato oral recogido con grabadora, "Ararankaymanta," para el cual se consiga el nombre del "autor," Luis Gilberto Pérez, de Ayacucho; y (7) el relato escrito "Querencia," de Alfonso Peláez Bazán (*Cultura y Pueblo* N° 1 14–15). En el segundo número de *Cultura y Pueblo* se publican: (1) el "Himno al hacedor," poesía incaica recogida por Juan Santa Cruz Pachacuti; (2) la letra del huayno "Celso Medina," "recogida en Puquio, Ayacucho, y su respectiva traducción castellana por J. M. A. (José María Arguedas)"; (3) el poema "El caballo" de José María Eguren; (4) el poema "Madre" de Carlos Oquendo de Amat; (5) el poema "Pastorala" de Mario Florián; (6) el poema "Para vivir mañana" de Washington Delgado; (7) un relato oral: "Historia de Miguel Wayapa," para el que no se consigna autor, y (8) el relato escrito "El traslado" de Eleodoro Vargas Vicuña (*Cultura y Pueblo* N° 2 18–19).

Esta larga enumeración ayuda a percibir en detalle la organización de "Nuestra literatura" como un espacio de confluencia e interacción de prácticas orales y escritas. Un primer aspecto que puede notarse es la visualización—desde la perspectiva de un lector popular—de una cultura quechua escrita de origen antiguo, la cual se sugiere en continuidad con la tradición oral (cuentos) y la música (letras de canciones) de la cultura quechua contemporánea.[51] El lector popular percibe la existencia de una "literatura" en quechua que está vigente y, además, posee una tradición histórica mayor que la escritura alfabética, la cual no puede ir más atrás de la época colonial. Es precisamente en tal comprensión del folklore que Arguedas realiza el cuestionamiento más radical al concepto tradicional de literatura, pues los textos quechuas contemporáneos que incluye en la revista son letras de huaynos (género musical andino de gran difusión). Por este medio se desestima el concepto humanista de cultura, basado principalmente en la literatura y las bellas artes, desestabilizándolo con una concepción antropológica que surge del trabajo con el folklore.

Arguedas interviene así en un largo debate sobre la literatura nacional en el Perú.[52] Desde 1905, letrados como Riva-Agüero habían definido una literatura con matriz hispana. La generación de Mariátegui contestó esta posición localizando lo indio en el centro de la literatura peruana. El historiador Jorge Basadre, por ejemplo, habló de una "literatura incaica" (1938), pero designando como tal sólo a los textos coloniales. Luis Alberto Sánchez (década de 1920) ponderó una literatura mestiza o criolla en la que los escritos quechuas *antiguos* tenían un lugar importante, pero no la literatura quechua contemporánea.[53] Incluso Mariátegui, en su conocida tesis sobre la literatura indígena y la literatura indigenista, postuló el inicio de la literatura nacional en la época colonial.[54] En la segunda mitad del siglo XX, la necesidad de modificar este debate por medio de la inclusión de "textos" orales se hizo más urgente, lo que coincidió con la intensificación de las migraciones. Al respecto es pionera la propuesta de Alberto Escobar en *La narración en el Perú* (1957), donde emplea el concepto de "literatura oral," enunciando la posición que suscribirá Arguedas pocos años después.[55] La intervención de Arguedas, no obstante, es más radical en la medida en que amplía el concepto de literatura— restringido a la literatura alfabética y basado en una concepción estética occidental de lo literario—hacia las prácticas musicales andinas.

En su clásico libro *Orality and Literacy*, Walter Ong argumentó en contra del uso del término *literatura oral*. La aparición de este concepto, en su opinión, respondió al hecho de que existía un vocablo que englobaba toda la cultura escrita, pero no había uno correspondiente que hiciera lo mismo con la producción oral. Así, se estableció por inferencia el "monstruoso" concepto de *literatura oral* (10–11). Ong tiene razón en que dicho concepto impone una reducción. Sin embargo, a Arguedas le servía para cuestionar un sistema de jerarquías—en modificación desde la época colonial—que separaba dos órdenes de cultura no sólo en función de criterios comunicativos, sino principalmente de etnicidad y clase social. Desde la perspectiva de Arguedas podría decirse que, incluso cuando desde la época colonial había existido un grupo privilegiado de mestizos e indios que había usado la escritura, la situación dominante era la disyunción entre escritura y mundos populares andinos.[56]

Otro aspecto imbricado con lo anterior es el hecho de que "la confluencia" de oralidad y escritura se da en el espacio comunicativo de la segunda. Esto podría contribuir a asumir que para Arguedas la tradición oral sólo alcanza legitimidad si es introducida en la institución de la escritura. Pero el desafío no reside en ello, sino en que tal trasvase tiene una naturaleza política: la función que adquiere la cultura indígena cuando funciona en un contexto distinto al que fue producida, cuando se introduce en otro espacio—el de la cultura nacional—en el que los públicos son significativamente heterogéneos. Así, en este otro espacio el desafío no consiste exclusivamente en cuestionar el monologismo de la cultura escrita, sino en incentivar una práctica comunicativa que vincule a los públicos de la oralidad y la escritura. La imprenta es el sistema técnico capaz de incentivar esa figura de comunicación. Al promover que la oralidad primaria se transforme en "literatura oral," está fomentándose que la primera se desvincule de su situación productiva original, perdiéndose con ella la base material de una cultura milenaria. Es un riesgo que asume Arguedas en su intento por lograr superar la separación colonial de dos mundos y sistemas técnicos de comunicación. Así, designa la escritura como el espacio de interacción a nivel nacional de prácticas discursivas heterogéneas, pero al mismo tiempo politiza la cultura oral— el folklore—con el fin de mostrarla *en* ese espacio, como una tradición socialmente mayoritaria y capaz de adaptarse a cambios históricos intensos. A fin de cuentas, esa tradición había persistido, sujeta a continuas modificaciones, en un contexto colonial y republicano adverso, en el que la escritura acumulaba el poder social, económico y cultural.

No obstante, este trabajo comunicativo tiene como presupuesto una hipótesis de Arguedas sobre el público en la cultura de la imprenta peruana. ¿A qué públicos se dirige *Cultura y Pueblo*? ¿En qué sentido es posible hablar de una dinámica nacional de comunicación escrita teniendo como base la situación de diglosia que opone no sólo diversas lenguas sino también tensiones entre oralidad y escritura? Estas preguntas nos llevan a discutir la problemática sobre la lengua en la obra de Arguedas, para lo cual me concentraré sólo en algunos de sus trabajos.

Las políticas de la lengua

El futuro lingüístico de las culturas andinas en el Perú—particularmente del quechua—fue un tema que preocupó de manera constante a Arguedas.[57] La tensión entre el monolingüismo y el bilingüismo, que ha acompañado la historia de esas culturas desde la época colonial, entró en un momento de reformulación con las migraciones masivas. En pocas décadas—una percepción compartida por muchos especialistas, incluyendo a Arguedas—las lenguas indígenas estaban siendo arrasadas por una veloz dinámica modernizadora, y las soluciones percibidas por los intelectuales se reducían a dos: promover la castellanización o la preservación del uso de las lenguas indígenas. La opinión de Arguedas sufrió cambios importantes a lo largo del tiempo, pero fue predominante su defensa de la alfabetización en castellano, siempre y cuando ésta formara parte de un modelo de bilingüismo.

A inicios de los años cuarenta Arguedas se declara partidario de resolver el "dualismo del idioma" mediante una generalizada alfabetización en castellano para los hablantes de lenguas indígenas ("El wayno" 88). Si bien admira la capacidad de resistencia del quechua, destacando que tres cuartas partes de la población peruana todavía lo hablan, percibe que las generaciones más jóvenes están transformando esa tendencia al imponer una creciente demanda por aprender a leer y escribir en castellano. El mestizaje estaba expandiéndose en la sierra,[58] situación que lo lleva a afirmar: "yo soy fervoroso partidario de la castellanización total del Perú" (89). Imponer el quechua como lengua franca para los mestizos sería una "medida reaccionaria, artificial y contraria a la norma y justa evolución del mestizaje y del pueblo del Ande" (92). Por supuesto, Arguedas está criticando implícitamente a los indigenistas radicales, quienes veían como única solución la preservación del idioma nativo y hasta del *ayllu* como unidad de organización social.

Ahora bien, en 1944 matiza tal posición, reconociendo la importancia de que se utilice la lengua madre en la alfabetización de monolingües quechuas ("Un método"). La propuesta de castellanización no había sido descartada, sino más bien complementada con una política de defensa de la lengua indígena, en la que es evidente la influencia del indigenismo mexicano.[59] Pero este cambio también tendría que evaluarse como respuesta a la angustia por la rápida desaparición de una lengua que para él era íntima y culturalmente poderosa. Además, defender un "método cultural" de alfabetización bilingüe era no sólo una manera de promover el quechua hablado, sino también de fomentar su existencia escrita.

De allí que una de las propuestas que sugiere es la edición de textos en quechua (99). Ya desde entonces piensa en la posibilidad de un lector quechua futuro, el cual no es sólo utopía, porque se asienta sobre la dinámica de masificación de la educación escolar en los pueblos andinos.

Al llegar a la década de 1960, se instala un desconcierto total entre especialistas e instituciones educativas sobre la situación del quechua y otras lenguas indígenas. Las migraciones son un proceso ambivalente, debido a que diseminan la lengua, multiplicando sus contextos de difusión, pero al mismo tiempo establecen el predominio funcional del castellano en la vida cotidiana de los inmigrantes en las ciudades de la costa. Una de las primeras reuniones sobre el tema, en la que participan lingüistas, educadores, antropólogos y funcionarios estatales, es organizada por Arguedas en 1963. En la introducción a las actas del congreso vuelve a insistir en la idea de que las migraciones están produciendo un cambio revolucionario en la cultura peruana:

> El ingreso del Perú, en las últimas décadas de este siglo, a un período activo de modernización, de intercambio entre zonas antes muy aisladas (sierra, costa, selva) y con los países más altamente industrializados de Europa, América y Asia, sacudió bruscamente su estructura social, casi intacta, durante los dos últimos siglos, en especial en la zona densamente poblada de la sierra. … La influencia de este movimiento sobre la lengua y la cultura de toda la población andina fue, y, sigue siendo, muy profunda. (*Mesa redonda* 7–8)

El interés de algunos participantes, como el mismo Arguedas y Alberto Escobar, es promover un cambio de política lingüística en el Estado. Se consideran diversas alternativas, pero Arguedas parece estar más convencido de la necesidad de un bilingüismo que asuma el castellano como lengua franca nacional. Él mismo confirma esta tesis en un escrito posterior sobre dicho congreso: la educación en lengua indígena contribuiría a la "integración de las dos culturas," pero el dominio pleno del castellano permitiría a esa población "la posibilidad ilimitada de expresión de sus singularidades regionales en un *lenguaje común*" ("Educación" 12; énfasis mío). Sin embargo, su trabajo práctico—etnografía, folklore, visitas a barriadas—le ofrece argumentos para dudar o, por lo menos, reconocer la incertidumbre de lo que estaba sucediendo con el quechua. Por ejemplo, veía que en algunas regiones andinas se había impuesto el bilingüismo sin necesidad alguna de la intervención estatal; tal es el caso de Huancayo ("Evolución").[60] En las barriadas de Lima, en cambio, descubría una inmensa mayoría monolingüe quechua, que calculaba en más de 600 mil ("El indigenismo" 23).

Estas tensiones se expresan en la revista *Cultura y Pueblo*, especialmente en torno a la consideración del público al que Arguedas quiere dirigir la publicación. El castellano es, evidentemente, la lengua franca; pero la presencia de textos en quechua lleva preguntarse si acaso Arguedas no estaba sugiriendo la posibilidad de un lector quechua contemporáneo—ciertamente minoritario—para la revista. Además de los poemas coloniales y las letras de canciones que se publican en "Nuestra literatura," incluye el quechua en el artículo introductorio que abre el primer número de *Cultura y Pueblo*. En dicho artículo, Arguedas utiliza el "nosotros" para definir una identidad común impactada por la migración. Al inicio el estilo es pedagógico, pero progresivamente se va moviendo hacia un registro íntimo, el cual termina en un gesto casi lírico, escrito en quechua y seguido por una traducción a castellano: "A nuestro grande y buen pueblo hagámosle crecer eternamente en beneficio de todos, con nuestras manos, con nuestra sangre hirviente" ("La cultura y el pueblo" 6).[61] ¿A quién van dirigidas estas palabras? ¿Existe u n lector quechua en la época de la migración? ¿Es quizás un lector utópico? ¿Un lector futuro?

Es significativo que esas observaciones sobre el quechua y las barriadas coincidan con un momento en que Arguedas decide escribir literatura en quechua; principalmente poemas, como el ya mencionado a Túpac Amaru (1962), "Oda al jet" (Jetman, haylli, 1965), "Llamado a algunos doctores" (Huk Doctorkunaman Qayay, 1966), "Katatay" (1966) y "Oda a Vietnam" (Vietnam Llaqtaman, 1969), además de su relato "El sueño del pongo" (Pongoq Mosqoynin, 1965). ¿A quién iba dirigida esta literatura escrita en quechua?[62] No sería descaminado sugerir que Arguedas tomaba en serio la posibilidad de un lector quechua contemporáneo, la cual podía fortalecerse gracias a las migraciones. Otros tenían similar opinión en esos años, como el lingüista J. M. B. Farfán, quien dice en *Cultura y Pueblo*: "Cuantas más vías de comunicación se abran a los pueblos más retirados, tanto mejor será para el progreso del quechua y del castellano. Decimos en función de ambas lenguas, porque los caminos no las cambian sino que las enriquecen" (29). Pero Arguedas trabajaba también con otros supuestos, como aquel que podría llamarse—despejando el sesgo biologista del término—la *hipótesis del contagio*. Esto es, la idea de que desde el inicio de la convivencia colonial, las culturas andinas empezaron a "andinizar" a los europeos, como si les contagiaran su lengua y su cultura. El mismo proceso podría acontecer en Lima irradiándose desde las barriadas, porque él ya había comprobado que la cultura, las costumbres, la música y las formas de ayuda comunitaria que traían consigo los inmigrantes andinos no desaparecían al arribar a la ciudad. Por el contrario, eran contagiadas a inmigrantes de otras regiones del Perú: "las grandes masas no sólo de origen andino sino muy heterogéneas de las 'barriadas'… participan con entusiasmo en prácticas comunitarias que constituían formas exclusivas de la comunidad indígena" ("El indigenismo" 25). Probablemente esta situación volvía optimista a Arguedas, al menos por momentos, como cuando se anima a decir que el quechua, en ese contexto de transformación, "alcanzará a ser el segundo idioma oficial del Perú" (27). Una suerte de conquista a la inversa.

Las migraciones le van dando nueva dimensión material a los conceptos, prácticas y experiencias que habían marcado el debate sobre la cultura nacional. La etnicidad, la lengua, la experiencia urbana, lo andino y lo nacional, lo que era minoritario o mayoritario en una época, todos esos términos entraban en reelaboración. A diferencia de Mariátegui, Arguedas enfrentaba una época en que "lo indio" estaba "fuera de lugar," diseminado por las migraciones en los mundos de la costa. A diferencia de Mariátegui también, percibe Arguedas la posibilidad de que los sectores populares migrantes puedan conformar un nuevo público para la cultura de la imprenta, acercándose a los intelectuales. Tal posibilidad era en parte utopía y en parte producto de una lectura material sobre los cambios en la lengua y la relación popular con la escritura. A similitud de Mariátegui, esa lectura era plausible porque Arguedas compartía con él una misma forma de entender la politización de la cultura, interviniendo en la circulación y trabajando con el público para crear espacios culturales alternativos.

Sin embargo, esos espacios culturales no se producían, como se vio en la obra de Ángel Rama, a través de la creación de un mercado cultural. Mientras el uruguayo percibe en éste un medio

de politización de la cultura, Arguedas recurre al Estado. Posiblemente era el único medio para realizar en el Perú un proyecto de
cultura de la imprenta a nivel nacional. El escritor andino encuentra en el Estado una relativa autonomía, además de los recursos
que no conseguía ante la ausencia de un mercado de escritura y la
masificación de la pobreza urbana. Empero, Arguedas no hipoteca
todo su trabajo de política cultural al espacio estatal. Antes incluso
que *Cultura y Pueblo* había visualizado un espacio donde se arti-
culaban las culturas andinas, el capitalismo y la tecnología, que
lo llevará a un escenario de producción y consumo radicalmente
distinto. Pero esto es parte ya de la historia que se estudiará en el
próximo capítulo.

Capítulo cinco

Arguedas y una cultura chola

Hay una conocida fotografía de José María Arguedas tomada alrededor de 1960 en su oficina del Museo de la Cultura (Imagen 1). Es el retrato clásico de un escritor: sentado a la mesa de trabajo, rodeado de libros y al frente de su máquina de escribir. Debajo, sobre el escritorio, un trozo de periódico introduce en el encuadre la palabra *negativo*. Esta palabra parece dar sentido último al cuerpo reclinado sobre el codo: abstraído, cabizbajo, melancólico. Se trata, podría decirse, de la imagen de autor prevalente de Arguedas. La del hombre sensible y el escritor sufriente e indig-nado por la injusticia que no cesa de dar forma a la historia andina en el Perú. La del artista excepcional, fascinante, que se ha convertido además en héroe cultural; quien trató de suicidarse y tuvo éxito en el segundo intento. Esa es la imagen que, casi siempre, nos hacemos los lectores de la literatura de Arguedas. Desde ella es difícil aceptar que el siguiente comentario le pertenezca al mismo autor; pero es lo que responde cuando, pocos meses antes de su muerte, le preguntan por los deberes que un escritor contemporáneo no debe dejar de asumir:

> De mantenerse en condiciones de comprender el vuelo de todas las rebeldías, especialmente el de la juventud; de mantenerse en condiciones de no ser nunca vulnerable al escepticismo y la amargura. Lo segundo se consigue si se consigue lo primero. De no asustarse, sino de recibir con júbilo la prodigiosa marcha de las invenciones de la técnica moderna. De considerar, de sentir que la rebeldía y la técnica harán posible que la humanidad no sea dominada finalmente por los vanidosos y los egoístas. ("Contestaciones" 407)

Arguedas hace del optimismo la expresión más radical de la rebeldía. La vida como celebración, afirmada así en el momento en

127

Imagen 1: José María Arguedas. Foto: José Gushiken. Del archivo de Fernando Silva Santisteban. Reproducido con permiso de Rocío Silva Santisteban.

que está acercándose al suicidio. No vacila, escoge la palabra júbilo para hablar de la tecnología. Un autor asociado con "lo primitivo," defensor de una "utopía arcaica" (Vargas Llosa, *La utopía*), celebra la técnica moderna con el optimismo de quien ve en ella un medio para conseguir un mundo más justo. ¿Qué Arguedas es éste? ¿Es el mismo escritor considerado por algunos como indigenista?[1] ¿Qué está detrás del júbilo con que celebra el potencial liberador de la tecnología? ¿Cuál es el contenido de su optimismo? Para empezar a responder estas preguntas tal vez sea útil retornar a la fotografía mencionada y fijar nuestra atención en la parte inferior derecha. Hay allí un pequeño objeto, insignificante, tanto que no ha merecido el comentario de ningún especialista. No tengo absoluta certeza de su identidad, pero mi hipótesis es que se trata de otra máquina; posiblemente de una grabadora, o quizás de una radio portátil. Pues bien, incluso con esta indefinición, tal objeto plantea la relación entre Arguedas y la tecnología, problemática clave en su obra, que aquí abordaré en función a sus prácticas intelectuales con la música andina tradicional. La grabadora y la radio portátil son importantes para comprender esas prácticas, así como para discutir la historia cultural andina en el Perú de la segunda mitad del siglo XX.

Puede decirse que este capítulo problematiza *otro* Arguedas, aunque ello no supone eliminar las discusiones clásicas del debate arguediano, como el indigenismo, la transculturación o el mestizaje; por el contrario, propone observarlas desde otro ángulo, sugiriendo la necesidad de inscribirlas en la totalidad de su obra. El capítulo pone énfasis en las respuestas de Arguedas a los cambios que experimenta la cultura musical andina en el marco de las migraciones masivas. Al mismo tiempo, se interesa por reconstruir la reflexión de Arguedas sobre la cultura andina y los efectos que sobre ella genera la expansión del capitalismo durante el siglo XX en el Perú. Para esta reconstrucción, me enfocaré específicamente en el caso de las artesanías, que es donde Arguedas percibe un momento inicial en el que la cultura popular andina se enfrenta a los procesos de mercantilización e industrialización. Dichos procesos se extenderán también a la música en el contexto de las migraciones. La música "abandona" su *espacio cultural* original, de carácter rural, y empieza a articular otros espacios desde la pauta urbana, a los cuales se redirigen las tensiones político-culturales de la identidad popular y la cultura nacional. En la época de Arguedas, estos cambios se producían con gran intensidad, pero estaban en un momento embrionario. No obstante, su obra permite argumentar que él había percibido lo que sólo décadas después se hará visible en toda su magnitud. Veremos a Arguedas haciendo frente a una forma incipiente de cultura de masas que desde esos años acompaña el debate sobre *lo cholo*. Problemático y polivalente, este término designó los cambios históricos que se venían produciendo en la historia andina, a los cuales Arguedas se aproximó oscilando entre la tragedia y la esperanza.

Carreteras y artesanías

En la reflexión de Arguedas sobre el impacto cultural de las carreteras (ver capítulo anterior), ocupa un lugar importante la mercantilización e industrialización de las artesanías. Este proceso coincide con el auge de la pintura indigenista—que él condensa en la obra de José Sabogal—así como con el aumento del turismo y el interés por el coleccionismo de arte popular ("José"; "Notas elementales").[2] Tales hechos dan lugar a la aparición de nuevos públicos urbanos, especialmente en la costa y el extranjero, que son la base para que las artesanías dejen de ser producidas con una función religiosa y se haga predominante la función estética. Todavía es importante el público local, compuesto por indios y mestizos, que consume las artesanías con fines religiosos o utilitarios; pero para los artesanos empieza a ser decisiva la irrupción del nuevo público urbano, cuyo consumo estético valoriza las artesanías como objetos de arte popular ("José" 243). Por consiguiente, la función estética se consolida como efecto de la mercantilización de las artesanías. Para Arguedas, estos cambios señalan el momento clave en que "las artes populares emprendieron el ineludible camino hacia la industrialización" (244).

El mismo proceso está relacionado con el paso del artesano al artista. Arguedas define al primero como "un individuo económicamente no dependiente de la clase señorial" ("Notas elementales" 155).[3] Él tiene una clientela local a la que dirige la mayoría o la totalidad de su producción; es un artesano que, como tal, establece autónomamente el ritmo y la dinámica general del proceso productivo. En este sentido, podría decirse que Arguedas sugiere la figura marxista del trabajo artesanal, en la cual el productor posee el dominio sobre la organización del trabajo.[4] La figura del artesano va entrando en crisis al alcanzar predominancia la del artista, en la medida en que éste se hace totalmente dependiente del mercado y adecúa su trabajo a las demandas estéticas y los plazos de los nuevos públicos. A pesar de que estas observaciones de Arguedas no fueron desarrolladas en detalle, plantean una línea explicativa del problema cultura-capitalismo significativamente distinta de aquella que ve en la aparición de un mercado la posibilidad de una mayor autonomía.[5] Podría decirse que muestran el lado "sucio" del proceso de autonomización productiva y de la categoría burguesa de artista. Al mismo tiempo, el escritor peruano está estudiando el paso de una cultura tradicional campesina a una cultura popular, marcada por una incipiente industrialización y el sometimiento a las dinámicas mercantiles. Arguedas propone un tema que sólo después será trabajado con mayor alcance por Mirko Lauer (*Crítica*) y Néstor García Canclini (*Culturas populares*).[6]

El paso del trabajo artesanal a la industrialización ofrece también un aspecto que Arguedas evalúa de manera positiva. Me refiero, en los términos benjaminianos ampliamente conocidos, a la idea de que la industrialización permite que el artista pueda entrar en contacto con públicos ampliados, cargando la obra de nuevas funciones culturales y políticas ("The Work"). El ejemplo que utiliza Arguedas para estudiar esta problemática es el del "escúltor" Joaquín López Antay.[7] Como otros artesanos, López Antay se ve obligado a trabajar con el nuevo público nacional y extranjero, aunque sigue manteniendo su público original de indios y mestizos. Observa Arguedas que son los turistas y los pintores indigenistas quienes, al visitar Huamanga hacia finales de los años treinta, conocen los "San Marcos" (retablos) de López Antay y le piden que realice otros con temas no religiosos ("Notas elementales" 167). La aparición de este nuevo mercado genera— junto al sometimiento a un nuevo sistema productivo—la posibilidad de que las artesanías de López Antay puedan poner en crisis la hegemonía de la clase señorial de Huamanga, la cual considera las artesanías como objetos populares sin valor. Así, este mercado externo crea un espacio cultural en el que las artesanías pueden "saltarse" la hegemonía de origen colonial, aliándose con la valorización estética generada por el nuevo público.

En otro estudio, Arguedas describe el paso del *retablo mágico* al *retablo profano* ("Del retablo"). Este último ha perdido ya su función cultural-religiosa, pero a cambio ha conquistado el mercado urbano conservando las formas y la significación cultural más esenciales del retablo mágico. Fue López Antay quien "realizó el milagro artístico de que en tan peligrosa transformación la obra no solamente no perdió su valor estético sino que fue convirtiéndose en una pieza documental etnográfica" (Arguedas, "Del retablo" 251).[8] El aspecto "positivo" de la industrialización de las artesanías está supeditado, para Arguedas, a la posibilidad de que no se sometan por entero a las demandas de los nuevos públicos. No obstante, el caso de López Antay no es el que predomina, pues para muchos artesanos el contacto con la nueva clientela sí ha causado un "trastorno esencial." Observa esto, por ejemplo, en los Toritos de Pucará, que representan al toro español con la lengua afuera en gesto de burla, parodiando la bravura del conquistador. Arguedas ya no encuentra *ese* toro en las nuevas cerámicas; en cambio, los Toritos preferidos por el público urbano son "chorreados de forma, panzones, de cabeza pequeña, astas muy grandes y casi sin cuello. ¡Muy distintos del impresionante toro tradicional, ornamentado de rosones con sus wallkus estilizados en el cuello y un aspecto tan imponente como el de un Dios!" ("José" 244). Este mismo lado negativo se observa también en el paso del *retablo profano* al *retablo mercantil*, que Arguedas ve expresado en la obra del artista Jesús Urbano Rojas: "nos entristece saber que quizás Don Joaquín es el último mensaje del retablo profano iluminado de magia y que con Urbano comienza el *retablo espectacular*, informe, sin unidad interna, dócil producto del *hombre ansioso de ganar* únicamente en el mercado por cualquier *medio*; el retablero al servicio del mercado …" ("Del retablo" 252).

La evaluación que realiza Arguedas de la industrialización de las artesanías condensa transformaciones positivas y negativas, las cuales constituyen una figura unitaria y contradictoria. Ni acepta la defensa indigenista de una cultura en trance de desaparición, ni celebra entusiastamente la integración al mercado. Pero la nueva época que abren las carreteras no puede ser ignorada; el artesano está obligado a trabajar en ella. Aunque no tiene posibilidad de sustraerse de las nuevas condiciones de producción, sí puede elegir la respuesta que dará desde adentro. Jesús Urbano Rojas y Joaquín López Antay designarían los dos tipos de respuesta posible. Arguedas valora una alianza ideal con la industrialización de la cultura, por medio de la cual puedan conformarse nuevos espacios culturales, pero a condición de que los productores no se sometan a las demandas comerciales del mercado. Por ejemplo, ve que en algunas fábricas de artesanías de los Andes (Puno, Ayacucho, Cusco) la alianza ideal está funcionando; pero en otras se impone la situación opuesta: "Al poco tiempo salieron de esas 'fábricas' monstruosos platos, floreros y azucareros de Pucará, decorados con sirenas, leones, racimos de uva y otros motivos 'decentes'" ("La cerámica" 81).

A pesar de esta situación contradictoria, la industrialización de las artesanías está creando nuevas relaciones entre productores andinos y públicos de la costa. Tales relaciones esbozan un espacio nacional en el que la cultura andina podría tener protagonismo, siempre y cuando funcione la hipótesis arguediana de que las culturas tradicionales se fortalezcan en el nuevo espacio.[9] Dicha hipótesis provenía de la comprobación—realizada por él mismo a través del folklore y la etnografía—de la capacidad de adaptación y resistencia de la cultura andina al sometimiento colonial y republicano. Esa cultura no sólo se había mantenido bajo aquellas condiciones adversas, sino que había llegado a fagocitar las influencias extranjeras. Desde tal perspectiva, la *andinización* de la cultura nacional no tenía nada de utópico.[10]

Las mismas problemáticas encontrarán, pocos años después, un escenario mucho más extendido, en el que las contradicciones de la mercantilización e industrialización se acentúan de la mano de los efectos de la migración y la urbanización en la segunda mitad del siglo XX. En la obra de Arguedas todo esto se percibe desde el ángulo de la música andina; mas, como se ha visto, se trata de un proceso que engloba la producción y el consumo de otras formas culturales. Las transformaciones que capta en torno a las artesanías se generalizan, mostrando las bases materiales de una nueva cultura popular en el Perú.

Chicherías y coliseos

La atención de Arguedas a la música andina ocupa gran parte de su obra. El tema no sólo reúne una enorme cantidad de artículos periodísticos, estudios de folklore y etnográficos, sino que también es presencia constante en su literatura, desde sus primeros cuentos hasta *El zorro de arriba y el zorro de abajo*.[11] William Rowe considera que la música en la obra de Arguedas es lo que suministra "una modalidad de conocimiento alternativo al racionalismo occidental" ("Música" 60). La música es para el escritor peruano una de las formas más importantes de transmisión de la experiencia y la memoria en las culturas andinas, al punto que la historia del huayno—género musical andino más popular—se confunde con "la historia del pueblo andino" (Arguedas, "La canción popular" 201). Esto es particularmente relevante si tomamos en cuenta el uso reducido de la escritura alfabética como técnica de registro y transmisión de la memoria social entre los estratos populares de las sociedades andinas.

En un escrito periodístico de 1942, Arguedas concibe la música como una práctica en la que confluyen el mundo social y la naturaleza, formando una figura unitaria de sonidos y correspondencias. Describe así la música del río Apurímac, "el poderoso que habla," un río al que sólo es posible verlo desde las elevadas cumbres andinas, pero cuya "voz se oye en todas partes ... su canto grave y eterno lo cubre todo" ("El carnaval" 151). El río arrastra en su recorrido la totalidad de los sonidos, como si con ellos hablara la memoria de una cultura. En esa región, dice Arguedas, "viven ahora, todavía independientes, *sin ferrocarril y sin carreteras*, ocultos por la quebrada, y defendidos, la gente más autóctona del Perú" (152; énfasis mío). La ausencia de vías de comunicación que conecten los espacios sociales contrasta con el movimiento de interconexión de la música del río. Podría decirse que el Apurímac construye carreteras inmateriales de comunicación a distancia. En la medida en que la música se extiende por el cosmos andino, ella unifica culturalmente a la gente que lo habita.

El mismo río tiene un lugar especial en la novela *Los ríos profundos* (1958). Ernesto le pide a Romero que toque en su rondín el carnaval del río Apurímac, y cuando éste le pregunta la razón del pedido, contesta Ernesto: "Abancay tiene el peso del cielo. Sólo tu rondín y el zumbayllu pueden llegar a las cumbres. Quiero mandar un mensaje a mi padre. Ahora ya está en Coracora" (333). La música puede comunicar, como si fuera un telégrafo sin hilos o una radio; es algo que, según la novela, conocen las culturas andinas, pues desde su origen "han compuesto música, oyéndola, *viéndola cruzar el espacio*" (348; énfasis mío). Para Ernesto, la música es también registro de memoria: "La voz del arpa parecía brotar de la oscuridad que hay dentro de la caja, y el charango formaba un torbellino que *grababa* en la memoria la letra y la música de los cantos" (175; énfasis mío). Estas características ayudan a definir la música como una práctica cultural en torno a la cual se construye, en la novela, un espacio público popular; esto es, un lugar donde se elabora la experiencia popular, al margen del Estado, la Iglesia y las instituciones de la cultura nacional.[12] Tal espacio público popular está materializado en las chicherías, que son restaurantes urbanos marginales cuyo nombre deriva de *chicha*, bebida tradicional andina expendida allí.

Las chicherías son espacios densos de migración en las ciudades de los Andes, pues reúnen inmigrantes andinos de diverso origen que llegan a trabajar como jornaleros. Son también espacios de confluencia para los distintos tipos de música que se introducen en las chicherías a través de las culturas regionales de los migrantes. Como ha observado Julio Ortega, son lugares antioficiales de intermediación étnica y social, que se vinculan explícitamente en la novela con la rebelión de las chicheras ("Texto" 48–49). En este sentido, la música y las chicherías contribuyen a elaborar la experiencia popular de radicalización y resistencia ante los abusos del Estado y las clases dominantes. El coro de chicheras rebeldes, lideradas por Doña Felipa, enfrenta a los soldados cantando: un *jarahui* se transforma en canto de guerra, una danza de carnaval acalla los insultos, y la música se disemina por casas y barrios, como si convocara en esa experiencia de radicalización a las diversas regiones de los Andes (*Los ríos* 267–94).[13] Podría decirse que las chicherías, al igual que el río Apurímac, construyen carreteras inmateriales de comunicación en los Andes.

Estas imágenes de interconexión son constantes en la obra conjunta de Arguedas, y en torno a ellas se elaboran hipótesis sobre la historia sociocultural de los Andes peruanos que todavía necesitan una mayor atención crítica. Una de esas hipótesis es considerar el mundo andino—en plural—como un conjunto social dinámico, en continuo proceso de migración, interconexión y transformación. Arguedas cuestiona así la imagen, característica en las ciudades de la costa, de un mundo andino estancado y atomizado. Las chicherías muestran la migración como un proceso intrínseco de la historia andina, que antecede a la época de las migraciones masivas hacia la costa. Asimismo, señalan la heterogeneidad sociocultural de quienes migran, la cual no siempre se reconoce en el uso del término *migrante,* que tiende a la homogeneización. En diversos trabajos de folklore o antropología pueden rastrearse las diferencias que Arguedas establece, por ejemplo, entre la migración de indios de hacienda o de comunidad, de mestizos pobres o ricos, o según la región de que provienen. Esto es también decisivo cuando Arguedas piensa en las migraciones andinas hacia las ciudades de la costa: ellas significan la confluencia de una mayor heterogeneidad; aunque, al mismo tiempo, la migración atraviesa esa heterogeneidad construyendo una experiencia común que unifica.

Tal dinámica de heterogeneidad y unificación se cristaliza en el espacio público popular que releva a las chicherías: los coliseos folklóricos. Éstos eran carpas de espectáculo popular que se ubicaban especialmente en Lima, aunque también en otras ciudades de la costa y la sierra. Los coliseos no eran nuevos en Lima, pues su presencia puede rastrearse hasta finales de los años treinta (Lloréns 113), pero seguían siendo espacios marginales en la antigua capital colonial, hasta la década del setenta.[14] Eran marginales, sobre todo, con respecto a la cultura nacional, a la de los intelectuales y artistas, o a los usos ideológicos de la cultura popular que realizaba el Estado.

Al igual que en las chicherías, la práctica cultural central de los coliseos es la música; en estos espacios confluyen distintas tradiciones musicales, ya no sólo de la sierra sino también de otras regiones como la selva y la costa:

> En el Perú la palabra "coliseo" nombra ahora a los locales abiertos o techados de carpa de circo, en los que se ofrecen programas de danzas y músicas folklóricas andinas, cada vez más frecuentemente matizadas de música criolla y latinoamericana. Los "coliseos" son locales rústicos, "humildes," acogedores, decorados en sus fachadas y escenarios con figuras "incaicas" espectaculares o ingenuas. El "coliseo" atrae al campesino temeroso aún de los secretos de la ciudad, al criollo de barrio o barriada, al hombre ilustrado y sensible. (Arguedas, "De lo mágico" 244)

Como las chicherías, los coliseos son espacios densos de migración que ofrecen una experiencia común a inmigrantes de diversos lugares y culturas en torno a la música. No es casual que Arguedas asocie explícitamente los coliseos con las chicherías: "En un libro llamó Uriel García, 'cavernas de la nacionalidad' a las chicherías del Cuzco. Los Coliseos son fraguas, verdaderas fraguas. Costa y sierra se funden a fuego, se integran, se fortalecen" (246–47). En el contexto de las migraciones masivas, las "cavernas de la nacionalidad" son los coliseos. En éstos, la música popular se organiza como espectáculo urbano regido por la mediación mercantil, recibiendo diversas influencias y adecuándose a las dinámicas de públicos heterogéneos. Para Arguedas, esta nueva forma de existencia de la cultura popular es condición de posibilidad para una cultura nacional. Podría decirse que está reconociendo la existencia de una dinámica de comunicación cultural ampliada que impacta a la totalidad del espacio de la nación, y que tiene como cultura dominante a la de los sectores populares e inmigrantes.

La relación de Arguedas con los coliseos es fundamental, no sólo porque le permite observar los lados positivos y negativos del encuentro de la música andina con la mercantilización y el espectáculo urbano, sino también porque hace visible sus prácticas intelectuales con la música y los inmigrantes que son tan fascinantes como contradictorias, según veremos pronto. Diversos testimonios permiten percibir la intensidad del involucramiento que tuvo Arguedas con los coliseos y los músicos inmigrantes que participaban en ellos. Por ejemplo, el charanguista Jaime Guardia—a quien Arguedas dedica *Todas las sangres*—recuerda que conoció a Arguedas en el Coliseo Lima en 1952 (Guardia et al. 339). El violinista Máximo Damián—a quien dedica *El zorro de arriba y el zorro de abajo*—indica que Arguedas lo fue a visitar a su casa porque el día anterior no había podido ir a verlo al coliseo (Entrevista). Es probable que el inicio del involucramiento "formal" de Arguedas con los coliseos provenga de su etapa como Conservador General de Folklore en el Ministerio de Educación (1947), pero no hay duda de que se prolonga hasta los años sesenta, cuando asume el cargo de director de la Casa de la Cultura (1963–64). Por lo tanto, sus prácticas intelectuales en el coliseo están también relacionadas con su involucramiento en el Estado.

En diversos artículos periodísticos, Arguedas busca llamar la atención del público limeño sobre estos procesos culturales que estaban generándose en los coliseos, los cuales pasaban desapercibidos para ellos. Les presta especial interés a las biografías de los músicos y a la descripción de los espectáculos que pueden verse allí. Una historia representativa es la del Jilguero de Huascarán (Ernesto Sánchez Fajardo), quien se convertirá en un *superstar* de amplísima resonancia gracias al coliseo. Escribe Arguedas: "La historia del 'Jilguero de Huascarán' se parece a una historia de folletín exagerado. Pero es nada más que la de un emigrante andino que busca la capital y la conquista" ("Los instrumentos" 224). Cuando el Jilguero canta, todo el público enloquece, "aplaude y aún lanza alaridos de júbilo" (223). Casi idéntica descripción emplea Arguedas para hablar de otros músicos, por ejemplo los Jilgueros de Hualcán: "el público invade el escenario y baila. En las propias butacas y graderías de la carpa, bailan; las mujeres hacen danzar a los niños; todo el público, aún el que no es ancashino ni peruano, no puede contener el impulso de llevar el compás de la música con los pies" ("Notas sobre" 213). Con las actuaciones de Gil Mallma, "el Coliseo se convierte en una especie de fragua. No es posible encontrar mayor identificación entre artista y público, una mayor estimulación recíproca" ("De lo mágico" 246). Son historias de inmigrantes exitosos, quienes han podido superar la pobreza y afirmar su cultura musical en una ciudad tradicionalmente excluyente. Son, además, las historias de artistas que han construido su público, estableciendo una relación de comunicación, una experiencia de *cultura en común* entre espectadores de diverso origen cultural.

El entusiasmo con el cual Arguedas celebra en sus artículos períodisticos la cultura del coliseo resulta decisivo, dado que ese optimismo subraya la imagen de masas populares cohesionadas, fanatizadas en torno a un mismo cuerpo de cultura. En las nuevas "cavernas de la nacionalidad" se reúnen inmigrantes de heterogénea procedencia, y se mezclan con públicos urbanos ajenos a la cultura de aquellos. Arguedas incentiva esta fusión desde sus artículos periodísticos, haciendo del coliseo el espacio público desde el que se podían pensar las nuevas transformaciones culturales generadas por la migración y la intensificación de la pauta urbana en la vida popular, proyectando así nuevos significados para lo nacional.

Grabadora, discos, radio

Desde que es nombrado Conservador General de Folklore en el Ministerio de Educación (1947), Arguedas empieza a realizar numerosas grabaciones de músicos, especialmente de los inmigrantes que llegan a Lima. Una razón para comprender estas prácticas de grabación es su deseo de construir un archivo tecnológico de la oralidad primaria andina, especialmente de la música. Por su trabajo con el folklore había percibido la importancia de la grabadora como un aparato técnico que modifica las condiciones históricas de la relación entre la oralidad y la escritura; por lo menos, la relación dominante de origen colonial, entre la oralidad primaria andina y los textos escritos.[15] La grabadora establecía las condiciones técnicas para el surgimiento de una oralidad secundaria (Ong 133–34), aunque ello se realizaba a costa de la pérdida del contexto vivo de la emisión oral primaria. En este sentido, la grabadora enfrentaba a Arguedas a una modalidad de producción (captura, registro, almacenamiento y reproducción) radicalmente distinta con respecto a la escritura, ámbito técnico de sus prácticas literarias y el folklore hasta los años cuarenta. A pesar de que el verbo *grabar* y el sustantivo *grabación* incluyen en su campo semántico a la escritura, con el tiempo estas palabras han empezado a ser utilizadas con mayor frecuencia para dar cuenta de un procedimiento tecnológico, diferenciado del ámbito manual de la escritura. En la medida en que aquellas palabras son también formas de producción de memoria, la escritura aparece como un medio gobernado por el trabajo artesanal de rememoración y registro, mientras que la máquina captura una copia invirtiendo el proceso: primero es el registro y después la rememoración.

Para Arguedas es fundamental la creación de un archivo de la oralidad primaria andina porque intuye, y luego confirma, que las migraciones están desapareciendo las prácticas orales.[16] En 1968 señala, por ejemplo, que la lingüista Jacqueline Weller no encontró "ningún resto" del mito del Inkarrí en Q'eros, comunidad andina donde había sido recogido en 1955 por la expedición de Óscar Núñez del Prado. Aun peor, la versión del mismo mito recogida por él y Josafat Roel Pineda en Puquio había desaparecido por completo en 1966 (Arguedas, "Proyecto de investigación" 4). En los últimos años de su vida, Arguedas diseña diversos proyectos de recopilación oral, afirmando la urgencia de ese trabajo y proponiendo el uso de grabadoras y hasta de cámaras filmadoras.[17] En 1962, sintiéndose impotente ante la falta de preocupación general por el tema, imagina un archivo tecnológico de sonidos e imágenes móviles: "Si fuéramos un país gobernado por gentes que aman su original patrimonio artístico que otras naciones exaltan, incluso con sacrificio habríamos organizado ya una deslumbrante sección de trajes en el Museo de la Cultura ... y habríamos organizado un inmenso archivo de films y de nuestras danzas y canciones. Los habríamos hecho inmortales" (Arguedas, "Los señores" 230). Rodrigo Montoya sugiere un interés similar en Arguedas cuando lo recuerda, hacia 1955, persiguiendo a los danzantes de tijeras "con una grabadora grande, esa de carrete, y con alguien que filmaba" (*100 años* 112). Grabar es una práctica que se hace obsesiva para Arguedas.[18] Quizás no haya mejor escena sobre la relación de Arguedas con la grabadora que aquella que me ofreció el violinista Máximo Damián en una entrevista: a cada fiesta patronal o cumpleaños que asistían ambos, en barriadas de Lima o clubes departamentales, Arguedas llegaba con un maletín, lo abría y empezaba a hacer funcionar una grabadora. Parafraseando a McLuhan, es como si la grabadora se hubiera convertido en una extremidad más de Arguedas. Con las migraciones, el registro de la oralidad primaria andina podía hacerse en diversas ciudades de la costa, por lo cual es posible que Arguedas haya cargado con una grabadora en sus viajes, al igual que lo hacía cuando iba a fiestas y casas de inmigrantes en Lima, o cuando grabó el mito del Inkarrí en Puquio. Crear un archivo tecnológico de la oralidad primaria andina era, a pesar de la destrucción cultural a la que respondía, una práctica al mismo tiempo feliz y melancólica: "A mí me grabó bastante. A mí me estaba diciendo: 'eso va a grabar para 180 años'" (Damián).

Resulta significativo que en su último artículo dedicado al folklore, entregado para su publicación días antes de suicidarse, Arguedas diga con algo de alivio que la música—a diferencia de la literatura oral—se ha salvado parcialmente: "El Archivo de Música Folklórica de la Casa de la Cultura es un inmenso depósito de la tradición musical de un país en donde hace dos mil años la danza y el canto eran ya las formas predilectas del lenguaje humano" ("Salvación" 257). La mediación de la máquina le ayudaba a crear un registro con la rapidez que exigían los cambios producidos por la migración, aunque esto no significó que abandonara la escritura; todo lo contrario, lo hace incluso con mayor intensidad.[19] Las grabaciones posibilitaban la creación de un registro que prescindiera de la fragilidad y la temporalidad del cuerpo, aun cuando eso exigiera que la "rememoración" tuviera que ser hecha por otros en el futuro. Apresar la oralidad primaria, sin embargo, no daba lugar a una actitud celebratoria de su parte; lo llevaba hacia una intensa meditación sobre los límites y las posibilidades de la tecnología y la cultura de la grabación.

No obstante, la creación de un archivo tecnológico no es el único interés de las prácticas de Arguedas con la grabadora. Hay también otro uso que acerca su trabajo de recopilación técnica a los procesos de transformación de la música andina en los coliseos. En 1949 contacta a los gerentes de las casas de discos en Lima con el objetivo de convencerlos de grabar los primeros discos de música tradicional de los Andes. En diversas ocasiones narra este hecho, conmovido y humildemente, como si su rol fuese secundario:

> Fue el éxito que obtienen en los "coliseos" populares de Lima los conjuntos de música folklórica del valle del Mantaro lo que hizo decidirse a la agencia Philco, agentes de la casa Odeón, en Lima a imprimir los primeros discos de música andina. Nosotros les proporcionamos los discos matrices grabados en la Sección de Folklore del ministerio de Educación, en 1949.

En 1953, la proporción de discos de música andina que la casa Odeón ofrecía en su catálogo era la siguiente: Cuzco (14), Ayacucho (12), Ancash (19), Huancavelica (16), Huanca (Jauja y Huancayo) (96). ("Evolución" 87)

Al final de su vida comenta el mismo hecho resaltando la importancia del archivo tecnológico del que provenían los primeros discos: "Teníamos algo más de cien acetatos grabados en una máquina Presto cuando desempeñábamos el cargo de conservador de Folklore en el Ministerio de Educación. El señor Vicht, gerente de la Odeón, se animó a lanzar los primeros discos. El éxito fue inmediato …" ("Salvación" 256).[20] El protagonismo de Arguedas en esta historia de la industrialización de la música andina es fundamental; ha sido reconocido por diversos musicólogos en sus trabajos (Lloréns; Turino, "The Music," *Moving*; R. Romero, *Debating, Identidades*), y ha sido muy bien analizado en el marco de la historia de las industrias culturales del Perú (Alfaro).[21] Como observa Santiago Alfaro, Arguedas utilizó el mercado para "'salvar el arte indígena' y, a su vez, reivindicar la avasallada cultura andina" (59). Es posible rastrear en el trabajo conjunto de Arguedas la importancia de este nuevo contexto productivo en el que la música andina se encuentra con nuevas mediaciones mercantiles y de reproducción técnica, que la llevan hacia el espacio—y la problemática teórica—de la cultura de masas. En varias ocasiones, menciona los discos para sugerir con ellos la imagen de una cultura tradicional que en lugar de desaparecer se ha fortalecido, imponiéndose y rompiendo la hegemonía de la cultura criolla en el espacio urbano; es decir, celebrando que la música andina ha conseguido aliarse con éxito a la industrialización, tal como había visto en el caso de las artesanías de Joaquín López Antay. El predominio de la cultura andina sobre la cultura criolla en el espacio nacional era para él comprobable en torno a los discos; por ejemplo, cuando en una ocasión indica: "En 1964 el disco que batió el record nacional de ventas fue un long play de un cantante mestizo—El Jilguero del Huascarán—de la zona densamente quechua de Huaraz" (Arguedas, "El indigenismo" 25).

Arguedas está fascinado con este éxito de los discos, al punto que visita tiendas en Lima y en provincias para llevar estadísticas. El estudio más impactante es el que ofrece en su artículo "La difusión de la música folklórica andina,"[22] donde presenta de manera sintética su trabajo con los coliseos y las grabaciones de discos.

Considera los años 1946–50 como la "edad de oro" del folklore en los coliseos, y el comienzo de su involucramiento en las grabaciones en los coliseos Bolívar y Dos de Mayo. "Cuando contamos con un repertorio numeroso y variado, ofrecimos … una selección de música y canto a fin de que intentara iniciar una especie de '*nueva era*' del disco de música serrana." Dos veces más, recuerda, entregó grabaciones con ese fin (18; énfasis mío).[23] Su objetivo en este artículo es clasificar el catálogo de discos de una tienda de Chosica (distrito de Lima) tomando en cuenta la procedencia de la música (áreas musicales), el género musical y los nombres de los solistas o grupos. Cataloga 2,668 discos, constatando el predominio del huayno sobre otros géneros, que es del 82% (31). Observa además, que, aunque a esa tienda acude una clientela heterogénea, los fines de semana hay muchos más clientes en "dos kioskos pequeños" que están ubicados alrededor del mercado. Al igual que para la lectura popular—analizada en el Capítulo 2—el quiosco es un espacio clave de consumo para la música entre los inmigrantes. Es interesante resaltar este tipo de observaciones de Arguedas, pues dan cuenta de una lectura material del proceso cultural que es clave en toda su obra. Otro ejemplo excepcional de esta lectura lo realiza en torno a los *long-play* y los discos pequeños de 45 rpm. Los primeros son discos "aristocráticos" de música folklórica; están orientados a los clientes "serranos" pudientes y a los turistas. En cambio, el democrático disco de 45 rpm es para el "serrano peón, obrero o doméstico" (21). Esta lectura material de los públicos es sensible a las dinámicas del consumo popular y resalta la importancia del mercado como un lugar de intercambio, predominante en la ciudad para los inmigrantes. No es difícil imaginar a Arguedas en diversos lugares del Perú tratando de entender materialmente el *boom* de los discos, especialmente cuando éste ha alcanzado una dimensión masiva para finales de los años sesenta:

> La verdaderamente prodigiosa difusión de géneros musicales indígenas … puede constituir una prueba de la liberación progresiva del pueblo "serrano" (los tradicionales indios y mestizos) del real o simulado menosprecio que demostraban en las ciudades por su música nativa. Naturalmente, todos estos fenómenos son consecuencia de la migración masiva de los "serranos" hacia Lima, principalmente, y hacia las otras ciudades importantes de la sierra y de la costa. Esta inmensa población constituye el mercado de la industria del disco folklórico, industria que se

ha incrementado con la misma velocidad (que) la migración de serranos a Lima. (Arguedas, "La difusión" 20)

Otro ámbito que contribuye sostenidamente a la expansión de este *boom* es la presencia de la música andina en la radio. Arguedas no tuvo aquí un rol protagónico similar al de los discos (Alfaro 65); no obstante, es posible rastrear diversos grados de involucramiento. John Murra recuerda que "Arguedas llevaba de la mano a los músicos serranos a las estaciones de radio, a las disqueras" ("José" 273). Máximo Damián tiene memoria de que la primera vez que Arguedas escuchó su música fue a través de radio El Sol (Gushiken 30), en el programa de Cerrón Palomino; esta afirmación coincide también con el recuerdo de Rodrigo Montoya ("Homenaje" 26). Por otro lado, en 1962 Arguedas participa como jurado de un concurso de música folklórica en Radio Nacional, de lo que se conserva el discurso que pronunció para la premiación. Es interesante reparar en un comentario que realiza Arguedas allí. Otorga el primer puesto a dos jóvenes mujeres que interpretaron la música de dos regiones quechua, pero después se entera de que ellas no hablan quechua. Son limeñas, hijas de inmigrantes; son "el producto del ambiente culturalmente andino de sus hogares, de los barrios en que residen y de la gran difusión que en la Capital ha alcanzado la música serrana." Arguedas les otorga el premio a pesar de que encuentra en una de ellas "ciertos rasgos singulares de estilo"; reconoce un nuevo tipo de folklore que está apareciendo en las ciudades, que es serrano, pero "del serrano enclavado en Lima, del que está indigenizando y concluyendo de peruanizar la urbe" (Arguedas, "Discurso" 161).

Incluso ya en 1938 Arguedas imaginaba la posibilidad de tener un programa radial, como se lo comenta a José Ortiz: "¡Es muy probable que me haga cargo de un ciclo de charlas en la Radio Nacional! Las charlas tendrían este título: 'Cantos y Fiestas del Perú Andino.' *Haremos viajar a los radioescuchas* por los diferentes paisajes del Ande y *les haremos escuchar la voz más pura* del pueblo que vive en esos paisajes" (Carta a José Ortiz Reyes [Lima] 59; énfasis mío). Podemos entonces construir una escena de escucha: Arguedas, en la intimidad de su habitación, está escuchando la música andina a través de la radio. La música desmaterializada recorre el aire como un espectro, como lo hacía el río Apurímac y la música de las chicherías, poniendo en comunicación a públicos heterogéneos esparcidos por el territorio nacional. Esta escena no podría quedar al margen de su trabajo con los discos y la música andina en general. Desde las estaciones de radio en Lima, la música emprendía una travesía de inmigración en sentido opuesto a la de sus productores. Se va creando un espacio cultural tecnológico que sugiere imágenes de comunidad cultural de alcance nacional. Al respecto, es útil reparar en la importancia del principio de la reproducción técnica (Benjamin, "The Work"), pues éste hace posible la multiplicación de contextos de uso de una misma pieza cultural.[24] Un huayno, el mismo, podía ser escuchado simultáneamente tanto en Lima como en una provincia alejada de los Andes. La idea de interconexión, sugerida por las carreteras y *Amauta* en la obra de Arguedas, alcanza una dimensión inédita; articula diversos públicos a nivel nacional en torno a la despreciada música de los Andes.

La mediación técnica de la radio no está desvinculada de la que percibe e impulsa Arguedas en torno a los discos. Para él es claro que éstos "ha[n] ayudado a la proliferación de *espacios radiales*" ("La difusión" 20; énfasis mío). Pero también sugiere una historia explorada todavía insuficientemente en el caso peruano sobre las interacciones entre cultura y tecnología. En la imagen de interconexión que Arguedas hace visible ocupan un rol protagónico las radios portátiles o de bolsillo. Máximo Damián cuenta que él y otros músicos iban a tocar frecuentemente a la radio porque sabían que podían ser escuchados en sus pueblos de origen. Para la época, un pueblo como San Diego de Ishua—lugar de nacimiento de Damián—no tenía luz eléctrica, pero la masificación de radios a batería permitía superar esta limitación (Entrevista). Lloréns llama la atención también sobre la importancia de estas radios (124). Esta condición material permitía una comunicación a distancia que la gente utilizaba para escuchar música e intercambiar noticias o información. Las radios portátiles se vuelven objetos útiles, pero también conceden estatus, especialmente entre los jóvenes y en las provincias del Perú. Por ejemplo, el lingüista J. M. B. Farfán escribe al explorar la presencia del quechua en el Perú: "Es interesante observar el curioso fenómeno de un indígena joven en los lugares más alejados del Perú con su reloj pulsera y su radio transistorizado" (29). Aníbal Quijano anota que "los cholos que habitan en el campo usan muchos objetos de procedencia urbana: reloj, bicicletas y más recientemente, radios portátiles" ("Lo cholo" 65).

En la actualidad estamos tan acostumbrados a la cultura portátil que su impacto en lo social parece hacerse invisible. Sin embargo, ese impacto en el siglo XX fue decisivo y todavía estudiado de manera parcial. Es el caso de la radio y otros objetos de transmisión y reproducción mecánica. Personalmente, la importancia de la radio portátil la percibí en la Amazonía peruana, cuando fui a visitar a un sabio machiguenga en una de las comunidades—entonces—más aisladas. Cuando Ramón me recibió en su casa, estaba escuchando una emisión radial limeña, luego de la cual sonó el himno nacional del Perú. Mi desconcierto de inmediato fue tratar de entender qué significado podía tener ese himno en un lugar como el que estábamos. Pero mi reflexión fue interrumpida cuando me pidió que la próxima vez que lo visitase le llevara baterías, porque las suyas estaban agotándose. ¿A quién pertenece la cultura de la máquina? ¿Deberíamos celebrar la escena o lamentarla?

Arguedas tenía razones para celebrarla y lamentarla, como se verá en el siguiente apartado. Por ahora es necesario retomar sus prácticas para concluir observando que los coliseos, los discos o la radio muestran desde distintos ángulos una misma dinámica cultural que tiene como lugar central a Lima, pero que también se reproduce en las provincias del Perú. Por ejemplo, en sus escritos reconoce la importancia de los coliseos, además de para Lima, para otras ciudades del interior como Puno o Huancayo. Los inmigrantes, en su mayoría, no rompían el contacto con sus pueblos de origen, sino que lo acentuaban tratando de apoyarlos con la construcción de escuelas o dando acceso a otros servicios. La inmigración no sólo transforma Lima, sino que también impacta de manera decisiva en las provincias y en el campo, produciendo un espacio en el que se establecen heterogéneas y mayores dinámicas de intercambio entre las unidades sociales del territorio nacional.

Del mismo modo, los discos y la radio crean un nuevo espacio cultural y una nueva existencia para la cultura popular de origen andino. Por las dinámicas mercantiles, tecnológicas e industriales que caracterizan ese espacio cultural, la cultura popular va tomando la forma de una cultura de masas. Por consiguiente, la figura dominante de ese espacio es el choque de formas materiales e inmateriales; no la homogeneización, aun cuando su importancia sea innegable. Es desde esta perspectiva que la migración incentiva, en la obra de Arguedas, el proceso por el cual lo rural se vuelve urbano, y lo urbano convierte lo folklórico en popular.[25] Asimismo, hace visible la cultura de masas como un nuevo campo de tensiones que Arguedas enfrenta como intelectual. Su respuesta, según se ha visto, no busca congelar mediante la tecnología la cultura tradicional. Por el contrario, desea incentivar su metamorfosis, observando las posibilidades y limitaciones que trae consigo la cultura de masas.

¿Transformar o conservar?

El trabajo de Arguedas con la tecnología es una práctica optimista. En lugar de rechazar, incentiva el encuentro entre la cultura andina tradicional y la mercantilización e industrialización. Escribe sobre los músicos con fascinación y alegría, describiendo en detalle los nombres de aves y flores que utilizan, y narrando la empatía que establecen con sus públicos: "Muchos de ellos son verdaderos 'ídolos'; sus 'palacios' o 'templos' son los 'coliseos' de Lima y de las provincias; su reino, los millones de oyentes de discos y radio" ("De lo mágico" 244). Arguedas se sentía complacido por lo que había ayudado a conseguir promoviendo aquel encuentro, como lo recuerda John Murra: "Él me decía que en lo folklórico lo más interesante que había logrado él, según su juicio, era de convencer a las compañías disqueras, muy temprano, desde los años cincuenta en adelante, de incluir lo que él consideraba material folklórico vivo y bueno, con todas las demás canciones que se popularizaban en los coliseos" ("José" 286). Transformar, incentivar aquel encuentro, es un medio para superar el mundo dividido que reproduce relaciones coloniales de dominación, así como para conseguir que la cultura mayoritaria del Perú alcance un lugar protagónico en el espacio nacional. Sin embargo, el optimismo de Arguedas no puede entenderse al margen del profundo rechazo y angustia que siente a la vez, cuando contempla los efectos destructores del proceso. En una ocasión, a propósito del folklore, escribe: "Hemos sido testigos interesados y hasta activos—y *casi* estamos arrepentidos de ello— del descubrimiento primero, y luego de la gran difusión y de las perturbaciones y transformaciones que, especialmente en Lima, han sufrido estas artes" ("Notas sobre" 209; énfasis mío).

Arguedas es parte del público de los coliseos, pero también asiste a ellos para supervisar a los músicos, cumpliendo una función policial. Como Conservador de Folklore y, luego, director de la Casa de la Cultura, su interés y misión son asegurar que se respete la vestimenta, la ejecución musical y el canto, según la tradición de que provienen. Arguedas diseña diversas prácticas para "controlar" estos aspectos en los coliseos. En el origen de estas prácticas habría que reconocer la influencia del indigenismo de Estado de Luis E. Valcárcel—observada en el capítulo previo—entonces ministro de Educación, pues él decreta un paquete legislativo para implementar dicho control sobre los músicos. Entre 1949 y 1955 se promulgan siete leyes y resoluciones que exigen: (a) la inscripción de todos los músicos inmigrantes en la Sección de Folklore del Ministerio, (b) un certificado otorgado por la Sección que les acredite la participación en coliseos y en programas radiales, (c) el cumplimiento de los requisitos para la conformación de nuevos grupos, los cuales como mínimo deberán estar compuestos por la mitad de naturales de la región que representan musicalmente.[26] En la práctica, las actividades se orientaban a empadronar a los músicos, otorgarles documentos de certificación y capacitarlos; trabajo que se hizo por diversos especialistas en folklore, primero en el marco del Ministerio de Educación y después desde la Casa de la Cultura. Manuel Larrú indica que, en esta última, se organizaban jurados para la evaluación musical de los artistas que estaban compuestos por reconocidos músicos y folkloristas como Jaime Guardia, Raúl García Zárate, Josafat Roel Pineda y el propio Arguedas (Entrevista).

En 1952 Arguedas anota que en Lima existen "centenares de asociaciones representativas no sólo de las provincias sino de los distritos." Se refiere a asociaciones como clubes provinciales, que crean redes de ayuda entre ellos y con el lugar de origen. "La colonia de Sañaica, pequeño pueblo de la provincia de Chalhuanca, cuenta con más de trescientos miembros muy activos que forman una asociación que inscribió en la Sección de Folklore del Ministerio de Educación un conjunto de músicos y bailarinas integrado por 25 personas" ("El complejo" 5). El empadronamiento de músicos prestaba atención al origen de cada uno de ellos para identificar el tipo de música que conocían y tenían que ejecutar, información que podía llegar a ser bastante precisa.[27] Por ejemplo, la ficha de Máximo Damián (1965) lo acredita como intérprete del folklore de la provincia de Lucanas; en la de Jaime Guardia (1964) se lee "intérprete del folklore de Pauza Parinacochas"; la ficha de "La cholita consentida" (María Carmela Rojas) la describe como especialista en el folklore de la región norte de Ancash; la de "Catalinita Huanca" (María Victoria Castillo), como especialista de la región del centro de Huancayo.

El "Registro de Intérpretes" permitía también obtener información adicional. Por ejemplo, funcionaba como un censo que hacía posible rastrear los movimientos migratorios de las regiones internas hacia Lima. Además, las fichas consignaban información sobre las lenguas habladas por los músicos: si era monolingüe quechua o español, o bilingüe. Seguramente esta información era muy apreciada por Arguedas, pues le permitía tener una base para entender los cambios que estaban sucediendo con la acentuación de las migraciones. Observando las fichas, puede comprobarse el predominio del quechua como lengua madre, y una clara tendencia hacia el bilingüismo.[28] Por otro lado, los carnets que se entregaban a cada músico, como "documento de identidad," incluían información personal, lugar de procedencia y seudónimo artístico; de esta manera, se evitaban suplantaciones en los coliseos. Según el cálculo de Arguedas, para 1968 se habían registrado en la Casa de la Cultura más de tres mil músicos ("De lo mágico" 244).

El objetivo principal de esta regulación era contrarrestar la influencia de los empresarios que organizaban los espectáculos de los coliseos, quienes exigían a los músicos cambios en sus repertorios y vestimentas tradicionales.[29] Arguedas veía necesario "conservar," evitar la corrupción de la cultura musical andina a manos de la mercantilización. Raúl R. Romero considera con razón que el reclamo de "autenticidad" de Arguedas no era producto de una idealización; antes bien, era "equivalente al derecho de autodeterminación, esto es, la prerrogativa de expresar sus culturas locales tal como ellas se desarrollaban en el tiempo y dentro de sus propios contextos" (*Identidades* 154). No obstante, la posición de Arguedas es contradictoria, e incluye una innegable actitud de control "desde arriba" que rechaza dejar el proceso en manos del mercado. Como ha observado Eve Marie Fell, se trató de una experiencia dirigista que utilizaba el Estado para evitar la corrupción del folklore en el espacio comercial. Las funciones de Arguedas como Conservador de Folklore eran las de promover y vigilar, lo que lo lleva a realizar un control que incluía la descalificación o felicitación pública a músicos en el diario *El Comercio* ("Du folklore" 65). Este trabajo de Arguedas está inscrito, claramente, en el indigenismo de Estado; coincide, como indica Fell, con la idea de Valcárcel de que la música y la danza autóctonas son la parte más original del patrimonio nacional, por lo que no pueden tolerarse adulteraciones (62). Aunque también es necesario reconocer una posición activa y autónoma de Arguedas con respecto a esa idea de Valcárcel, como se muestra en esta posición de Arguedas citada por Fell: "Estimular a los conjuntos folklóricos y a sus directores, orientándolos con el objeto de defenderlos contra las excesivas perturbaciones que el interés comercial pueda ejercer sobre ellos, pero *dejándoles por entero* su libertad de adaptación y creación" (67; énfasis mío). Es decir, Arguedas no idealiza el folklore, pero reconoce su fragilidad en el nuevo contexto mercantil.

Un argumento que explica su intervención desde el Estado en el control de la "pureza" de la vestimenta y el repertorio musical es el predominio, en el público urbano de la costa, de un criterio estético con respecto a "lo andino" que él describe como *incaísmo*; es decir, el gusto por un pasado glorioso idealizado en los incas, recuperado como cultura muerta, que ignora y hace invisible la cultura indígena y mestiza contemporánea de los Andes. En sus palabras: "Lo incaico tiene un alto prestigio, lo indio está aún cargado de menosprecio de todas las demás castas, y ante el consenso de la mayoría de las personas 'superiores' y 'cultas,' es decir de los grupos dominantes para quienes el indio no debe dejar nunca de seguir siendo un siervo ..." (Arguedas, "El monstruoso" 218). Según ha estudiado Lloréns, la historia de la estilización de "lo andino" por parte de la música culta recorre el siglo XX. Se empleaban "motivos" andinos definidos como incaicos, como sucede con la famosa pieza *El cóndor pasa* de Alomías Robles— posteriormente popularizada por Simon and Garfunkel—o con adaptaciones para géneros como el fox-trot o el swing incaicos (Lloréns 106).[30] En este mismo desarrollo, el caso más famoso de incaísmo que cuestiona Arguedas es el de la conocida artista Ima Sumac, quien alcanza fama mundial no sólo "estilizando" la cultura andina sino logrando su "deformación pura": "Ima Sumac triunfó en Lima, y se hizo pasar por intérprete del folklore quechua; Vivanco la dirigió con muy buen sentido comercial, le puso el nombre de la hija de Ollanta y explotó con acierto la excelente voz natural y la gracia de Emperatriz Chávarri" ("En defensa" 234).

Durante décadas, el incaísmo se había fortalecido como criterio estético y demanda comercial entre el público costeño; y la existencia de esta demanda es lo que lleva a los empresarios a incentivar dicha estética. Por tal razón, el incaísmo se convierte prácticamente en un requisito para las actuaciones en teatros, cabarets o la radio; es natural, desde la mirada del empresario, su prolongación en los coliseos folklóricos. De otro lado, los músicos inmigrantes están en evidente desventaja cuando tratan de participar en los coliseos. Marcados por la compleja experiencia de la migración, que se acentúa debido a que llegan a un lugar que los ignora o desprecia, en donde se habla otra lengua y la mediación mercantil se ha extendido a todas las áreas de la vida social, los músicos no pueden desarrollar ni fácil ni rápidamente la actitud y el conocimiento que les permitan negociar con los empresarios. Desde este contexto, puede decirse que Arguedas está enseñando a los músicos a negociar; si cabe el término, se convierte en un profesor de capitalismo. El trasfondo de esta apuesta es que él sabe que el incaísmo en los coliseos es una imposición de los empresarios, puesto que percibe que los músicos—aquellos "auténticos," no los que aparentan serlo con el fin de ganar dinero y fama—y el público inmigrante no comparten ese criterio estético; ellos preferirían ver en el escenario la vestimenta tradicional y la música de sus provincias: "cuando pude convencer a los intérpretes que sus trajes regionales eran incomparablemente más bellos y 'teatrales' que los infiables que usaban, salieron después exhibiendo, deslumbradamente, y *entusiasmando hasta el delirio a sus paisanos*" ("El monstruoso" 217; énfasis mío). Arguedas apuesta por el nuevo escenario mercantil de los coliseos, pero al mismo tiempo observa el desequilibrio de poder entre los empresarios y los músicos inmigrantes. Trata de remediar la desventaja de estos últimos; sin embargo, sabe que pierde: ve cómo aparecen más Ima Sumacs, cantantes cusqueñas que ni siquiera son del Cusco (218). El proceso, como su actitud, es ambivalente y está abierto a la contingencia, incluso para alguien que intenta ejercer control haciendo uso del poder—más nominal que real—del Estado. La cultura de masas impone su propia lógica capitalista.

Cultura de masas y hegemonía

Arguedas percibe que sus prácticas intelectuales están enfrentándose al espacio cada vez más incontenible de la cultura de masas. En su obra conjunta puede seguirse esta percepción, que va acompañada de la creciente angustia por su significado para la cultura peruana. A veces se refiere al problema como la presencia de la civilización o la cultura industrial, otras veces lo señala como la influencia cultural estadounidense. La visión de Arguedas es que, progresivamente, esta civilización o cultura industrial ha mostrado su influencia en la totalidad social del Perú; tanto en las ciudades de la costa, como en las ciudades y poblados de la sierra, lo que se intensifica aún más con el movimiento de las migraciones masivas.

Sobre el impacto en la sierra, escribe Arguedas en 1966: "La población de habla monolingüe indígena está siendo conmovida por la influencia de los contactos cada vez más directos y penetrantes de las ciudades que fueron centros de conservación y difusión de la cultura criolla y que, a su vez, se modernizan constantemente por un tipo de contacto igualmente dinámico con la civilización industrial europea y norteamericana" ("Algunas" 390). Le sorprende la modernización en poblados andinos que él había visitado décadas antes, como Chipao en Aucará o Pacarán en Lunahuaná. En 1966, cuando regresa a éste último, ya no le parece un "ratón adormecido" resignado a su analfabetismo, ni encuentra en el menú la oferta de un "seco de gato"; ahora "hierve de niños y colegiales, de tránsito mecanizado" (*Perú vivo* 14). Considera que mientras mayor es la influencia de la "cultura urbana moderna, o modernísima" en los mestizos, el desajuste es mayor, y comparable al que experimentan los indios cuando se desprenden de su cultura ("Notas elementales" 167).

En ciudades como Lima, la cultura de masas se hace visible como una fuerza hegemónica en los sectores medios: "La suerte de la clase media, en cuanto a su cultura, depende ahora de manera determinante de la TV, de la radiodifusión, del cine y de la frívola literatura" (Arguedas, "La clase media" 491). En 1964, Arguedas percibe que la televisión empieza a ser el aparato técnico que dirigirá la cultura de la clase media; pero en conjunto, la "cultura modernísima" se convierte en el principal modelador de la conducta y la aspiración social de la población en su totalidad. La suerte de los inmigrantes pobres, indios y mestizos, está expuesta a esas influencias, y seguirá estándolo con mayor dependencia en el futuro. Esa suerte de avalancha industrial es experimentada también por Arguedas y los sectores populares en torno a la música andina en el contexto de las migraciones masivas. Sin embargo, la diferencia es que esta dinámica no es gobernada por la cultura extranjera ni supone una *americanización* de la vida; más bien, es el medio por el que la cultura andina se afirma, sujeta a una intensa transformación. Esto es lo que refiere el argumento principal de su ensayo "La cultura: Un patrimonio difícil de colonizar": "Los instrumentos más eficaces por medio de los cuales se intenta condicionar la mentalidad de las masas y desarraigarlas de su tradición singularizante, nacionalista (la radio, la TV, etc.), se convierten en vehículos poderosos de transmisión y de contagio, de afirmación de lo típico, de lo incolonizable" (187).[31] Así, Arguedas señala dos formaciones de cultura de masas, las que van entrando en tensión y competencia, pero inscritas en un mismo *espacio cultural*.

Esta nueva situación histórica produce una transformación fundamental en las relaciones de poder y la producción de hegemonía. Durante la mayor parte de su vida intelectual, Arguedas hace frente a la hegemonía de la cultura nacional, de matriz hispano-criolla.[32] Concibe su trabajo como la producción de una contra-hegemonía, que pasa por la alianza con el indigenismo, por sus prácticas del folklore y su trabajo literario, así como por el estudio, conocimiento y difusión—sobre todo a través del periódico—de las culturas de los Andes. No obstante, a medida que se despliega la segunda mitad del siglo XX, percibe el fortalecimiento de la cultura de masas como un tercer elemento que rompe la dualidad anterior y se convierte en el productor dominante de hegemonía. El proceso pone en cuestionamiento, hasta cierto punto, los presupuestos de su trabajo previo; sin embargo, esto no supone la desaparición de las tensiones que se daban entre la dualidad cultura nacional–cultura andina. Por el contrario, éstas se mantienen y transforman en la nueva estructuración: ambas culturas son puestas en crisis por la hegemonía creciente de la cultura de masas. Podría decirse que la fórmula es ahora: cultura andina / cultura nacional–cultura de masas. Arguedas descubre este nuevo orden hegemónico por su trabajo con la música, aunque no necesariamente lo explica en los términos que propongo. Con la dificultad que tiene hacer frente a una dinámica histórica que aún no ha alcanzado su forma más visible, Arguedas comprende que trabajar con la cultura andina—incluso para defenderla—pasa por suponer su existencia en el espacio de la cultura de masas.

Debido a sus prácticas en los coliseos y con los discos, Arguedas encuentra un lado progresista en el nuevo espacio cultural, desde el cual cobran visibilidad dos problemáticas: (a) en la medida en que la hegemonía de la cultura de masas debilita la cultura nacional, surge un momento de crisis sobre el cual puede impulsarse un proyecto de contrahegemonía cuyo eje es la cultura andina subordinada; (b) esta contrahegemonía podría ser base para una nueva cultura nacional, en la que confluyera la heterogeneidad de culturas que estaban siendo transformadas por la lógica capitalista de la cultura de masas.[33]

Jesús Martín-Barbero, dialogando con una hipótesis clave de Carlos Monsiváis ("Notas"), ha reparado que para las culturas populares latinoamericanas del siglo XX fueron decisivos espacios tecnológicos como el cine o la radio, pues estos "proporcionaron a las gentes de las diferentes regiones y provincias una primera vivencia cotidiana de la Nación" (Martín-Barbero, *De los medios* 179). La experiencia de la música andina puede ser vista como un capítulo de esa historia. Empero, en el caso de Arguedas los sectores inmigrantes no tienen necesariamente una primera vivencia de "la Nación"; más bien construyen una comunidad cultural en tensión con ella. Esta vivencia se describe mejor con lo que Rowe y Schelling han llamado "nociones alternativas de nación" (16). Para Arguedas, la alianza entre cultura musical andina y cultura de masas podía constituir un medio para superar el racismo de origen colonial que persistía en el espacio nacional. Sería un proceso generado en la superestructura, pero no extendido a los otros ámbitos de la vida social. Aun así, significaría un momento inicial que podría ayudar a desenredar lo que Aníbal Quijano, con excepcional precisión, ha llamado "el nudo arguediano" ("El nudo"). Esto es, un nudo, fundado en la experiencia de la colonialidad, y compuesto por tres hilos—identidad, modernidad y democracia—que no pueden resolverse ni de manera aislada ni consecutiva, puesto que la solución de uno de ellos hace necesaria la de todos los otros. Pero confrontar esta problemática significaría, como sostiene Quijano, repensar en su totalidad la obra de Arguedas.

Una cultura chola

Las problemáticas sobre la obra de Arguedas que he discutido plantean la pregunta por su relación con los conceptos de mestizaje y transculturación. Como es bien conocido, estos términos han sido clave en los estudios latinoamericanos; aunque, en el terreno de los estudios literarios y culturales, es el segundo concepto el que ha prevalecido, y es parte todavía de un debate amplio y polémico que ha recibido numerosas defensas y críticas. En rigor, Arguedas utilizó ambos términos en su obra. Sin embargo, son muy escasas las menciones a la transculturación; el concepto que predomina, especialmente a partir de los años cincuenta, es el de mestizaje.³⁴ No obstante, debido al clásico estudio de Ángel Rama sobre la transculturación narrativa, la obra literaria de Arguedas es inevitablemente mencionada—en muy diverso grado—cuando se acude a analizar los presupuestos ideológicos de la lectura de Rama y de la transculturación como ideologema de América Latina y su modernización dependiente. Esta situación ha ocasionado que, algunas veces, se mezclen las tesis de Rama y Arguedas sobre el tema, leyéndose la obra de este último desde el prisma teórico e ideológico del primero. A tales tensiones—fundamentales para indagar las políticas de la interpretación que han establecido y desarticulado proyectos críticos divergentes en el Latinoamericanismo—habría que añadir la diferencia entre lo que podría llamarse el "debate peruanista" y el "debate latinoamericanista" sobre Arguedas. Aunque hay excepciones, es posible decir que cuando se piensa a Arguedas en el marco de la cultura peruana, el concepto que predomina es el del mestizaje; en cambio, cuando Arguedas está inscrito en la problemática de la cultura latinoamericana, es mayoritaria la referencia a la transculturación.

No pretendo ni puedo atender la densidad de estas tensiones, para lo que haría falta un estudio independiente y tal vez una reflexión colectiva. Me interesa más bien concentrarme en discutir lo que tomo como algunos puntos fundamentales de la problemática del mestizaje en la obra de Arguedas, teniendo como eje de reflexión las prácticas intelectuales que he analizado. El marco de mi análisis es la problemática de la nación, la cual necesariamente privilegia el "debate peruanista" sobre Arguedas. Sin embargo, es importante empezar observando dos de las lecturas críticas más importantes y conocidas sobre el concepto de transculturación propuesto por Rama, con el fin de aislar una figura de síntesis común a ambas que parece hacer equivalentes la transculturación y el mestizaje.

Una de las lecturas más influyentes que asocia los conceptos de transculturación y mestizaje en torno a una figura de síntesis es, sin duda, la de Antonio Cornejo Polar. Para el crítico peruano, el concepto de transculturación propuesto por Rama actualiza, con mayor sofisticación y alcance teórico, la vieja idea del mestizaje, lo que implica la defensa de un "nivel sincrético" y de la cultura hegemónica como lugar en que se produce la síntesis ("Mestizaje, transculturación" 369). Como se sabe, la contrapropuesta inicial de Cornejo es el concepto de heterogeneidad, el cual rechaza cualquier imagen de síntesis. Aun cuando su trabajo posterior propone otros conceptos en torno a los que continúa reflexionando sobre la obra de Arguedas, ésta sigue siendo para él un contraejemplo de la transculturación-mestizaje. Por ejemplo, en su último libro, *Escribir en el aire*, se inclina a evaluar la "utopía arguediana," la que aísla—es necesario reafirmarlo—a partir del análisis de la obra literaria de Arguedas, "no en términos de síntesis conciliante sino de pluralidad múltiple, inclusive contradictoria, que no abdica frente al turbador anhelo de ser muchos seres, vivir muchas vidas, hablar muchos lenguajes, habitar muchos mundos." Así, basándose en *Los ríos profundos*, considera que pierde sentido la problemática de la "integración nacional" (199). Para Cornejo Polar, esta integración supondría una apuesta por la síntesis y la homogeneización, ¿pero hasta qué punto es esto válido en la obra conjunta de Arguedas?

Otra influyente lectura sobre la problemática de la transculturación y la síntesis es la de John Beverley. Haciendo referencia al concepto desarrollado por Rama, Beverley piensa la transculturación como un ideologema de la integración—desde arriba—del conjunto social en una misma cultura, ideologema que se materializa como un proyecto de la vanguardia letrada (*Subalternity* 43–45). En su opinión, "Rama is concerned with integrating into the state via transculturation subaltern groups that have been previously marginalized or repressed by the state ..." (47). Este componente de integración y síntesis que encuentra en Rama parece convertirse en un filtro para la lectura que Beverley realiza sobre la obra de Arguedas. Opina que la migración masiva pone en crisis el proyecto arguediano de una "utopía nacionalista," de base andina, expresada en la creación de una "nueva ciudad" que *sintetizaría* lo mejor de los dos mundos, campo y ciudad (*Subalternity* 62–63). Interpretando algunos argumentos de Cornejo Polar, sugiere Beverley que el migrante es una figura descentrada, de crisis, de *ausencia de síntesis*; por lo tanto, implicaría lo opuesto de la "utopía nacionalista" de Arguedas, la cual termina siendo descrita como un proyecto de síntesis. No obstante—de acuerdo con mi análisis—se trata más bien de lo contrario: la migración masiva no pone en crisis el proyecto de nación en la obra de Arguedas, sino que lo produce. La migración es el proceso que hace posible detectar las condiciones materiales de intercomunicación que están creando un mismo espacio nacional.[35]

Con resultados divergentes, Cornejo Polar y Beverley defienden lo que podría ser descrito como una política de la diferencia, frente a una política de la unidad que ven encarnada en Rama. En el cuestionamiento a esta percibida unidad es plausible detectar un rechazo a los efectos homogeneizadores del capitalismo sobre las sociedades y culturas latinoamericanas. A fin de cuentas, es el capitalismo el que ha ido realizando, paradójicamente, el sueño de una cultura unitaria—ahora llamada global—que antes estaba en manos de una *intelligentzia* ilustrada, latinoamericanista o nacionalista. La figura de la síntesis es parte de los sueños de esa *intelligentzia*, pero también es producida por la violenta y destructiva profundización del capitalismo en la sociedad y la cultura. Esta problemática, con todas las contradicciones y tensiones que impone, atraviesa la obra de Arguedas y, en especial, la cuestión del mestizaje (o la transculturación). De allí que estimo importante concentrarme sólo en algunos puntos de la cuestión del mestizaje, con el fin de observar su relación con la problemática mayor del capitalismo que enfrenta la obra de Arguedas.

Habría que partir mencionando la enorme atención que se le ha dado al tema del mestizaje en la obra de Arguedas,[36] situación que obliga a reconocer la multiplicidad de problemáticas asociadas al tema. Por ejemplo, Estelle Tarica ha estudiado cómo cambia el concepto a lo largo de su obra. En los años cuarenta, está marcado por el problema del bilingüismo, lo que se expresa como angustia y necesidad de resolver el dilema que opone dos culturas. En cambio, desde los años cincuenta, el mestizo ya no posee tanto una imagen de fractura sino de puente entre diversos grupos sociales antagónicos (119–26).[37] Aunque, por otro lado, también es exacto sostener, como lo hace Silvia Spitta, que en la obra literaria de Arguedas no hay ni indios ni *mistis* "puros"; todos los personajes están marcados en diferente grado por el mestizaje (141). Esta marca impide cualquier idealización de "lo indígena" en la obra arguediana: por más lejos que se vaya a buscar "lo indígena *puro*" en los Andes, se encontrará siempre un proceso de mezcla que incluye a las culturas europeas llegadas con la conquista.[38] Añadiría también que, en la obra conjunta de Arguedas, no hay un único y estable significado de *indio* ni de *mestizo*. Por un lado, son categorías que pueden remitir a criterios de etnicidad, clase social o cultura; por otro, su definición depende del área cultural andina (por ejemplo, una distinción importante para Arguedas, la zona sur o central de los Andes peruanos) y de la época histórica que se observa.

Otra dimensión del problema es la propuesta por Ángel Rama, quien considera el mestizaje en Arguedas como una problemática vinculada directamente con el *dualismo* de la cultura peruana (*Transculturación* 173–93). Por esto se refiere a una matriz dualista, ampliamente observada desde distintas disciplinas en el Perú, que enfrenta indios y criollos—en una figura que actualiza la división colonial entre una república de indios y otra de españoles—sierra y costa, institucionalizando la distancia física y cultural entre ambos polos.[39] Como discutí en el Capítulo 3, Rama ve el capitalismo como un productor de espacio unificado, idea que aplica aquí para escrutar el área cultural andina que, a diferencia de otras áreas culturales latinoamericanas, tuvo una modernización tardía.[40] A medida que la modernización va penetrando las regiones internas del Perú e interconectándolas, el *mestizo* empieza a ser una presencia cada vez más importante y angustiante para Arguedas. Según Rama, el escritor peruano rechaza la visión dualista del indigenismo de los años veinte; sumido en una compleja lucha con sus creencias y afectos, reconoce y evalúa la rápida expansión de una cultura que se deriva de la "cultura indígena" pero que al mismo tiempo "[implica] un mayor grado de incorporación de elementos extraños, propios de la civilización occidental: la mestiza" (*Transculturación* 187). En rigor, esta cultura mestiza había existido desde la época colonial, articulándose en diferentes formas según regiones y épocas. A lo que Rama está refiriéndose es a la cultura mestiza que se inscribe en la historia peruana del siglo XX. Puesto en los términos discutidos aquí: al período de modernización capitalista que para Arguedas se inicia con las carreteras (década de 1920) e impacta la totalidad del espacio nacional en el marco de las migraciones masivas de la segunda mitad del siglo XX. Las migraciones son, precisamente, uno de los procesos que ponen en crisis la matriz del dualismo en la cultura peruana. Tal como he indicado en el capítulo previo, "lo andino" y "lo indio" ya no están circunscritos en los Andes, según solía parecer desde esa matriz—por supuesto, con alta carga ideológica—sino que se han esparcido y mezclado por diversas regiones del Perú. El "indio" deja de ser percibido como una presencia remota con respecto a los centros de poder de la nación, para ser "descubierto" en el interior de esos centros. Sin embargo, esta nueva situación no cancela viejos problemas como "contacto," "mezcla," "mestizaje," "transculturación," etc., sino que los reabre en otro contexto histórico, cargándolos de nuevos significados.

La problemática del mestizaje en la obra conjunta de Arguedas puede explicarse en este marco. Es cierto, como ya se ha indicado, que a medida que avanzamos cronológicamente en su obra, el mestizo es un "personaje" cada vez más importante; pero al "interior" de ese mestizo surge una tensión que también es cada vez más visible para Arguedas. En otras palabras, la nueva "cultura mestiza" de las migraciones se diferencia claramente de las culturas mestizas del pasado. Podría decirse que aparece *otro* mestizo que se hace dominante tanto en la sierra como en la costa en la época de las migraciones masivas. Desde las ciencias sociales de los años sesenta, ese *otro* mestizo empezó a designarse como *cholo*. Éste es un término y un debate que Arguedas no desconocía, aunque tampoco exploró en detalle; pero es posible sugerir la importancia del mismo para explicar las transformaciones que enfrenta su obra.

Las ciencias sociales percibieron el impacto cultural de las migraciones resaltando el protagonismo que alcanzaba el "espacio intermedio" entre *lo criollo* y *lo indio*. Carlos Iván Degregori anota que muchos científicos sociales hablaron—a partir de los años cincuenta—de la transformación de las "viejas identidades étnicas y del fortalecimiento de una nueva categoría entre *mistis* e indios, el cholo" ("El estudio" 305).[41] Sin embargo, la definición de esta nueva categoría estaba lejos del consenso. Por ejemplo, en 1961, el antropólogo norteamericano Jacob Fried observaba: "*Cholos* are free of the social-psychological barriers produced by the caste-like divisions. … They are free of many aspects of traditionalism frozen into both the Sierran Indian and *Mestizo* life styles which cannot resonate well with urban or industrial developments" (25). Fried considera que el mestizo y el cholo designan un espacio intermedio entre lo indio y lo criollo; pero mientras el primero reconoce su matriz en la cultura criolla, el segundo lo hace en la cultura indígena.

Por su lado, el sociólogo François Bourricaud había notado, gracias a su trabajo de campo en Puno en 1952 y 1953,[42] la irrupción de lo cholo como un proceso de movilidad social intensificado por el movimiento comercial, el cual ya no podía ser descrito desde las rígidas jerarquías de la división racial. Ser comerciante o chofer—las ocupaciones preferidas—le permitía a los indios una mayor libertad con respecto al mestizo tradicional. Un aspecto clave de este proceso es el interés parcial y utilitario que tiene el indio de la cultura del *misti*: a diferencia del mestizo tradicional, el cholo no quiere llegar a ser un *misti* o criollo.[43] Lo que busca es apoderarse de *ciertos* beneficios de esa cultura, como la escritura, la tecnología o las profesiones de abogado, médico, comerciante o policía ("Elogio" 27).[44] Esta peculiar dirección del mestizaje caracteriza el proceso que Bourricaud llamó la *cholificación*.[45] Tal proceso se presentaba como una transformación interna de la sociedad indígena, impulsada por las migraciones y el capitalismo. La sociedad indígena ya no podía pensarse como una unidad autónoma porque el proceso de cholificación demostraba que los cambios más importantes de lo indígena se estaban produciendo afuera de esa sociedad ("¿Cholificación?" 183). Una consecuencia importante de esta discusión es la crisis que se instala en el concepto tradicional de mestizaje: ya no se puede seguir considerando *lo criollo* como el eje unificador de la cultura nacional, tal y como era sostenido por la ideología del mestizaje. Lo cholo funciona a espaldas de esa ideología, instaurando un contacto sociocultural abierto a múltiples resoluciones.

En los años sesenta, Aníbal Quijano propuso también una reflexión fundamental sobre el proceso de cholificación. Para él, el dualismo cultural se articuló como el conflicto, de origen colonial, entre una cultura dominante y una dominada; por ello, el *mestizaje* era un proceso que terminaba reforzando la hegemonía de la primera sobre la segunda. No obstante, tal tendencia iba modificándose con el impacto del capitalismo en el Perú durante el siglo XX, el cual hacía emerger sectores sociales y culturales "intermedios" que alteraban la dirección previa del mestizaje.[46] Se había creado una *sociedad de transición*, que era *al mismo tiempo* industrial y preindustrial; y la tendencia característica de este tipo de sociedad era que el polo industrial terminaría imponiéndose sobre el preindustrial ("Lo cholo" 52–53). En el ámbito cultural, la tendencia se podría traducir en la expansión de la cultura industrial a costa de la desaparición de la cultura tradicional, preindustrial (indígena, mestiza y criolla). Pero la emergencia del grupo cholo—parte de los sectores intermedios de los que habla Quijano—parecía modificar parcialmente esta tendencia: la cultura tradicional indígena no desaparecía sino que se reforzaba aunque esto conllevaba un proceso de desindianazación. Para Quijano, la cholificación era el resultado del impacto de la modernización capitalista sobre los sectores campesinos (58–59). Los cholos eran el nuevo grupo que provenía del sector indígena y se formaba en el marco de las migraciones, la expansión del mercado interno y el trabajo asalariado, y el mayor acceso a la educación y los medios de comunicación. La *cultura* de ese grupo se extendía rápidamente hacia diversos sectores populares a nivel nacional, por lo que en ese momento Quijano consideraba que la cholificación estaba haciendo emerger "una cultura incipiente, mestiza, *embrión de la futura nación peruana*" (61; énfasis mío).

Desde estas iniciales formulaciones del problema, el debate sobre lo cholo ha seguido mostrando su importancia en el Perú contemporáneo.[47] *Cholo* es, tal vez, el término más complejo de la identidad popular y nacional en el Perú actual. Puede usarse en un sentido positivo; por ejemplo, cuando se llama así a un amigo o a un hijo. Pero es también un insulto que muestra la persistencia de la colonialidad, por el cual la persona que lo profiere "le recuerda" al otro cuál es "su sitio" en la clasificación estamental de la sociedad. En este uso violento de *cholo*, la palabra muestra su cercanía con "lo indio," como si se reconociera que, "a pesar" de los cambios, el cholo no ha dejado de ser indio. Podría bien asociarse con el dicho "se le salió el indio," todavía en uso, para describir un desliz, el arrebato involuntario que muestra el "salvaje" *within*. La palabra *cholo* puede usarse también para describir un objeto o una práctica producidos de manera improvisada, realizados por "gente sin educación ni recursos" que "se las ingenia." Por ejemplo, el cambio de la carrocería de un camión para convertirlo en ómnibus o para aumentar la capacidad de pasajeros, o las fiestas de origen andino en la ciudad, coloridas, con bandas musicales e íconos tradicionales y de la cultura popular televisiva. Una mezcla de creatividad del pobre y huachafería que avergüenza a quienes miran esa cultura desde la pretensión criolla de "blanquear" al Perú. Así, en la palabra *cholo* se sobreponen capas contradictorias de significación; una tensión no resuelta entre identidad y racismo, y una apelación avergonzada al producto de una mezcla caótica de mentalidades, técnicas y estéticas; a lo cholo como deformación y cultura fuera de lugar.

Sería posible rastrear algunas de estas tensiones de lo cholo en la obra conjunta de Arguedas (incluida la literaria). Aquí bastará con mencionar dos casos que provienen de sus escritos de folklore y antropología. El primero es de un artículo de 1966, en el que evalúa el impacto de los cambios migratorios en los poblados andinos. Anota allí que la dirección de dicho impacto se percibe mejor observando a la población joven: "El claustro de la casa ha empezado a ser quebrantado, especialmente en las comunidades con tierras suficientes. En ellas, los indios jóvenes se convierten en un nuevo tipo de mestizo, a los que la antropología denomina *cholos*" (Arguedas, "Algunas observaciones" 8). Es útil resaltar la relación que establece Arguedas entre los cholos y las comunidades propietarias de tierras, a diferencia de los indios de hacienda, quienes están en una situación de semiesclavitud. Lo cholo señala una dinámica cultural más "libre" (con respecto al sistema de castas), aunque ello no suponga una celebración edificante por parte de Arguedas. El otro ejemplo es de un artículo de 1962, ya citado: "Del retablo mágico al retablo mercantil." Para Arguedas, los *retablos industriales* de Jesús Urbano Rojas son "amorfos," producto de una *mentalidad chola*: "en cuanto este término [cholo] designa al mestizo emergente que intenta arrolladora e imponentemente incorporarse al grupo social dominante, y que concluye por descarnarse de los valores y normas de conducta tradicional sin alcanzar a asimilar las de los grupos dominantes. Se queda a *medio camino*, y su mentalidad es *amorfa*" (254; énfasis mío). Estos ejemplos permiten percibir la angustia y el desconcierto de Arguedas ante el grupo social y la cultura chola que está viendo surgir en el marco de la profundización del capitalismo. El continuo y hasta obsesivo interés de Arguedas por percibir los cambios en la cultura india y mestiza, constituye un agotador esfuerzo intelectual y afectivo. Lo cholo se mostraba en sus lados más violentos y progresistas, más criticables y celebratorios. Las cosas no podían estar claras, ni siquiera para un intelectual excepcional como Arguedas.

Ahora podría retomarse, integrando estas consideraciones sobre lo cholo, la problemática del mestizaje y su relación con el capitalismo en la obra de Arguedas. En un polémico pero valioso ensayo, Nelson Manrique analiza el tema del mestizaje en Arguedas basándose en el trabajo antropológico que éste realizó en el Valle del Mantaro (sierra central), especialmente en la ciudad de Huancayo. Sostiene con razón que allí Arguedas encuentra un modelo exitoso de mestizaje; encuentro optimista entre mundo campesino y capitalismo, parafraseando a Alberto Flores Galindo (*Buscando* 346). Ello lo lleva a sostener que Arguedas apostaba por la desindianización del Perú y que defendía el mestizaje como un medio por el que los indios debían "asimilarse a la cultura dominante" ("José" 92–93). En su opinión, esta apuesta de Arguedas descansaba en el convencimiento de que el capitalismo (los cambios materiales y subjetivos que introducía) era "el horizonte de redención del mundo indígena" (95). Para Manrique, esta situación responde al hecho de que Arguedas, durante la época en que hizo su trabajo de campo en el Valle del Mantaro (década de 1950), estaba influido por la antropología funcionalista estadounidense, la cual veía en esos términos la modernización del mundo campesino. Termina afirmando que en ese momento Arguedas era un "intelectual culturalmente colonizado" (97), pero que al final de su vida (década de 1960) se desilusiona y cambia de posición para afirmar un horizonte socialista bajo el impulso de la Revolución Cubana (98).

El cambio hacia el socialismo que detecta Manrique es muy forzado. Es cierto que Arguedas muestra entusiasmo por una salida socialista—desde mucho antes—sólo a veces revolucionaria; pero ésta es una de las líneas que se muestran en su trabajo, junto a la cholificación (me atrevería a afirmar, incluso, que las dos líneas están mezcladas, con cargo a desarrollar esta hipótesis en el futuro).[48] En segundo lugar, es también cierto que Arguedas se entusiasma con el mestizaje del Valle del Mantaro, pero esto no presupone una defensa de la asimilación indígena a la cultura dominante. Por el contrario, lo que percibe Arguedas es la formación de una cultura popular chola en el contexto de las migraciones que puede establecer una contrahegemonía y debilitar la cultura dominante. En tercer lugar, Manrique atribuye a Arguedas un concepto de mestizaje como *síntesis* y como si fuera un proyecto propuesto *desde arriba* por el intelectual. Al contrario, si hay una figura de mestizaje que se impone en la obra de Arguedas es la de un proceso generado *desde abajo*, y desde la materialidad del proceso histórico en los Andes y el Perú.[49] Asimismo, esa figura de mestizaje muestra formas de encuentro, cruce, choque, pérdida y transformación, que no excluyen la síntesis pero que tampoco se reducen a la figura propuesta por Manrique. Podría decirse que el proyecto intelectual de Arguedas es trabajar con ese proceso de mestizaje (o transculturación) que las migraciones masivas diseminan en múltiples figuras contradictorias.

Ahora bien, la dirección de ese trabajo con el mestizaje define, como dice Manrique, una posición que favorece una valoración positiva del capitalismo. Ese valor tendría que explicarse, sobre todo, por aquello que promete poner en crisis: la persistencia de una "estructura colonial" en el Perú, formas de relación social y de subjetividad que no han logrado ser superadas y que, en ocasiones, percibe como intactas en algunas regiones de los Andes.[50] El mestizo que ve formarse en Huancayo es para él significativamente distinto al de otras regiones en las que se comporta como un "siervo." En cambio, el mestizo-cholo de Huancayo—que también percibe en Puno—se apropia de los medios (mercado, tecnología, educación, etc.) que lo llevan a desafiar la posición de siervo sin dejar de afirmar su identidad (aunque desindianaizada por la cultura chola). Según se observó, esta "apropiación" es una hipótesis política del trabajo intelectual de Arguedas, que busca superar el sistemático empobrecimiento físico y cultural de las mayorías indias y mestizas incentivando que éstas puedan por sí mismas apropiarse de las técnicas y los conocimientos modernos. Lo que ve en Huancayo es un mestizo que ha logrado esa "apropiación" con éxito. Mirando este caso, Arguedas es optimista porque piensa que esa ciudad se ha convertido "en un núcleo indígena, foco de difusión cultural compensador de la influencia modernizante cosmopolita ejercida por Lima" ("Evolución" 32). En alguna ocasión, incluso, piensa que el Perú-Huancayo podría generar un proceso similar al de la Revolución China, la cual "demuestra lo que es capaz de hacer un pueblo de antiquísima cultura, considerando su propia antigüedad histórica y la técnica moderna" ("El indigenismo" 19). No obstante, Huancayo era la salida ideal, el modelo que Arguedas quería que se impusiera en el proceso de cholificación. Junto a él se hacían visibles otros resultados que tendían a la inserción total en la cultura criollo-industrial. Estas tensiones de la historia peruana son también las tensiones de la obra conjunta de Arguedas.

El coliseo y el puerto

La contradicción instalada en la cultura chola, entre un proceso de destrucción acelerada y transformación optimista, construye una figura dialéctica irresuelta. Ningún polo cancela el otro. La obra conjunta de Arguedas está permeada de esta contradicción, y expresa el esfuerzo angustiante por comprenderla y pensar en alguna posible salida. Tal situación es la que se expresa también cuando se ponen en relación dos espacios clave de su obra: el coliseo y el puerto, este último proveniente de su última novela, *El zorro de arriba y el zorro de abajo* (1971, publicación póstuma). Como se ha visto, el coliseo es el lugar de confluencia de la migración y las culturas populares. En ese espacio, los cambios generados en el siglo XX dan lugar al optimismo, sobre todo expresado en la historia de la mercantilización e industrialización de la música andina. Está en juego la posibilidad de que, por primera vez en la historia del Perú, las culturas de la mayoría de la población puedan construir una contrahegemonía en alianza con las fuerzas del mercado y la tecnología. Las pérdidas producen inmensa conmoción en Arguedas, pero son equilibradas por lo que promete el coliseo.

Por otro lado, el puerto es también producido por el del capitalismo y la migración. La apacible caleta de pescadores que era Chimbote—puerto sobre el que se modela *El zorro de arriba y el zorro de abajo*—se convierte en los años sesenta en el puerto industrial que lleva al Perú a ser el máximo productor mundial de harina de pescado. Al puerto llegan inmigrantes de todos lugares, persiguiendo el mito del progreso, y se mezclan de manera similar que en los coliseos. Como estos, el puerto es también la encarnación de *lo cholo*.[51] Sin embargo, mientras que en el coliseo se percibe un encuentro optimista entre culturas andinas, tecnología y capitalismo, en el puerto se asiste a uno radicalmente pesimista. En Chimbote, la tecnología y el capitalismo producen espectros famélicos y desarraigados. También allí los inmigrantes quieren "apropiarse" de la tecnología moderna, pero la imagen irónica del fracaso se condensa en esta cita: "Tanto más burdelero, putañero, timbero, tramposo, cuanto más comprador de refrigeradoras para guardar trapos, calzones de mujer, retratos—¡si no había, pues, electricidad, ni hay tampoco ahora, en las veintisiete barriadas de Chimbote, ciento cincuenta mil habitantes!—carajo …" (*El zorro* 94). No hay futuro esperanzador en la imagen de esa refrigeradora. Es cierto que en el puerto se producen escenas de optimismo, como la del gringo Maxwell, quien se "andiniza" al encontrar una banda de músicos y perseguirla por los Andes hasta aprender a tocar el charango (344). Pero se impone la imagen de una destrucción absoluta en donde no hay lugar para la esperanza. En el puerto, el capitalismo muestra su lado más destructor.

Entre el coliseo y el puerto se teje la obra de José María Arguedas, como también la historia de ese período del Perú. Alberto
Flores Galindo considera que puede hablarse de un Arguedas
trágico—el literato—y de un Arguedas feliz—el antropólogo—
("Arguedas," "Los últimos"), y en cierta medida es así. Ambos
Arguedas se expresan en el puerto y el coliseo, respectivamente. Sin
embargo, es mejor entender esta dualidad como una figura unitaria en la que se muestra la tensión dialéctica irresuelta de su obra
y el Perú.[52] La angustia de Arguedas por incentivar los cambios
y contenerlos, por rechazar y redirigir las fuerzas liberadas por el
proceso histórico de su tiempo, se expresa en esa figura unitaria.[53]
Podríamos quedarnos con el coliseo o el puerto, por separado,
pero así se perdería la compleja tensión que atraviesa su obra, cuya
actualidad nos sigue interpelando.

Conclusiones

En este libro se han estudiado las tentativas de José María Arguedas y Ángel Rama por crear formas de producción y circulación de la cultura en una época en que su organización capitalista empieza a ser dominante en América Latina. Más que evaluar el éxito o el fracaso de dichas tentativas, el énfasis del estudio ha estado en aislar una tradición intelectual y reconstruir la problemática teórica e histórica que enfrenta. El resultado obtenido puede ser tomado como punto de partida para repensar las figuras de autor de ambos intelectuales, así como algunos aspectos de la historia cultural latinoamericana de la segunda mitad del siglo XX. Aunque el foco ha sido un período cultural que desde el presente parece clausurado en varios aspectos, la reflexión de este libro no está desvinculada de un intento por interrogar las condiciones actuales del trabajo intelectual y la existencia material de la cultura. Los cambios que marcan la nueva época permiten ver el pasado como figura histórica, y es por eso mismo una forma de poner en discusión el presente.

Quiero ofrecer una breve reflexión final sobre algunos aspectos metodológicos y teóricos que han estado al inicio de esta investigación, y que ahora vuelven a aparecer como preguntas y problemas abiertos, los cuales podrían contribuir a los debates actuales sobre el trabajo intelectual y la producción cultural.

El archivo y la teoría

¿Cómo delimitamos una obra intelectual? De manera dominante, las obras de Rama y Arguedas han sido percibidas y estudiadas como un conjunto de textos (ensayos, novelas, artículos, diarios, etc.), muchas veces distinguidos por criterios disciplinarios (literatura, crítica, antropología, etc.). Esta perspectiva de análisis ha influido igualmente en la imagen de autor de ambos intelectuales latinoamericanos, priorizando su entendimiento como *escritores* que imaginan, analizan, proponen lecturas interpretativas y representan o crean mundos culturales. Para efectos de este libro, en cambio, su obra intelectual ha estado delimitada tanto por *lo que dicen* como por *lo que hacen*. Si bien los textos son también formas de la praxis, se ha querido enfatizar lo no-textual como medio por el cual el trabajo intelectual se muestra en otras dimensiones y propone diferentes preguntas de investigación. Lo que parece insignificante, o cuanto más insumo para explicar la textualidad, cobra nuevo valor no sólo para responder a la pregunta de cómo se han leído y seguimos leyendo las obras de los intelectuales, sino también para indagar hasta qué punto cualquier modo de leer crea filtros—formas que facilitan e impiden la mirada—sobre los cuales descansa nuestra comprensión de la historia cultural y el pensamiento de una época o región.

En este trabajo ha sido fundamental el concepto de archivo, entendido como un espacio producido por el conjunto de objetos materiales y prácticas—textuales y no textuales—modeladas por procesos tecnológicos, económicos, sociales, políticos, culturales, etc., que constituyen la obra de un intelectual. En el transcurso de la exploración de los archivos de Rama y Arguedas se hizo plausible conectar los hallazgos con diversas preocupaciones y conceptos de la teoría crítica o los estudios culturales que están hoy en debate. Surgía así la pregunta de si no sería necesario reorganizar completamente lo investigado en función de nuevos conceptos; pero la decisión final fue que el método de la exposición preservara una marca específica del método de la investigación: el archivo iba proponiendo sus propias preguntas y tensiones, reclamando conceptos e iluminando similitudes con el presente. Cambiar la exposición hubiera impedido percibir la riqueza y complejidad de estas obras. A fin de cuentas, que ellas mantengan muchas relaciones con el debate cultural contemporáneo sólo reafirma su excepcionalidad. Al reevaluar ahora estas decisiones iniciales es posible decir que no fue la teoría la que buscó un archivo, sino que fue éste el que produjo la teoría.

La periodización material de la cultura

¿Cómo periodizamos la cultura? Esta pregunta, que seguirá siendo central en el análisis cultural, se ha respondido siempre con base en diversos criterios. Para los estudios literarios, la cultura se ha periodizado frecuentemente en función de géneros, temas, corrientes o movimientos. Para la historia intelectual y cultural latinoamericana ha sido muy importante la periodización política (nacionalismos, populismos, revoluciones, dictaduras), la periodización histórica (décadas, siglos) y la periodización disciplinaria (literatura, cine, música, ciencias sociales, etc.). Pero, ¿es posible pensar una periodización *material* de la cultura?

A partir del trabajo realizado en este libro podría decirse que las condiciones materiales de producción y circulación (los soportes de las ideas, el tipo de práctica intelectual, los medios técnicos y las instituciones) crean un determinado tipo de cultura y vida intelectual. Desde el punto de vista productivo, en el análisis de este estudio ha sido central el paso entre la producción preindustrial e industrial de la cultura. En el primer momento, el trabajo del intelectual está relacionado con la cultura de la imprenta y el trabajo manual. Ese intelectual está en el centro de la producción del saber y, frecuentemente, también de la circulación. En el segundo momento, en cambio, son el mercado y la industria cultural los que se hacen cargo de esas funciones. Aunque la cultura industrial suele concebirse como la antítesis del mundo intelectual, por lo que frecuentemente el intelectual está asociado sólo con el primer momento, tanto Rama como Arguedas se mueven de un momento a otro, tratando de hacerse cargo de la organización de los procesos productivos y de circulación bajo las nuevas condiciones que establece la cultura de masas. Sus prácticas intelectuales ya no están únicamente relacionadas con el trabajo manual; empero, siguen teniendo un interés pedagógico con las masas, populista incluso, si se mantiene la relación de este último término con la irrupción de las masas en la cultura.[1]

Desde el punto de vista técnico, se ve en la obra intelectual de Arguedas el corrimiento entre dos *mediósferas* (Debray, *Introducción*, "Socialism"). Es decir, aquí ya no estamos frente a una transformación interna de un mismo medio, sino ante el desplazamiento de uno a otro, al cual se redirige la producción dominante de hegemonía y, por lo tanto, las políticas de la representación, la identidad, el poder y la memoria. En el caso aquí estudiado, tal corrimiento se da entre la cultura de la imprenta y las culturas audiovisuales, que se afirman en el siglo XX con máquinas como el cine, la radio y la televisión. ¿Qué cambios para la práctica de un intelectual se producen en una y otra mediósfera? Si contestamos esta pregunta desde el análisis de Arguedas, puede decirse que en el primer momento el intelectual se hace cargo de la representación. Allí es protagónica la distancia entre el reducido grupo que puede ser productor, y las mayorías populares que—en el mejor de los casos—sólo pueden existir como público. La posición privilegiada del intelectual politiza inmediatamente su función. Es significativo al respecto que uno de los debates más importantes de la cultura latinoamericana durante la segunda mitad del siglo XX—desde los años setenta hasta los noventa—haya girado en torno a la pregunta por quién puede ser productor en esa cultura (o, en el caso del *testimonio*, por quién puede "hablar"). En cambio, con la aparición de las nuevas mediósferas, el intelectual ya no parece hacerse cargo de la representación porque—al menos potencialmente—son los mismos sujetos desplazados los que asumen esa función. Con la radio o la televisión, tal cambio no se expresa con el mismo consenso que logran los *social media* (o, según lo discutido en este libro, en la época del post-broadcasting). La imagen que impone el nuevo orden técnico crea la ilusión de esta democratización, y al mismo tiempo hace visible la reducida democratización que caracterizaba al orden técnico anterior. Tal como se presenta la nueva mediósfera— es decir, nuestro presente—el énfasis del trabajo intelectual ya no parece estar tanto en la producción sino en la circulación.

¿Pero hasta qué punto podría afirmarse que la producción ha dejado de ser decisiva? Tal vez sea necesario reevaluar el relato previo para preguntarse si el desinterés en la problematización de la función productiva no es sino un efecto de la tecnología—y del capitalismo—por el cual se termina incentivando la idea de que la cultura se produce sola. Quizás porque el productor se hace en apariencia menos importante, sea incluso más necesario en el presente afirmar la necesidad de politizar su función. En este sentido, las obras de Rama y Arguedas nos ofrecen un modelo, al presentar una práctica intelectual en continua reevaluación de las condiciones materiales y técnicas tanto de la producción como de la circulación. Este intelectual parece más arcaico que contemporáneo, pues al no haber sido impactado, o quizás impactado sólo deficientemente por la especialización del trabajo, se hacía cargo de distintas tareas productivas (desde la escritura hasta la divulgación y la creación de públicos). Dicho intelectual arcaico proponía un modo de articulación entre teoría y práctica que ha entrado en crisis con el predominio de la profesionalización y la hegemonía de espacios como la universidad y los *media*.[2]

Es desde esa posición que Rama y Arguedas proponen crear comunidades culturales, trabajando en tensión con—aunque siempre desde dentro de—el Estado y el mercado. Esto último plantea la necesidad de tomar en cuenta las mediaciones institucionales del trabajo intelectual. Muchas veces el Estado, el mercado, la cultura de la imprenta o la cultura de masas han sido discutidos como sinónimos de *poder*, por lo que cualquier intervención intelectual que se realiza desde estas instituciones es cuestionada y equiparada con esa figura abstracta de poder. Así, el intelectual de la cultura de la imprenta termina siendo un defensor del Estado, de la misma manera que el intelectual de la cultura de masas es definido como defensor del capitalismo. Sin embargo, a pesar de que las posiciones de Rama y Arguedas en estas instituciones son complejas y contradictorias, hay en ellas una continua lucha y necesidad de reposicionarse, reevaluando las formas del poder y la resistencia.

La dimensión más utópica y al mismo tiempo más materialista del trabajo de ambos se expresó como la construcción colectiva de un espacio cultural con independencia relativa del Estado y las instituciones capitalistas de la cultura. Por consiguiente, sus prácticas intelectuales no estaban orientadas exclusivamente a producir narrativas de comunidades nacionales o latinoamericanas, sino también a crear sus bases materiales (objetos, circuitos de comunicación, públicos). Desde este ángulo material, es posible ver que aquella dimensión utópica no era nada idealista. Ambos se estaban haciendo cargo de un trabajo político—que hoy, tal vez, es visto como arcaico, dirigista y hasta de mal gusto—cuyo objetivo era resistirse a dejar en manos del Estado o el mercado la organización de la cultura. Podría concluirse que las obras de Rama y Arguedas iluminan un modo de trabajo intelectual que necesitaría ser recuperado como forma de intervención y problema teórico para el presente. Esa tradición intelectual puede hacer visible la continua negociación entre una época que ofrece interminablemente herramientas tecnológicas y los medios de producción de un intelectual, muy modestos y prácticamente invariables, que siempre plantearán la actualidad de lo arcaico.

171

Notas

Introducción

1. Tiempo después, la dictadura uruguaya le niega a Rama la renovación de su pasaporte (ver *Diario* 36). La información biográfica de Rama que utilizo en este libro proviene de la *Cronología* preparada por Carina Blixen y Álvaro Barros-Lemez.

2. Me refiero al exilio forzado de Rama, pero también a la acentuación de la violencia de las dictaduras y a la fractura que éstas generan en las dinámicas culturales nacionales y regionales. Además, al Caso Padilla (1971) y a la mercantilización de la cultura, que para la literatura se expresó en el *Boom* de la narrativa latinoamericana.

3. Podrían discutirse las utopías políticas y culturales que las masas han generado en el siglo XX (Buck-Morss), así como su constitución en sujeto de las sociedades modernas (Sloterdijk), ya sea desde una arqueología del término (Canetti) o desde la conformación de lo masivo en la historia latinoamericana (Martín-Barbero).

4. José Luis Romero sostiene que los años posteriores a la Primera Guerra Mundial y a la crisis de 1930 marcan la intensificación de sociedades de masas en América Latina, aunque ellas se iban gestando ya desde el último tercio del siglo XIX en los centros de mayor impacto capitalista del subcontinente (321–22). Para Eric Hobsbawm, son los años posteriores a la Segunda Guerra Mundial los que expanden y profundizan esa experiencia social hacia la mayoría de las regiones pobres del mundo (287–301). Esto es válido para América Latina, sin desconocer las diferencias de su proceso de urbanización en el siglo XX, que no sigue el patrón europeo (Veliz 251–78; Gorelik, "Ciudad," "Intelectuales").

5. El desarrollo de estas tesis sobre la cultura de masas se ofrece en el primer capítulo de este libro.

6. De la misma manera, la *cultura de masas* impacta sobre los de por sí ambiguos términos de cultura popular (rural, urbana) y alta cultura. Existe una amplia bibliografía que discute los procesos históricos de conformación de estos términos y sus transformaciones; asimismo, la complejidad que posee el uso de una misma terminología para dar cuenta de procesos diferentes según las experiencias históricas de cada país a nivel latinoamericano y mundial. Remito a *Culturas híbridas* de García Canclini, *De los medios* de Martín-Barbero y al útil repaso crítico bajo la dirección de Ana María Zubieta.

7. Por diversos motivos, el término *mercantilización* en castellano ha perdido precisión conceptual para dar cuenta de la transformación capitalista de la naturaleza, el trabajo, las ideas y los seres humanos en mercancías.

8. Al final de esta introducción ofreceré un concepto operativo de la cultura de masas. Por otro lado, obviamente, este impacto capitalista no es exclusivo de América Latina, pues obedece a las dinámicas globales del capitalismo tardío (ver Jameson, *Postmodernism*).

9. El concepto de cultura de la imprenta (*print culture*) posee diversas definiciones y énfasis. En uno de sus desarrollos clásicos, remite a la *reproducción técnica* de la cultura escrita; por lo mismo, establece una distinción técnica con el sistema anterior, el de la reproducción manual de esa cultura (Eisenstein 3–12; Chartier, *The Cultural*). Es útil resaltar que este concepto engloba, desde aquella dimensión teórica, prácticas culturales específicas como la literatura, publicaciones periódicas, efímeras, etc. En un nivel específico—el que será explorado aquí desde el concepto de *espacio cultural*—el análisis de la cultura de la imprenta permite poner énfasis en la dimensión comunicativa e institucional y preguntarse por las relaciones entre productores, públicos y objetos, así como los efectos sociales que generan los diversos usos de esa cultura en determinada época y lugar. Aunque es ampliamente conocido, es útil la referencia al clásico estudio de Benedict Anderson sobre el nacionalismo y la función de la prensa.

10. La discusión sobre los aparatos de formación y comunicación intelectual proviene de Brunner y Flisfisch (97–109).

11. El énfasis de mi estudio en la comunicación (entendida como el tejido material de una comunidad cultural y de la conformación de "lo común") remite fundamentalmente al trabajo conjunto de Raymond Williams. Ver en especial: *Culture, The Long*, "Communications" y *Television*.

12. Como es ampliamente conocido, el concepto de práctica ha tenido múltiples usos en las ciencias sociales y humanas. En un sentido amplio, se relaciona con el de *acción*, y observa las dinámicas sociales desde la perspectiva de lo que la gente *hace* para producir, reproducir y transformar la vida (Bourdieu, *Outline*; De Certeau). En un sentido específico, aunque enmarcado en el anterior, el concepto de práctica se refiere al ángulo de comprensión de la historia intelectual y cultural que se basa tanto en el análisis de lo dicho como de lo hecho, reconociendo distintas lógicas de producción y diversos niveles epistemológicos (Chartier, *El mundo, Escribir*).

13. Dentro del conjunto de escritos de Gramsci dedicados al tema son especialmente relevantes: *Los intelectuales* y *Literatura*. Ver también Altamirano, *Intelectuales* (59–68).

14. En esta tradición, es fundamental la "actualización" de Hans Magnus Enzensberger ("Constituents," "The Industrialization," "La cultura"). Aunque las problemáticas históricas de las que surgen las reflexiones de Gramsci y Benjamin son distintas, es posible trazar un campo de debates interrelacionados, en torno al cual se toma la *producción*—en tensión, pero no necesariamente de manera excluyente, con la recepción—como una esfera central de la lucha política desde la cultura.

15. En rigor, como discutiré, en ese relato se trata de la relación escritura/literatura–Estado; mas ambos términos presuponen la imprenta como condición técnica.

16. Entre los trabajos fundacionales que han cuestionado esta asociación de Arguedas con el indigenismo literario es necesario nombrar los de Antonio Cornejo Polar (*Los universos, Escribir*), Martin Lienhard (*Cultura*),

William Rowe (*Mito, Ensayos*), Julio Ortega ("Texto"), Tomás Escajadillo (*La narrativa*) y Sara Castro-Klaren.

17. Carlos Iván Degregori recuerda el ensañamiento de los documentos oficiales de Sendero Luminoso con Arguedas, en donde se le deslegitimaba haciendo referencia a su "bigotito hitleriano" ("Qué difícil," nota 7). En el otro extremo, Vargas Llosa considera a Arguedas como defensor de una "utopía arcaica." En un ensayo de 1967, lo describe como un "genuino creador" literario, corrigiendo las interpretaciones que buscaban en sus novelas un reflejo de lo social. En realidad, sostiene, su literatura es pura ficción: "su obra, en la medida en que es literatura, constituye una negación radical del mundo que la inspira" ("José" 9). Esta lectura responde a la teoría de la creación de Vargas Llosa (Rama y Vargas Llosa, *García Márquez*). No obstante, en *La utopía arcaica* Vargas Llosa lo coloca en las antípodas del "genuino creador": "Arguedas trató de actuar en sintonía con esa concepción que hace del escritor un ideólogo, un documentalista y un crítico social al mismo tiempo que un artista, para así emprender el largo viaje en paz con sus conciudadanos" (18). La utopía arcaica de Arguedas es "hostil al desarrollo industrial," "antiurbana," "pasadista" (307). En otras palabras, Arguedas es leído como el propulsor de un proyecto de retorno al mundo indígena idealizado.

Capítulo uno
Cultura de masas: Capitalismo, producción y comunicación

1. El término *globalización*, aunque está presente desde la década de 1960, se introduce en la conciencia pública recién en los años noventa (Steger 1). La popularización de este término coincide con el desuso del vocablo *cultura de masas*.

2. Este énfasis en la naturaleza capitalista de la *cultura de masas* se expresa en los debates clásicos iniciados en 1930, tanto por pensadores de izquierda como de derecha, en los que se cuestiona "the inferiority of commodity-based capitalist culture as being inauthentic, manipulative and unsatisfying" (C. Baker 115–16). Incluso si se argumenta que las culturas impulsadas por sistemas tecnológicos actuales—por ejemplo, la Internet—pueden definirse *técnicamente* como cultura de masas (Peters), lo que se ha perdido es el énfasis en la relación entre capitalismo y cultura que marcó el término.

3. Entre 1960 y 1970 se organizan diversos congresos de escritores e intelectuales. El primero toma lugar en Concepción, Chile: *Primer Encuentro de Escritores Americanos* (1960); el último, en Puerto Azul, Venezuela: *Tercer Congreso Latinoamericano de Escritores* (1970).

4. La crítica a la cultura de masas estadounidense fue realizada también desde dentro de ese país. Véase por ejemplo la clásica compilación de Rosenberg y White.

5. La americanización de la vida fue clave a nivel mundial especialmente durante las décadas de 1960 y 1970. Para América Latina, el tema ha recorrido diversos análisis socioculturales como los de Carlos Monsiváis (*Aires*, "Notas"), Toby Miller, König y Rinke. Para otros contextos nacionales por fuera de América Latina, remito a Strauss, Kuisel, Stephan, Rollin, Elteren y Gundle.

6. Para análisis panorámicos, ver los estudios de Schwarz y Jaramillo; Antel; Szurmuk y Waisbord; y Yúdice, *Medios*. En el caso de los estudios semióticos—que no analizaré aquí—puede destacarse el trabajo de Eliseo Veron en Argentina (véase Antel, Lenarduzzi y Gerzovich 201–22; Schwarz y Jaramillo). Por otro lado, George Yúdice ha resaltado la importancia del Centro Internacional de Estudios Superiores de Comunicaciones para América Latina (CIESPAL), con sede en Quito, para el análisis latinoamericano de los medios (*Medios* 22).

7. El caso argentino es también importante, tanto para el desarrollo de la línea semiótica como de la crítica política de la cultura de masas. Entre los investigadores más conocidos pueden mencionarse a Aníbal Ford, Héctor Schmucler y Heriberto Murano (Antel, *Teorías*).

8. Para una muestra del tipo de discusiones que se realizaban en los *Cuadernos de la Realidad Nacional* del Centro de Estudios de la Realidad Nacional (CEREN) de la Universidad Católica de Chile, véase Garretón et al.

9. Mattelart empezó analizando las prácticas vigentes de comunicación social en Chile, proponiendo una metodología que combinaba la crítica política y el análisis semiótico (Szurmuk y Waisbord 13). Sin embargo, también ofreció reflexiones sobre el uso alternativo de los medios en el marco de la Unidad Popular, en su ensayo "El medio de comunicación de masas en la lucha de clases" (1971). Como observa Antel con respecto al proyecto de la revista *Comunicación y Cultura* (dirigida por Mattelart, Héctor Schmucler y Hugo Assman), existió en Mattelart un intento continuo por encontrar nuevos elementos conceptuales para el estudio de la comunicación y la cultura, así como por articular las distintas experiencias comunicativas que se gestaban en los países latinoamericanos (264). No obstante, en estos estudios de comunicación predominó la crítica política de la cultura de masas y el imperialismo, como se puede ver en los títulos de estos ensayos de Dorfman: "Salvación y sabiduría del hombre común: La teología de *Selecciones del Reader's Digest*" e "Inocencia y neocolonialismo: Un caso de dominio ideológico en la literatura infantil"; este último, un análisis de los libros de la historia del elefante Babar que naturaliza las contradicciones de clase para presentar un orden de conciliación acorde con el proyecto neoliberal.

10. Asimismo, el trabajo de Luis Ramiro Beltrán, boliviano que, desde Colombia, articuló lecturas influidas por el debate de la liberación (Antel 217–87; Antel, Lenarduzzi y Gerzovich 201–22). Schwarz y Jaramillo destacan el hecho de que los estudios latinoamericanos se adelantaron a desarrollos que luego se producirán en otros países; es el caso del análisis de Pasquali en comparación con el de Herbert Schiller en los EE.UU. (McAnany 33).

11. Son múltiples los estudios donde puede perseguirse esa importancia de la cultura de la imprenta en el debate latinoamericano sobre la cultura de masas. Juan Gargurevich enfatiza las cifras de producción de la revista *Selecciones* para dar cuenta de la penetración de la cultura estadounidense: "14 idiomas, 41 ediciones, 101 países, un tiraje mensual de 27 millones de ejemplares. Se publica 9 ediciones en español y una en portugués (500 mil ejemplares)" ("Informe" 90). Similar caso observa Hernán Uribe en torno a las historietas o cómics: "Después de México, Chile ha sido elegido como trampolín para inundar a América Latina con las historietas yanquis" (123); las editoriales Zig-Zag y Lord Cochranne tienen acuerdos con Disney y King Features, y traducen las historietas en Chile para exportarlas a toda Hispanoamérica con excepción de Colombia y Honduras.

12. Me inclino a usar esta descripción porque no se trató siempre de la acción directa de la industria cultural estadounidense, sino de agentes mediadores nacionales y regionales. En el ámbito de los medios de comunicación masivos, la influencia de Estados Unidos no tenía competencia (Fox). Aunque, en su mayoría, esos medios no eran propiedad directa de capitales extranjeros, sí se diseminó a través de ellos una poderosa influencia de la cultura estadounidense, tanto por los contenidos culturales como por la publicidad (McAnany 33). De otro lado, un aspecto que aquí no puedo abordar, pero que está subordinado a la percepción de la cultura de masas como una cultura estadounidense, es el caso de las industrias culturales de origen latinoamericano, especialmente (para el mercado en castellano) las de México y Argentina (cine, radionovela, etc.).

13. Entonces, como ha estudiado Claudia Gilman, América Latina se había establecido como un espacio clave para la revolución, y ésta como un proceso definidor del campo intelectual latinoamericano (*Entre* 44–52).

14. Aunque, como se sabe, es necesario remarcar que no se trata de una temática novedosa, pues el marco inmediato anterior en que las masas irrumpen en la política—enlazándose hacia atrás con la época de la Revolución Mexicana—es el de los populismos de la primera mitad del siglo XX (Altamirano, *Bajo el signo*; Montaldo, "Mass"). Para un encuadre en la historia latinoamericana, véase el libro *Latinoamérica* de Romero e *Historia* de Halperín Donghi (361–431).

15. Quizás el caso más paradigmático de la tensión literatura–cultura de masas sea el de Manuel Puig, en cuya obra se reformulan las tensiones entre alta cultura y cultura popular (Amar Sánchez). Como ha observado Ricardo Piglia en torno al concepto de *bovarismo*, en Puig se hace visible la cultura de masas como lugar de socialización y aprendizaje de los sujetos populares (*La Argentina*, *El último*). Para el argentino Juan José Saer, escribiendo en 1972, cualquier práctica cultural resultaba imposible por fuera del espacio de la cultura de masas: "los escritores que comienzan a escribir en los últimos veinte años, lo hacen en el interior de una cultura de masas que en gran parte ya se ha consolidado" (303). Él mismo consideraba la literatura como una experiencia de resistencia a la cultura de masas; como un hacer que se torna crítico en su negatividad, puesto que su lugar está dentro, pero nunca en el centro, de la cultura de masas. En similar dirección, el brasileño Haroldo de Campos decía ese mismo año que la poesía tenía que trabajar en el espacio de la cultura de masas, donde la cultura popular brasileña se recreaba como espectáculo masivo y tecnificado por los discos, la radio y la televisión (279–300).

16. Me refiero a los nuevos estudios en comunicación y cultura desarrollados desde finales de los años ochenta (Szurmuk y Waisbord 15–22). Despues del giro hacia los estudios culturales, intervenciones fundamentales como las de Jesús Martín-Barbero (*De los medios*) y Néstor García Canclini (*Culturas populares, Culturas híbridas*) empezaron a mostrar los límites teóricos de los primeros estudios de comunicación y cultura de masas. Desde entonces, se ha establecido un amplio consenso que cuestiona las posiciones de estos estudios, describiéndolas como parte de un paradigma reductor. En este paradigma de la dependencia y la crítica política de los medios, la cultura de masas sería un espacio de manipulación ejercido por la industria cultural, mientras que las masas habrían devenido simples públicos masivos. Desarrollos teóricos posteriores, que enfatizan el rol del uso y el consumo como lugar de negociación del sentido impuesto por la industria cultural, que reconstruyen—en ese marco histórico—los procesos de lucha ideológica de los sectores populares (Rowe y Schelling), o que muestran la complejidad y el potencial de las industrias culturales (Yúdice, *The Expediency*), fundamentan sólidamente la importancia de los aspectos que fueron dejados de lado en los primeros debates sobre cultura y capitalismo. No obstante, habría que preguntar también hasta qué punto la dimensión política de la crítica al capitalismo, presente en los estudios de comunicación de los años sesenta y setenta, ha entrado en un período de desestructuración o redefinición.

17. La percepción de los principales problemas de la sociedad y la cultura latinoamericanas estaba marcada por problemáticas como la superación de una debatida herencia colonial, el aumento de la pobreza urbana y la crisis del campo, así como el debate por la vía democrática o revolucionaria que debía tomar el cambio social en diversos países y en el continente.

18. Como es ampliamente conocido, esta tendencia a definir lo latinoamericano en oposición al capitalismo circula por los debates modernistas de fines del siglo XIX y comienzos del XX; particularmente en los imaginarios relacionados con Calibán de Rubén Darío y José Enrique Rodó.

19. Fredric Jameson ha observado el valor del diagnóstico marxista de este ensayo, incluso cuando se discrepe de las alternativas propuestas por sus autores al problema cultural que aíslan ("Reification" 130–33).

20. Otra forma en que se expresan estos cambios en contextos distintos, como el modernismo europeo, es la crisis de lo que Andreas Huyssen ha llamado "La Gran División," que separa el arte de la cultura de masas, y que se teoriza desde conceptos como el posmodernismo.

21. Pongo énfasis en las décadas de 1950 y 1960 porque son el momento inicial de despegue de la expansión de públicos. En la década de 1970 se mantiene la misma tendencia, aunque intensificándose cuantitativamente.

22. En Europa la televisión estaba más expandida que en esos otros continentes, pero su presencia era mucho menor comparada con Estados Unidos. En 1950, el Reino Unido tenía 1 millón de aparatos de TV, mientras que Francia tenía 30 mil. Junto a Estados Unidos y la Unión Soviética, eran los únicos países que transmitían TV regularmente. Esta información proviene de una "Supplementary Note" del informe de 1951 (UNESCO, *World* 1951) que es el primero en incluir la TV, pues antes se reportaba solamente acerca de la prensa, la radio y el cine.

23. Como sucedió en otros países, en Uruguay los primeros ensayos experimentales con la televisión fueron tempranos (1943). El primer canal comercial se crea en 1956 y en 1961 empieza a emitir el segundo (Faraone, *Estado* 5).

24. La televisión llega a Bolivia en 1969, bajo el control estricto de un monopolio estatal (Rivadeneira 165).

25. De acuerdo a las estadísticas de 1964, en el consumo de copias por 100 habitantes tenemos: Uruguay 26, Guyana Francesa 16.1, Argentina 15.5, Chile 13.4, Panamá 9.7, Venezuela 9.6, Costa Rica 9.4, Cuba 8.8, México 8.3, Surinam 6.7, British Guyana 6.7, Nicaragua 6.6, Puerto Rico 6.1, Colombia 5.6, Brasil 5.4, Ecuador 5.8, Perú 4.5, El Salvador 4.5, Paraguay 3.7, Bolivia 3.4, República Dominicana 2.7, Honduras 2.5, Guatemala 2.3, Haití 1.1 (UNESCO, *World* 1964 133–197).

26. Indico datos estadísticos sobre la radio en algunos países latino-americanos siguiendo con el cálculo de número de aparatos por 100 habitantes (hacia 1964): Uruguay 35.4, Puerto Rico 21, Venezuela 19.4, Panamá 17, Argentina 16.7, Cuba 16.3, Colombia 15.3, Chile 13.8, El Salvador 13.4, Perú 10.1, México 10, Paraguay 8.5, Bolivia 7.4, Costa Rica 6.9, Nicaragua 6.8, Brasil 6.6, Honduras 6.4, Guatemala 5.6, República Dominicana 5.0, Ecuador 4.1, Haití 0.6. Es útil resaltar que ni la prensa ni la televisión ni el cine alcanzan estos números de la radio en América Latina. Es, sin lugar a dudas, el medio de comunicación más poderoso en la época, pero con un alcance restringido a espacios internos y en algunos casos al país como totalidad (UNESCO, *World* 1964).

27. En el Capítulo 5 se discutirá la importancia de la radio portátil para la cultura indígena en el Perú.

28. Esta capacidad de cobertura ampliada de la cultura de la imprenta es una condición material importante que permitirá explicar algunos aspectos del trabajo de Ángel Rama con dicha cultura en el ámbito latinoamericano (ver los dos siguientes capítulos).

29. Para el libro de bolsillo, ver el Capítulo 2 de este libro; para la radio y la grabadora de bolsillo, el Capítulo 5.

30. Como es obvio, el origen de algunas de estas máquinas es anterior al siglo XX. Aquí me refiero a que ellas—como la imprenta—siguen estando en uso en este siglo, integrándose a una nueva *mediósfera*. Para una historia de los procesos técnicos que posibilitaron estas máquinas, véase Pool; Jowett; R. Williams, "Communications".

31. Por supuesto, estoy parafraseando aquí las reflexiones de Brecht y Benjamin en torno a la radio (Leslie). Similares reflexiones aparecen también en *Dialéctica de la Ilustración* acerca de la radio o el teléfono.

32. Esta condición es, al parecer, lo que caracterizaría la experiencia comunicativa descrita por términos como *social media* o *post-broadcasting* (Hartley 181).

33. Sin embargo, esto no debería llevar a favorecer la creencia de que los procesos de homogeneización y manipulación en la *mediósfera* contemporánea han desaparecido. La problemática supera el marco de análisis de esta investigación, pero plantea la pregunta como elemento para el debate.

34. Aunque he ofrecido una definición básica de *espacio cultural* en la Introducción, es importante ampliar aquí el comentario. Ahora se hace más clara la relación de este concepto de espacio con debates y problemáticas que han girado en torno a otros conceptos, como los de *campo cultural* y *esfera pública*. Para el primer caso, la referencia inmediata es el trabajo de Pierre Bourdieu. A pesar de que las preguntas de investigación y los criterios metodológicos son distintos, el campo teórico común remite al interés de Bourdieu por poner en discusión la red de relaciones, prácticas e instituciones en que se instala la producción de la hegemonía cultural. En este sentido, *campo* ha sido un concepto de gran importancia en los estudios latinoamericanos, desde García Canclini y Martín-Barbero, a Nelly Richards y Beatriz Sarlo (Montaldo, "Campo"). No obstante, hay también un desarrollo latinoamericano contemporáneo a Bourdieu, que piensa en la espacialización de la cultura como un modelo de indagación sociológica. Me refiero al concepto de *sistema literario* de Antonio Candido (*Formacão*), el cual fue clave, por otro lado, para diversas líneas de modernización de la crítica literaria latinoamericana de los años sesenta y setenta, incluyendo a Rama. El de Candido es un concepto que pone énfasis en el proceso comunicativo establecido entre los tres elementos básicos del *sistema*: productores, públicos y mecanismo transmisor. Este análisis institucional, sin embargo, posee diversas líneas de desarrollo teórico, vinculadas con la sociología de la cultura o el arte (Schücking o Hauser).

35. Ella es también la problemática clásica desarrollada por Benjamin décadas atrás ("The Work"). Eco coincide con el planteamiento, pero deja pronto de perseguir su movimiento.

36. Estas consideraciones sobre trabajo y tiempo libre provienen de *El capital*, y son examinadas por Theodor Adorno años después ("Tiempo"). Por otro lado, como argumentan éste y Horkheimer en la *Dialéctica de la Ilustración*, el carácter publicitario de la cultura genera el efecto ideológico de la democratización, donde las mismas necesidades culturales parecen ser satisfechas con las mismas mercancías, y donde todos sienten participar. Sólo en apariencia, piensan sus autores, se incentiva la comunicación, porque en la realidad lo que se consigue es un mayor aislamiento.

37. Puede decirse que Adorno y Horkheimer actualizan el espectro del trabajo artesanal en el mundo capitalista. En este tipo de trabajo, para Marx, el verdadero productor es el trabajador libre, al contrario de lo que sucede en la fábrica. En el trabajo artesanal, el trabajador se sirve de sus herramientas y gobierna el tiempo productivo; en el trabajo de las fábricas, el obrero se acopla a la máquina, sometiéndose totalmente como una pieza de su engranaje. Estas tesis provienen de la sección "Maquinaria y Gran Industria" de *El capital* de Marx (451–613).

38. Resulta necesario subrayar que el ensayo de Adorno y Horkheimer estaba discutiendo lo que sucedía con el capitalismo y la superestructura *en* los Estados Unidos. En este sentido, *Dialéctica de la Ilustración* es, como ha observado Fredric Jameson, otro libro de viaje de los intelectuales europeos escrito como respuesta horrorizada al contacto con los Estados Unidos (*Late* 139–40).

39. Dicen Adorno y Horkheimer: "Era ... la Europa prefascista la que se había quedado por detrás de la tendencia hacia el monopolio cultural. Pero precisamente *gracias a este atraso* conservaba el espíritu *un resto de autonomía*, y sus últimos exponentes su existencia, por penosa que ésta fuera" (*Dialéctica* 177; énfasis mío).

40. Me he referido ya a esta conocida posición de Walter Benjamin ("The Work," "The Author"). El pensador alemán plantea una línea de reflexión sobre la práctica alternativa de los medios (Hansen) que evalúa las posibilidades de politización de los espacios culturales "ensuciados" por las dinámicas capitalistas y tecnológicas, los cuales rechaza el paradigma crítico de la industria cultural (Adorno y Horkheimer).

41. Desarrollaré mayores argumentos sobre el *Boom* en los próximos dos capítulos.

42. Al respecto destaco aquí el énfasis de Raymond Williams en considerar que cualquier teoría de la comunicación es también una teoría de la comunidad (*Culture* 301). A pesar de que el moderno concepto de comunicación se ha ampliado hacia nuevos procesos tecnológicos, el sentido original de su etimología sigue siendo el de "hacer común para muchos" (*Keywords* 72). Como resalta James W. Carey, continúa siendo importante el vínculo de la comunicación con el campo de sentido de común, comunión y comunidad (15).

Capítulo dos
Cultura de la imprenta como cultura de masas alternativa: Las prácticas editoriales de Rama

1. Algunas cifras pueden ayudar a comprender esta particularidad social del Uruguay. Hacia los años sesenta, junto con Argentina, Uruguay tenía más de 90% de alfabetismo, la tasa más alta de América Latina, compartida por no más de treinta países a nivel mundial. En educación secundaria, las cifras habían aumentado significativamente: entre 1942 y 1960 habían egresado 200 mil alumnos, y sólo entre 1960 y 1963 se habían matriculado 240 mil. Sobre la educación superior, en 1960 Uruguay tenía 15 mil estudiantes universitarios, lo que significaba 610 estudiantes por cada 1,000 habitantes. Era una de las tasas más altas del mundo (Maggi, "Sociedad" 38–39).

2. El concepto de sistema literario de Candido y su importancia en la obra de Rama han sido estudiados por Pablo Rocca (*Ángel Rama, Emir*). Este concepto se puede relacionar con los de espacio cultural y esfera pública (ver nota 34 del Capítulo 1).

3. Esta hipótesis no implica afirmar que la única forma de consumo cultural sea la que remito. Como buscará mostrar este capítulo, se trata más bien de poner énfasis en una *articulación* específica entre consumo y cultura de masas para la cultura de la imprenta, la cual encuentra su figura de expansión en la segunda mitad del siglo XX.

4. La oposición entre *cultura de masas* y *cultura de la imprenta latinoamericana* no es sólo porosa, sino arbitraria. Pero permite aislar una oposición de la época—asumiendo toda su carga ideológica—que distingue la cultura de masas percibida como *cultura extranjera*, y una *cultura propia*, que remitía tanto a la literatura como a otros discursos (periodismo, ensayísticas, estudios humanistas y sociales, etc.). En términos generales, la tensión se establece entre un espacio en que la mediación capitalista y tecnológica ha ampliado masivamente los contextos de circulación de los objetos culturales, y otro cuyos contextos comunicativos son elitistas. A diferencia de la cultura de la imprenta latinoamericana, la que provenía de los "países extranjeros" sí participaba en el espacio de la cultura de masas: desde revistas ilustradas y cómics a novelas rosas, de vaqueros o policiales. Para la caracterización de la cultura de masas empleada aquí, remito al Capítulo 1.

5. Mayores argumentos sobre esta observación pueden ser encontrados en el Capítulo 3.

6. No obstante, hubo dinámicas editoriales anteriores. Véase Rocca (*Ángel Rama, Emir* 117–28).

7. Paralelamente a las Ferias de Libro, el Estado deviene un promotor importante para la cultura literaria uruguaya cuando Juan Pivel Devoto está a cargo del Ministerio de Instrucción Pública y Previsión Social del Uruguay (1962–66).

8. En 1945 tiene a su cargo la sección "Novedades Bibliográficas, los Autores, los Libros," así como la sección semanal "Panorama Editorial" del diario *El País* (Montevideo). Integra, ese mismo año, "El Retablo," uno de los grupos de teatro independientes. En 1948 aparece su cuento "El Preso" (*Clinamen* N° 4). Entre 1946 y 1965 trabaja en la Biblioteca Nacional de Montevideo y, en 1958, dirige por primera vez (junto con Manuel Flores Mora) la sección literaria de *Marcha*. En 1952 inicia su trabajo docente en secundaria (Liceo Francés).

9. Guillermo Schavelzon recuerda así esta editorial y el trabajo de Rama en ella: "Arca se convirtió en la editorial uruguaya de vanguardia, y Angel la dirigía en el tiempo de almorzar que le quedaba entre la Universidad y el semanario *Marcha*" (129–30).

10. Sobre *Fábula*, comenta Carlos Maggi: "Hicimos seis o siete libros. … Eran unos libritos muy particulares, porque venían encuadernados con una tapa de empaste española. Trabajábamos en la Biblioteca Nacional Ángel y yo, y entonces vimos los libros de pasta española que van forrados después con un papel especial y tienen un lomo. … Pero hay una etapa en la cual tenían las tapas de cartón duro y un lomo de entretela. … Eran unos libritos preciosos. Después los estropeaban forrándolos todos y haciendo esos libros comunes de pasta española. Entonces hicimos la

editorial. Los libros aparecían a medio encuadernar. Eran muy lindos ..."
(Maggi, Entrevista).

11. En el Uruguay, junto a los Bolsilibros de Arca es necesario mencionar la
colección de Populibros de la editorial Banda Oriental. De la misma manera,
como indicaré más adelante, es posible encontrar propuestas editoriales que
usaban las técnicas del *pocket book* en diversos países latinoamericanos.

12. Pablo Rocca señala que la colección Bolsilibros de Arca llegó a editar un
volumen por semana en su apogeo (1968–69). Arca publicó antologías como
Cien años de raros (1965), antologías del cuento cubano, colombiano y venezolano y otros autores uruguayos como Acevedo Díaz, Juana de Ibarbourou,
Hiber Conteris, etc. (Rocca, *Ángel Rama, Emir* 334, nota 193).

13. Además de la encuesta de Rama de 1960 citada, "¿Qué leen los
uruguayos?," puede mencionarse como ejemplo su trabajo "Encuesta sobre
sociología de la lectura" (1978).

14. El origen del libro de bolsillo remite a Inglaterra en 1935 con la editorial
Penguin (Howard 146–48; Escarpit, *La revolución* 29). Sin embargo, pueden
encontrarse antecedentes en las colecciones de la Bibliothèque des Chemins
de Fer, de Chaix, y en la de Hachette en París (1852), y en la Universal
Bibliothek de Reclam en Leipzig (Labarre 143).

15. Hubo diversos debates en torno al libro de bolsillo, lo que puede verse
por ejemplo en las posiciones de Habermas y Enzensberger. Para el primero,
en las colecciones de libros de bolsillo el mercado cumple una función social
positiva en la medida en que facilita el acceso de objetos culturales a una
mayoría que, por razones económicas, le son privativos (*Historia* 195; la
primera edición de este libro es de 1962). Aquí Habermas está pensando
en públicos relativamente cultos—fundamentalmente estudiantes—y contenidos que no han sido afectados por las leyes de la industria cultural. En
cambio, cuando esto sucede, el público deviene—para Habermas—en un
consumidor de cultura. La cultura de masas se vale así de una "aparente"
democratización para esconder sus criterios mercantiles, reemplazando la
experiencia crítica por la diversión y sometiendo la cultura a una frecuente
manipulación. El libro de bolsillo, en cuanto existencia concreta de la industria cultural, es para Habermas una forma de manifestación de la crisis del
espacio público elaborado por el liberalismo clásico europeo (189–201). Por
su lado, Enzensberger valora de diferente manera la relación entre cultura
y mercancía que se establece con el libro de bolsillo. Considera a éste una
industria que ha terminado por tocar la vieja y aristocrática cultura del libro
a nivel mundial. Desde el precio a la importancia de lo visual, ese objeto se
presenta al público como una mercancía general, y su comprador se guía
más por la excitación de los sentidos que por la razón ("La cultura" 75–76).
Observa Enzensberger que la crítica ha estado acostumbrada a trabajar con
textos pero no con públicos. Por eso, ante el libro de bolsillo se pregunta con
asombro de dónde han salido esos lectores anónimos. En su opinión, este
impacto del libro de bolsillo crea nuevas exigencias al trabajo crítico, que
pasan por incluir en su actividad la nueva existencia material de la cultura:
"La crítica de libros está enfrentada a nuevas tareas, ya que no es solamente

responsable ante unos textos sino también ante el público. Si se acepta esta responsabilidad—que al mismo tiempo es una fuente de posibilidades— necesita conocer de cerca la industria de cuyos productos se ocupa" (78).

16. En el próximo capítulo ampliaré estos argumentos, por otro lado ampliamente conocidos, en torno al trabajo crítico de Rama.

17. Diversos estudios sobre el período cultural latinoamericano de esos años marcan la importancia de esta aparición de nuevos públicos. Claudia Gilman lo ha observado como el paso de un mercado de consumo de elites a un mercado de consumo de masas ("Política" 165). Tulio Halperín Donghi ("Nueva") y Diana Sorensen han desarrollado discusiones en la misma dirección. Como indicaré más adelante, no se trata de una particularidad exclusiva de *los sesenta*, sino de un proceso que recorre las décadas anteriores del siglo XX latinoamericano, pero que tiene su intensidad máxima entre los años sesenta y setenta.

18. En esta dirección, Diana Sorensen ha advertido la importancia de ver el consumo cultural como una dinámica ampliada en la cultura de la imprenta, la cual hace que la literatura ocupe un lugar central en el nuevo mercado cultural de masas. Señala que "what was truly exceptional in the sixties was that the authors were met by a reading public ready to buy their books" (118). Habría que añadir solamente, en función de lo propuesto aquí, que se trató de un proceso anterior a esa década.

19. Ángel Rama caracteriza así a esta masificación de la universidad: "recintos universitarios, masivamente acrecentados en la posguerra por los sectores de la burguesía alta y media que asumieron una posición contestataria durante los años sesenta en la línea del castrismo revolucionario, promoviendo los grupos guerrilleros y el asalto al poder de conformidad con las concepciones foquistas que teorizó desde La Habana Régis Debray" ("El 'boom'" 62).

20. En una entrevista, Alí Chumacero, protagonista excepcional en el campo editorial mexicano del siglo XX, me comentó la importancia de las traducciones del Fondo de Cultura Económica para su generación. Resaltaba, por ejemplo, las traducciones de Heidegger realizadas por José Gaos. Traducciones como esas modificaban radicalmente el campo de una especialidad en español. Todavía carecemos de un estudio particular de las traducciones en el campo intelectual latinoamericano.

21. Hace falta un estudio sobre el desarrollo editorial del libro de bolsillo y las transformaciones institucionales de estas disciplinas en América Latina. Para la historia de la modernización del campo disciplinario de la sociología es importante consultar el libro de Alejandro Blanco.

22. Halperín Donghi, desde una perspectiva materialista, describe así este fenómeno: "en la misma América Latina se produce una ampliación a veces vertiginosa del público lector (en algunos países, como los del Cono Sur, ello es favorecido por la inflación, que al disuadir del ahorro y poner los bienes de consumo durables fuera del alcance de la mayor parte del público, estimulaba la adquisición de los de consumo perecedero, entre ellos la amena literatura; aun en ellos era significativo que la latinoamericana se beneficiara más que en previas ocasiones de la expansión de un público que tenía tan abierta como en el pasado la alternativa europea o estadounidense)" ("Nueva" 144–45).

23. En las contratapas de la *Enciclopedia*, Rama tenía el crédito por el plan de la publicación y Ribeiro aparecía como colaborador. Los editores responsables eran Arca y Editores Unidos.

24. Existe un balance inédito, probablemente realizado por Julio Bayce, administrador de Arca y de la *Enciclopedia*, confeccionado alrededor de 1974, que permite inferir algunas tendencias en el comportamiento de las ventas de esta publicación (Bayce, "Balance"). El primer año de su publicación (1968), la venta de la *Enciclopedia* arroja una ganancia de 202,601 pesos uruguayos. Sólo de manera referencial, puede realizarse un cálculo comparativo: el monto de esa ganancia equivale a 2,383 fascículos, vendidos al precio de 85 pesos uruguayos. Ahora bien, si consignamos arbitrariamente que la ganancia por fascículo es ¼ del costo total (21 pesos), entonces, el tiraje vendido para obtener una ganancia de 202,601 pesos sería el de 9,647.6 ejemplares. Reafirmo el carácter hipotético de estas cifras, pues no es posible inferir con mayor certeza las diversas variables de la producción de cada ejemplar.

25. Sin embargo, como me lo comentó Luis Carlos Benvenuto en una entrevista, esta organización conllevaba el riesgo de que algún responsable no cumpliera con su trabajo y tuviera que ser asumido por algún otro, convocado a última hora.

26. Un buen ejemplo del uso de la cultura visual en la *Enciclopedia* puede encontrarse en el fascículo 52: *El mundo del espectáculo*.

27. Por otro lado, como se sabe, el uso de la cultura visual por parte de los intelectuales para establecer procesos de comunicación con los sectores populares, ha acompañado la historia americana y europea.

28. Por ejemplo, las propuestas de El Lissitsky sobre el libro gráfico, debate que en su nivel teórico está también relacionado con las de Tretiakov pensadas por Benjamin ("The Author").

29. Dworkin ha subrayado la importancia del libro de E. P. Thompson para la historia socialista y la *history from below* en los tardíos sesenta y la década del setenta (182). Pero también debería subrayarse el interés por la cultura socialista de parte de algunos intelectuales latinoamericanos que fue motivado, en el caso de Carlos Rama, por la Guerra Civil española y las tradiciones anarquistas (seguramente, las posiciones de su hermano Carlos influyeron en Ángel Rama en esta y otras líneas que merecerían un estudio independiente).

30. Escribe Carlos Rama: "Merecen destacarse aquellas mujeres que ocuparon un puesto en la lucha social, venciendo prejuicios y resistencias de una sociedad provinciana. ... Virginia Bolten y Juana Buela actúan en la campaña de agitación por Francisco Ferrer, y son efectivas oradoras de barricada" (fascículo 32).

31. El cuaderno 43 presenta una antología de letras de tango, y en el fascículo correspondiente Juan José Iturriberry y José Wainer analizan el tema.

32. En la actualidad, la visualización de las culturas afroamericanas y su relevancia en la elaboración de identidades grupales ha emergido como un tema cultural importante. Remito los estudios de Islas y Frega (383–91) y de Gustavo Remedi (*Carnival*).

33. La versión uruguaya de la enciclopedia *Capítulo oriental* fue dirigida por Carlos Real de Azúa, Carlos Martínez Moreno y Carlos Maggi. El trabajo de Boris Spivacow y el conjunto de reconocidos intelectuales que lo acompañaron ya se ha estudiado. Remito a los estudios de Mónica Bueno y Miguel Ángel Taroncher; Maunás; Invernizzi; Invernizzi y Gociol. Volveré al tema más adelante.

34. Otra tradición importante para Rama ya sugerida, especialmente a través de su hermano Carlos, es el trabajo de los intelectuales anarquistas en el Cono Sur. Aunque las dinámicas de socialización de la cultura que acompañan a los anarquistas están definidas por el criterio de clase, lo cual se distingue también aquí con respecto a las dinámicas que enfatizan el mercado como centro mediador y el consumo como práctica dominante. En el Capítulo 4 volveré sobre el tema a propósito de la prensa obrera peruana.

35. Esta función pedagógica suponía un debate abierto en los años sesenta. Sarlo comenta lo anacrónico que le parecía Spivacow a un grupo de intelectuales argentinos que trabajaban en el Centro Editor: "Muchos de nosotros éramos una clara mezcla de vanguardismo e izquierdismo, teníamos una visión rupturista. Entonces, las políticas de Boris … nos parecían reformistas. … [S]iempre había tensiones porque la de Boris era una política democrática, de ampliación de públicos, y la nuestra, que era vanguardista, estaba lejos de ser democrática" (Vinelli y Somoza 292). Para el presente, ese debate parece haberse clausurado, pues la defensa de una función pedagógica del intelectual es leída como un intento despótico de imposición de valores, formas de vida y creencias a las masas. No obstante, habría que añadir que ese rol pedagógico no ha desaparecido sino que ha sido asumido por el mercado y las industrias culturales (ver Conclusiones).

36. Puede consultarse el libro de Pablo Rocca, *35 años en Marcha,* y el volumen compilado por Moraña y Machín.

37. Pueden recordarse, por ejemplo, la polémica en 1963 con Daniel Badano sobre comunismo y cultura (Rama, "¿Qué entiende?") y la de 1971 en *Marcha*, con Vargas Llosa a propósito de Gabriel García Márquez, publicada posteriormente en libro (Rama y Vargas Llosa, *García Márquez y la problemática de la novela*).

38. *Cien años de raros*, con prólogo de Rama sobre los "raros" en la literatura uruguaya, cuyo artículo base había aparecido en *Marcha* en 1966 (Rama, "Raros"). Ver además: Rama, *Novísimos*.

39. Rama añade que *Operación masacre* se publicó también en periódicos de oposición como *Propósitos y Revolución Nacional* ("La narrativa" 276).

40. En una dirección que aquí no abordo, me parece muy acertada la observación de Yúdice acerca de que el testimonio puede leerse como una actualización y localización del debate en torno al realismo socialista y la vanguardia, el problema de la referencialidad y el de la relación entre arte y vida ("Testimonio"). El problema es también discutido por Gugelberger y Kearney (10).

41. Discutiré con detalle este argumento en el próximo capítulo.

42. Puede consultarse la reflexión más importante de Rama sobre la Biblioteca Ayacucho ("La Biblioteca"), así como el artículo de Pacheco y Guevara Sánchez.

Capítulo tres
Rama y el ciclo popular de la cultura de la imprenta

1. John Charles Chasteen ha observado la centralidad de la relación entre escritura, estado y urbanismo en América Latina. Las referencias de Rama en las notas de su libro señalan un diálogo simultáneo con diversas fuentes, desde clásicos latinoamericanos a tradiciones de pensamiento europeo y estadounidense. Junto a la línea que lleva a Foucault y Derrida (De la Campa, "El desafío," *Latin Americanism*), tendría que resaltarse la importancia para el libro de Rama de autores como José Luis Romero, quien propuso uno de los análisis más importantes sobre cultura y ciudad en América Latina, y Richard Morse, con quien Rama dialoga también en torno al problema de la urbanización.

2. Esta imagen anular reafirma la importancia del espacio en el análisis de Rama de *La ciudad letrada*, como ha sido estudiado por Gustavo Remedi ("Ciudad"). Junto a la importancia de la *espacialidad*, mi lectura reconoce igualmente el lugar central que Rama dio a la dialéctica entre productores y públicos, problemática analizada por Juan Poblete.

3. Desde distintos ángulos, Mabel Moraña ("De *La ciudad*"), Rolena Adorno, Carlos Alonso y Julio Ramos, entre otros, han anotado los riesgos de reducción histórica que lleva consigo el concepto *ciudad letrada*. De otro lado, como plantearé más adelante, el concepto y *uno* de sus usos por parte de Rama tiene un componente político que es también central en la propuesta general de *La ciudad letrada*. Sobre análisis y críticas relacionadas con la historiografía de *La ciudad letrada*, ver Adelman; Perus ("A propósito").

4. Claudia Gilman ha criticado con muy buenos argumentos la caracterización de Rama sobre las culturas populares como analfabetas. Sostiene que esta caracterización no sería sino un rasgo letrado de Rama, una manera de designar las culturas orales desde la escritura ("América"). Esta observación tiene un momento de verdad, especialmente si tomamos en cuenta cuál era el estado de discusión sobre oralidad y escritura en América Latina durante esos años. Pero, al mismo tiempo, responde a la necesidad de Rama—que estoy argumentando—de pensar en términos de dominante/subordinada.

5. Remito aquí a la discusión de *lo público* que elabora Renato Ortiz, la cual se piensa en torno a las nociones de ciudadanía y opinión pública. Asumiendo el riesgo de esta simplificación, la relación entre *lo público*, "la ciudadanía" y la "opinión pública" puede establecer distintas figuras socioculturales. Por ejemplo, desde "la ciudadanía," *lo público* se realiza en la participación política directa (implica, por consiguiente, una esfera política democrática); la "opinión pública" es la base—por lo menos ideal—de la ciudadanía. Pero también pueden construirse formas de *lo público* que no lleguen a canalizarse en la participación política directa.

6. Rama anota pero no desarrolla los argumentos del poder letrado. Sin embargo, pueden hacerse dialogar sus hipótesis con algunas discusiones similares. Resaltaría aquí dos. En primer lugar, la tesis de Harold Innis de que la escritura favorece la dimensión espacial en la comunicación, por medio de la cual es posible establecer contactos a larga distancia necesarios para la formación de un imperio. De otro lado, las hipótesis de Nicos Poulantzas. Aunque remiten a la formación de un Estado moderno que ha separado la política de la economía, explican que el Estado acumula una cantidad potencialmente infinita de escritura sobre la cual él mismo encuentra su forma y convoca para su administración a los trabajadores intelectuales, expulsando el trabajo manual de su ámbito de poder político: "The massive accumulation of paper in the modern state organization is not merely a picturesque detail but a material feature essential to its existence and functioning—the internal cement of its intellectuals—functionaries that embodied the relationship between state and intellectual labour" (59).

7. Es útil observar al respecto los contrastes entre la vida social y cultural de los campos y ciudades coloniales estudiados por George Baudot, los cuales están focalizados en la época de Felipe II. Una debilidad de los argumentos teóricos de Rama es que no toma en cuenta, con suficiente detalle, las diferenciaciones de época dentro del período colonial. Por ejemplo, el estudio de José Luis Romero—a quien, como anoté antes, Rama sigue en muchos aspectos—habla de diferentes ciudades (fortalezas, puertos, centros administrativos, etc.), a lo que puede añadirse diferenciaciones entre asientos mineros y agrícolas, o de otro tipo. En *La ciudad letrada* la ciudad colonial parece remitir a un modelo general (en el Capítulo 1 se refiere a la ciudad barroca).

8. Podría ser útil evaluar estas hipótesis de Rama sobre la oralidad y los trabajos clásicos del tema (Goody y Watt; Havelock; Ong). Por otro lado, podrían estudiarse las relaciones entre esta concepción de lo popular y la que Rama propone en *Transculturación narrativa en América Latina*. Para un alcance con respecto a este último libro, véase Trigo ("De la transculturación").

9. Volveré a este punto más adelante, en la sección sobre el ciclo popular.

10. Me refiero a que podría pensarse *La ciudad letrada* en diálogo con algunas problemáticas postcoloniales, en especial la de Ranajit Guha sobre la situación colonial de una "dominación sin hegemonía." Aquí, sin embargo, sólo sugeriré algunas hipótesis que tendrán que ser evaluadas en el futuro.

11. Para la concepción gramsciana de hegemonía y dominación—sin dejar de reconocer los múltiples y posteriores desarrollos que tuvo en la teoría política y cultural—remito a la sistematización de Portelli. Asimismo, ver Carlos Aguirre ("Hegemonía"). Añadiría la importancia de la reflexión de Raymond Williams en la discusión del tema en este capítulo—en especial en torno al concepto de *ciclo popular* propuesto aquí—quien resalta el carácter no pasivo de la producción de hegemonía, en la medida en que supone no sólo imposición sino también resistencia, e involucra la experiencia social como totalidad (R. Williams, *Marxism* 108–14). Es necesario decir, sin embargo, que el tema en *La ciudad letrada* exige una atención mayor de la que puedo darle aquí, mostrando no sólo los puntos en común con las ideas de Gramsci, sino además sus diferencias. A fin de cuentas una diferencia crucial en Rama, comparado con Gramsci, es la ausencia en su análisis de la categoría de clase social, como ha visto bien Mabel Moraña ("De *La ciudad*").

12. La poesía gauchesca en referencia es aquella que, desde Hidalgo y Ascasubi, traza un arco desde la revolución de la Independencia hasta el último tercio del siglo, cuando el *Martín Fierro* (1872) y la novela *Juan Moreira* (1879) aparecen como obras que coronan el género pero modifican las dinámicas comunicativas y el público con respecto a la poesía gauchesca anterior.

13. Esta problemática también ha sido estudiada por Julio Ramos y Jean Franco ("La heterogeneidad").

14. Esta dinámica puede rastrearse en diversos países. Para el caso del Perú, ver Marcel Velázquez Castro.

15. Graciela Montaldo sostiene que el género, desde la época de la Independencia, se presenta ya como un discurso articulador de los sectores populares en ficciones estatales. Estos sectores eran interpelados por los grupos criollos letrados en una incorporación que exigía su "ingreso neutralizado" (*Ficciones* 44–46).

16. Sobre la "primitiva poesía gauchesca," Jorge Rivera ha señalado tres líneas de difusión oral: una urbana, a través del teatro, y dos rurales, a través del lector primario o el cantor (*La primitiva* 36).

17. José Luis Romero sostiene que las "sociedades de masas," desde una perspectiva continental, son producto en América Latina de los años treinta (319–89), periodización que también puede rastrearse en el estudio de Jesús Martín-Barbero sobre lo masivo en el subcontinente (170).

18. Arcadio Díaz-Quiñones ha resaltado la importancia de la obra de Benjamin en la lectura de Martí que realiza Rama, entendiendo ese diálogo como una respuesta al marxismo ortodoxo; por lo tanto, a las interpretaciones que desde ahí se realizaron (Díaz-Quiñones et al, "Debate" 146–47).

19. Consigno la cercanía de estas ideas con el libro de Marshall Berman, *All That Is Solid Melts into Air*.

20. Un fundamental trabajo de síntesis que evalúa los aportes de Ángel Rama al modernismo es el de Adela Pineda. En lo que sigue de mi argumentación, realizaré algunas referencias puntuales a otros trabajos críticos; sin embargo, ellas no serán presentadas con carácter exhaustivo.

21. Sin embargo, esa presencia se detecta mejor leyendo en diálogo *La ciudad letrada* con los estudios del modernismo de Rama antes mencionados.

22. Las referencias a épocas posteriores existen; sin embargo, se hacen casi invisibles con respecto al protagonismo que alcanzan la cultura colonial y la del período 1870–1920. Esta situación no responde a la falta de tiempo o de espacio, aunque estas razones serían perfectamente plausibles si pensamos que el libro se escribe cuando Rama hace frente a la deportación de Estados

Unidos, que el gobierno de Reagan ejecuta bajo pretexto de una falsa filiación comunista (ver, por ejemplo, la crónica escrita por Rama en "USA").

23. Aquí sólo ofreceré algunos puntos centrales que evalúo como síntesis inicial de la problemática del ciclo popular. El concepto exigiría un trabajo aparte sobre la cultura de la imprenta latinoamericana desde el modernismo, para el cual haría falta un ejercicio de sistematización previo de casos nacionales y períodos. En el estado actual, esa sistematización se encuentra con el problema de que los estudios de la cultura de la imprenta son significativamente desiguales según el país. Algunos, como Argentina o México, tienen muy buenos estudios, mientras que en otros países son muy escasos.

24. La primera politización de la cultura de la imprenta, siguiendo la discusión de los apartados previos, se da en la organización estatal de ella durante la época colonial.

25. En *La ciudad letrada* Rama escribe sobre "el vertiginoso salto de la curva de urbanización que consagra el triunfo de las ciudades, cumpliendo después de varios siglos con el cometido asignado e imponiendo sus pautas al contorno rural: 'casi todas las capitales latinoamericanas duplicaron o triplicaron la población en los cincuenta años posteriores a 1880'" (73).

26. Para la encarnación de este proceso en la literatura y la historiografía, véase el capítulo 4 de *La ciudad letrada* y, para su encuadre en la historiografía decimonónica, el clásico libro de Beatriz González Stephan.

27. La cultura de la imprenta argentina y del Cono Sur de esta época ha sido ampliamente estudiada. Además del clásico libro de Adolfo Prieto, remito a J. Rivera (*El escritor*), Romano y la compilación a cargo de De Diego, en especial el trabajo de Pastormelo. Para una perspectiva de mayor duración, es fundamental el libro de Acree. Véanse también las compilaciones de Jaksić y de P. Alonso.

28. Por ejemplo, la reciente historia intelectual latinoamericana, *Historia de los intelectuales en América Latina,* coordinada por Carlos Altamirano, toma el binomio como un eje de periodización. Por otro lado, es importante resaltar que estamos ante una tesis (la de la autonomización del trabajo intelectual) que ha tenido desarrollos clásicos en el pensamiento sociológico europeo. La problemática central ha sido bien condensada por Adrián Gorelik, a propósito de *La ciudad letrada*: "el intelectual rompe con el letrado en su nueva posición de profesionalización por fuera del Estado—lo que está en el origen de su representación como crítico del poder—. El intelectual surge como parte del proceso de densificación de un público burgués, sólo posible en una ciudad cuyas funciones culturales se complejizan y cuyo recorte del Estado se cumple tanto en el funcionamiento crecientemente autónomo del mercado como en la consolidación de un entramado institucional propio de la sociedad civil" ("Intelectuales" 167).

29. Como ha observado Song No, en la época de la modernización el productor cultural tiene al frente dos caminos: continuar al amparo del poder u optar por la especialización (140). Esta bifurcación es una de las formas que toma la tensión entre letrado e intelectual en *La ciudad letrada.*

190

30. "Pero había un modo oblicuo por el cual los poetas habrían de entrar al mercado, hasta devenir parte indispensable de su funcionamiento, sin tener que negarse a sí mismos por entero. Si no ingresan en cuanto poetas, lo harán en cuanto intelectuales. La ley de la oferta y la demanda, que es el instrumento de manejo del mercado, se aplicará también a ellos haciendo que en su mayoría devengan periodistas" (Rama, *Los poetas* 35).

31. Arcadio Díaz-Quiñones ha observado la importancia de estas heterogéneas posiciones para comprender la distinción entre letrado e intelectual en el pensamiento de Rama (*Sobre* 56).

32. Rama está dialogando aquí con Henríquez Ureña (*Las corrientes* 176–77) y—aunque no hay referencia directa—con Walter Benjamin ("The Work").

33. Esta línea de observación no tuvo un desarrollo equivalente, en la obra de Rama, al del modernismo, pero permite abrir un diálogo productivo con las hipótesis de Régis Debray sobre la imprenta y el socialismo ("Socialism"). Ofrezco algunas observaciones complementarias en el Capítulo 4 en torno a la importancia de la prensa obrera y la cultura de la imprenta peruana.

34. Desde esta posición marginal con respecto a la ciudad letrada, el nuevo productor está en una situación contradictoria. Por un lado, su trabajo puede alcanzar nuevos y desconocidos públicos. Por otro, la especialización a que es sometido conmina su trabajo a esferas de percepción más restringidas. En este último caso, el intelectual parece extrañar la perspectiva totalizadora del letrado. Adela Pineda, en su estudio sobre las hipótesis de Rama y el modernismo, distingue entre *público* y *pueblo*: "el primero consistía en un destinatario idealizado e incontaminado de la ola materialista; el segundo estaba representado por el consumidor prototípico del materialismo y la democratización, al que tuvieron que apelar los modernistas como única alternativa receptora a través del periódico" (59).

35. Los conceptos *modernización* y *modernidad* son relevantes en el pensamiento de Rama, como ha estudiado bien Maribel Ortiz. Esta tesis ofrece valiosas lecturas de Rama, que podrían ser leídas en diálogo con el estudio fundamental de Julio Ramos sobre el modernismo.

36. Al igual que la periodización de Rama, las dinámicas y los objetos técnicos no se cancelan entre sí, sino que interactúan en procesos que requieren ser estudiados en su particularidad.

37. Estas "revistas" están relacionadas con José María Arguedas y Ángel Rama, respectivamente. A pesar de que es un "semanario," *Marcha* puede ser discutida bajo la forma revista. La relación de Arguedas con *Amauta* será abordada en el próximo capítulo. La de Rama y el semanario *Marcha* ha sido ampliamente estudiada. Remito a Peirano, Rocca (*35 años*), De Sierra, De Armas y Garcé, Gilman ("Política" y *Entre la pluma*), y Moraña y Machín.

38. La *modernización* de la prensa grande, o su alineamiento en función del principio de información, se ha discutido en diversos contextos. Véase Benjamin ("The Paris"), Habermas, Álvarez y Martínez, y Ramos.

39. Por ejemplo, los casos de la *Biblioteca Americana* (1823) de Bello o *Repertorio Americano* (1826–27) de García del Río y Bello. También son importantes las revistas modernistas como la *Revista Azul* de Gutiérrez Nájera o la *Revista Moderna* de Amado Nervo. En la misma época, *La Biblioteca* de Groussac, la *Revista Nacional de Literatura y Ciencias Sociales* de Rodó, o *El Cojo Ilustrado* en Caracas. José Luis Martínez observa que sólo en el último tercio del siglo XIX las revistas fueron emprendidas por escritores; anteriormente el proyecto estaba a cargo de los editores ("Las revistas").

40. Para el caso uruguayo y *Marcha* puede consultarse el libro de Ángel Rama, *La generación crítica*.

41. Para mayor detalle sobre el circuito de los libros, remito al desarrollo del tema propuesto en el Capítulo 2.

42. El libro de Perus, por otro lado, ofrece importantes cuestionamientos a la conceptualización del capitalismo que está detrás de las hipótesis de Rama (evidentemente, no son sólo de él), las cuales no han recibido suficiente atención por parte de los especialistas, hasta donde alcanza mi conocimiento.

43. La influencia de la Teoría de la Dependencia y de Immanuel Wallerstein es decisiva en diversos escritos de Rama, como se podrá apreciar también en esta discusión que estoy planteando.

44. En *El Capital*, ver especialmente: "La llamada acumulación originaria" (891–954) y "Maquinaria y gran industria" (451–614). El tema lo he abordado ya en el Capítulo 1.

45. En rigor, exigiendo un desarrollo que no puedo atender aquí, tendría que precisarse que el capitalismo universaliza las condiciones de la vida humana sin distinción alguna, para luego contradecir esa universalización estableciendo una nueva oposición entre dueños de los medios de producción y proletariado.

46. Maribel Ortiz ha explorado con bastante detalle la tensión Darío-Martí en la obra de Rama.

47. Raúl Bueno ha sugerido relaciones complementarias para los conceptos de heterogeneidad y transculturación que valen la pena observar con detenimiento.

48. En un estudio que ha entregado importantes cuestionamientos a Rama, Friedhelm Schmidt compara el sistema literario en Rama y Antonio Cornejo Polar afirmando: "mientras que Ángel Rama argumenta que existe un solo sistema literario de la modernidad (la literatura latinoamericana), Cornejo Polar llega a la conclusión diametralmente opuesta: opina que existen varios sistemas literarios dentro de cada país (literaturas latinoamericanas)" (41). Al parecer, Schmidt sigue aquí la opinión que el mismo Cornejo Polar tenía de Rama (ver por ejemplo "Mestizaje, transculturación").

49. Publicado en 1981, pero producido en 1979, en el marco de un congreso sobre cultura urbana en Washington, DC. (Viñas et al.).

50. En los años sesenta, Raymond Williams discute los mismos procesos para Inglaterra y el mundo europeo en general (*Communications*).

51. Los procesos descritos aquí de manera específica deberían ser pensados en el marco general de la crisis del capitalismo del año 1973. Ver, por ejemplo, la compilación de Hopkins, Wallerstein, et al.

52. Para mayores argumentos sobre este diagnóstico, ver aquí el Capítulo 1.

53. No pretendo señalar ninguna originalidad de Rama sobre este argumento, que fue pensado y continúa siendo estudiado por diversos especialistas. Me interesa más bien contextualizarlo en el marco de discusión propuesto en este trabajo.

54. La decepción que le produjo a Rama el Caso Padilla no fue abiertamente documentada por él en sus escritos. Hay, sí, algunos artículos donde puede seguirse su posición (ver por ejemplo "Una nueva política cultural en Cuba"); pero mi posición al respecto proviene de la lectura de algunas cartas y documentos de su archivo personal, así como de entrevistas que realicé a algunos amigos y compañeros intelectuales de Rama.

55. Entre otros críticos e investigadores, Jean Franco (*The Decline*) y Hugo Achugar (*La biblioteca*) han ofrecido observaciones críticas sobre el lugar que tuvo la televisión en la crisis de la cultura literaria, en una dirección confluyente a la que aquí menciono.

56. Al respecto, puede consultarse el análisis de Boas sobre la televisión, Fujimori y Collor de Mello.

57. Sin embargo, Rama dedica un libro al problema de la literatura y clase social (*Literatura*). Aunque es una hipótesis con cargo a comprobación, Rama reconoce la clase social como un elemento central en la época nacionalista; pero, por eso mismo, como un elemento que tendría que ser superado. Del mismo modo, atiende de manera excepcional el problema de la etnicidad en la cultura latinoamericana en su libro sobre Arguedas y la transculturación (*Transculturación*).

58. Sería necesario, no obstante, integrar esta sugerencia al largo debate sobre las genealogías del Latinoamericanismo, así como a la conceptualización histórica y política de América Latina como idea (Mignolo).

Capítulo cuatro
Migración y cultura de la imprenta
en el Perú de Arguedas

1. *Cultura nacional* remite aquí a la problematización teórica para el caso hispanoamericano (1910–40) desarrollada por Mabel Moraña (*Literatura*). Por su lado, el término que Arguedas utiliza para dar cuenta de la tensión inscrita en la cultura nacional es *hispanismo*: "El 'hispanismo' se caracteriza por la afirmación de la cultura hispánica, de cómo ella predomina en el Perú contemporáneo y da valor a lo indígena en las formas mestizas. Proclama la grandeza del Imperio Incaico pero ignora, consciente o tendenciosamente o por falta de información, los vínculos de la población nativa actual con el tal Imperio, las pervivencias dominantes en las comunidades indígenas, que forman, en la actualidad, no menos del 50% de la población del Perú de la antigua cultura precolombina del país. En la política militante, los *hispanistas* son conservadores de extrema derecha y por eso, aunque de manera implícita, consagran el estado de servidumbre de los indios" ("El indigenismo" 13).

2. Citado por Rama en su *Prólogo* a *Formación de una cultura nacional indoamericana* (xx). Originalmente en Arguedas ("José" 242).

3. La excepción a la imagen de la desconexión es la de los circuitos establecidos por los ferrocarriles desde el siglo XIX que, no obstante, solo articularon los centros de extracción minera en los Andes con los puertos exportadores.

4. El proyecto capitalista de Leguía necesitó restar poder a la oligarquía terrateniente, por lo que se alió con la clase media emergente y también con los grupos indigenistas del sur andino del Perú—los cuales estaban cuestionando desde la década de 1910 al gamonalismo y la situación social del indio—alianza por la que además buscó contener las protestas campesinas que acompañaron ese período indigenista (Burga y Flores Galindo; Klaren 299–315).

5. El Plan de Conscripción Vial puede ser visto como la actualización de la *mita*, forma de trabajo colectivo al servicio estatal, que siguió siendo aprovechada en la época colonial y republicana.

6. Dentro de la amplísima bibliografía sobre la migración en el Perú de la segunda mitad del siglo XX, remito a: Matos Mar; Golte; A. Cornejo Polar ("Una heterogeneidad," "Tradición").

7. En el *Primer encuentro de narradores peruanos* comenta Arguedas: "esos indios que hicieron en veintiocho días ciento cincuenta kilómetros de carretera que trazó el cura del pueblo. Cuando entregaron el primer camión al Alcalde, le dijeron: 'Ahí tiene usted, señor, el camión, parece que la fuerza le viene de las muchas ventosidades que lanza, ahí lo tiene, a usted los va a beneficiar más que a nosotros'; mentira, se beneficiaron mucho más los indios, porque el carnero que costaba cincuenta centavos después costó cinco soles, luego diez, luego cincuenta, y los indios se enriquecieron a tal punto que alcanzaron un nivel de vida y una independencia económica tan fuerte que se volvieron insolentes y la mayoría de los señores de Puquio se fueron a Lima, porque no pudieron resistir más la arrogancia" (38).

8. Puquio es la comunidad indígena en que Arguedas vivió durante su infancia; Ica, la primera ciudad de la costa—al sur de Lima—en la que vive y estudia; Lima, el centro principal de su labor intelectual, y el lugar elegido para su muerte.

9. Arguedas visita Lima por primera vez en 1919, cuando tenía ocho años. Una grabación de 1966 lo hace rememorar algunos detalles de esa visita y ofrece otro alcance de la desarticulación del espacio nacional: "cuando visité Lima por primera vez en 1919, las mulas que arrastraban carretas de carga se caían, a veces, en las calles, fatigadas y heridas por los carreteros que les hincaban con púas sobre las llagas que les habían abierto en las ancas; un 'serrano' era inmediatamente reconocido y mirado con curiosidad o desdén; eran observados como gente bastante extraña y desconocida, no como ciudadanos o compatriotas. En la mayoría de los pequeños pueblos andinos no se conocía siquiera el significado de la palabra Perú. Los analfabetos se quitaban el sombrero cuando era izada la bandera, como ante un símbolo que debían respetar por causas misteriosas, pues un faltamiento hacia él podría traer consecuencias devastadoras. ¿Era un país aquél que conocí en la infancia y aún en la adolescencia? Sí, lo era. Y tan cautivante como el actual. No era una nación" (*Perú vivo* 12).

10. Para el tema en el marco de la formación de las repúblicas andinas, véase Larson (en especial 11–45, 101–44) y N. Miller (152–63).

11. Jürgen Golte observa que la movilización masiva de indígenas favoreció el quiebre del poderoso sistema de integración colonial, de carácter estamental. En la medida en que esas poblaciones migraban hacia otros espacios nacionales, se hacían posible nuevas formas de relación social, más libres—aunque no necesariamente más justas—con respecto al sistema de castas; pero es un movimiento que no puede pensarse al margen del sometimiento de los sectores populares a las necesidades productivas del capitalismo (114–15).

12. Carmen María Pinilla ha estudiado a profundidad esta etapa de la obra de Arguedas en "Huancayo" y en su compilación *Arguedas en el valle del Mantaro*.

13. Al respecto, es útil reproducir este comentario de Arguedas: "La revista *Amauta* instó a los escritores y artistas que tomaran el Perú como tema. Y así fue como se inició la corriente indigenista en las artes. … *Amauta* se convierte en tribuna de difusión de la ideología socialista marxista, y, como alcanza a tener vastísima circulación en el país y en América Latina, se convierte, al mismo tiempo, en un medio de expresión de los escritores provincianos rebeldes que denuncian, mediante la narrativa o el ensayo, el estado de servidumbre en que se encuentra la población indígena y cómo para él no ha cambiado el sistema de gobierno con la independencia del país" ("El indigenismo" 17–18).

14. Pinilla ha estudiado la relación de Arguedas con Mariátegui, observando especialmente la importancia que este último tuvo para el primero como modelo de escritor y en la autocomprensión de su trabajo literario ("El principio," *Arguedas: Conocimiento*). Todavía sigue siendo necesario el estudio de otros ámbitos de influencia, sobre todo con relación a diversos aspectos teóricos sobre el proceso histórico peruano que Arguedas recoge de Mariátegui.

15. En esta misma línea, se ha discutido la articulación de diferentes públicos en torno a la prensa en el Perú durante el siglo XIX, por ejemplo en los trabajos de Luis Miguel Glave sobre el periodismo cusqueño decimonónico y los de Marcel Velázquez Castro sobre la novela del folletín en la primera mitad del siglo XIX. De otro lado, para un estudio del proceso de modernización y su impacto en la cultura de la Lima del novecientos, en el que puede enmarcarse la problemática del mercado para la escritura, ver Ortega (*Cultura*).

16. Es significativo al respecto que Valdelomar y Mariátegui sean jóvenes provincianos que sólo pueden realizar esas experiencias de mercado cultural en la prensa de Lima.

17. Para la prensa anarquista y obrera remito a los trabajos de Burga y Flores Galindo; Sánchez Ortiz; Machuca Castillo; Gargurevich (*Historia*): Hirsch.

18. Entre las principales publicaciones obreras de las últimas décadas del siglo XIX pueden señalarse: *El Artesano* (publicado irregularmente en Lima entre 1875 y 1877), *El Obrero* (Lima, 1875–77), *El Tipógrafo* (1896), *La Luz Eléctrica* (1885) y *El Germinal* (1889, dirigido por Manuel González Prada). Para el siglo XX, publicaciones como *El Libre Pensamiento* (1896–1903), *La Idea Rebelde* (1900–03), *Germinal* (1904–10), *Los Parias* (1904–10), *El Hambriento* (1905–10), *Redención* (1905), *El Oprimido* (1907–09), *La Protesta* (1911–19), *El Nudito* (1919), *Solidaridad* (1925–27) y *Labor* (1928, dirigida por Mariátegui).

19. En Trujillo aparece *La Antorcha* (1903); en Chiclayo, *Justicia* (1905) y *La Protesta Libre* (1906); en Arequipa, *El Ariete* (1901) y *Bandera Roja* (1907), etc. (Sánchez Ortiz 23).

20. A esto habría que añadir la reducida clase obrera del Perú de esos años, comparada con otros países latinoamericanos.

21. La producción escrita que se hace pública a través de la prensa obrera se distancia de la figura de Autor. A diferencia de los escritores que utilizan la prensa grande, los otros no producen una Obra, aun cuando podría ser tratada así posteriormente por la crítica. Por el tipo de experiencia que buscan construir a través de la prensa obrera, la figura del productor es más colectiva que individual, más anónima que sujeta al prestigio de la firma.

22. Con la publicación de *Labor*, dirigida por Mariátegui, el frente político de intelectuales, obreros y estudiantes está en su mayor intensidad. En su estudio de *Labor*, Jorge Coronado observa la importancia que tuvo para la publicación de Mariátegui—en realidad una edición colectiva con Tristán Marof, Ricardo Martínez de la Torre y Esteban Pavletich—el intento de conectar a través del concepto de clase a las masas obreras e indígenas, incentivando una política de "auto-representación" en el espacio impreso (102–34).

23. El marco de observación aquí está explícitamente señalado en el clásico estudio de E. P. Thompson sobre la clase obrera en Inglaterra.

24. Para una perspectiva más amplia sobre el indigenismo en el Perú, ver Kristal.

25. Una crítica desde la dimensión sociológica de la producción intelectual indigenista puede encontrarse en Lauer (*Andes*).

26. Otras publicaciones en provincias incluyen *Chirapu* (1927–28) en Arequipa y *Atusparia* (1927–28) en Ancash (ver Kapsoli, "Chirapu").

27. Aquí sólo podré describir de manera básica y en un nivel hipotético este problema, pues su trabajo requeriría un estudio específico.

28. Un estudio del problema, desde la perspectiva de los debates literarios, puede encontrarse en Rodríguez Rea. Por *cultura criolla* entiendo una cultura de matriz hispanista, modificada por la diferenciación que supuso la historia colonial en que se desarrolló, la cual incluye una forzada relación con otros grupos sociales y culturas, tanto en el nivel privado (mundo doméstico) como en el público (laboral, servicios, etc.), relación que se da en términos de cultura dominante–cultura dominada.

29. Una interesante evaluación de la tesis de Rama sobre el indigenismo puede encontrarse en Legras (196–204).

30. Aunque en alguna ocasión Arguedas había visto su obra literaria como una superación del indigenismo (la discusión del indigenismo literario puede seguirse en Escajadillo, *La narrativa*), es importante reconocer que él mismo rescata en múltiples momentos la importancia de éste como proceso cultural y político, para la cultura nacional y su propia obra conjunta. Percibe al indigenismo como el medio por el cual el indio se convierte en el eje del problema de la nación. En una oportunidad escribe: "El propio nombre, sobreviviente aún, de *indigenismo* demuestra que, por fin, la población marginada y la más vasta del país, el indio, que había permanecido durante varios siglos diferenciada de la criolla y en estado de inferioridad y servidumbre, se convierte en problema, o mejor, se advierte que constituye un problema, pues se comprueba que no puede, ni será posible que siga ocupando la posición social que los intereses del régimen colonial le habían obligado a ocupar" ("Razón" 196).

31. Es importante resaltar aquí el trabajo de William Rowe sobre el folklore en Arguedas y su valor para comprender la obra conjunta de éste ("Voz").

32. En el nivel de la literatura, esta posición en extremo compleja ha sido pensada por Roberto González Echevarría (160–61).

33. Para una mirada panorámica del folklore en el marco de la antropología peruana, ver Roel Mendizábal. Para el folklore en el Cusco, ver Mendoza.

34. Rodrigo Montoya ha realizado comentarios importantes sobre esta relación con Carmen Taripha (*Antropología* 15, *100 años* 110–11).

35. En 1941 participa en la Comisión de Reforma de los planes educativos, trabajo que termina ese año, y en 1943 es profesor de educación secundaria en Lima.

36. Arguedas y Valcárcel se conocen en 1931, como alumno y profesor, respectivamente, en la Universidad de San Marcos de Lima.

37. Sobre este proyecto, Arguedas e Izquierdo Ríos publican una compilación: *Mitos, leyendas y cuentos peruanos*, en 1947.

38. Para la compleja relación entre escuela y mundo andino, véase el estudio de Ames.

39. Haría falta un estudio más detenido sobre la relación entre producción cultural y Estado en la segunda mitad del siglo XX peruano. Al respecto es valiosa la observación—aunque señale dinámicas nacionales significativamente diferentes—del caso mexicano realizada por Ignacio Sánchez Prado acerca del establecimiento de una "estructura paradójica" por medio de la cual las instituciones culturales financiadas por el Estado terminan desarrollándose como espacios autónomos o semiautónomos de trabajo intelectual (142). ¿Hasta qué punto podría hacerse válida esta caracterización para el caso peruano en el siglo XX, especialmente durante las décadas de 1960 y 1970?

40. En rigor, hubo un director anterior, Mariano Peña Prado, quien desempeñó este cargo por poco tiempo cuando la Junta Militar crea la Casa. Al comenzar el gobierno de Belaúnde, el ministro de Educación, Francisco Miró Quesada, nombra a Arguedas como director (J. Cornejo Polar, "Arguedas" 144).

41. Arguedas observa después, con frustración y algo de ironía, el fracaso del gobierno de Belaúnde que ha terminado cediendo a las fuerzas de los

197

sectores dominantes que rechazan cualquier cambio ("El indigenismo" 23). Las presiones partidarias sobre las políticas culturales de Arguedas (J. Cornejo Polar, *Estado* 84), así como el profundo desprecio en Lima y las instituciones gubernamentales por las culturas indígenas, confirmaron rápidamente la fragilidad del espacio estatal para sus proyectos.

42. El listado de actividades e instituciones creadas por la Casa de la Cultura fue publicado en *Cultura y Pueblo*. Los datos indicados aquí provienen de los dos primeros números de esta revista.

43. La idea de las *maisons de la culture* se origina en los años treinta entre los intelectuales franceses antifascistas, especialmente Gaétan Picon y André Malraux; este último las implementa como ministro de cultura de De Gaulle desde 1959. En Hispanoamérica, la primera Casa de la Cultura es fundada en los años cuarenta por Benjamín Carrión en Ecuador (ver Waresquiel; J. Cornejo Polar, *Estado*).

44. La periodicidad trimestral sólo se cumplió durante el primer año de publicación (1964). En 1965 se ofrecen tres entregas con un número doble; en 1966 y 1967 se publica sólo un número doble por año. En 1968 no se publica ningún número—año del golpe militar de Velasco Alvarado—y en 1969 y 1970 se establece una periodicidad semestral.

45. Sin embargo, el tiraje disminuyó progresivamente. De 20 mil en 1964 a 10 mil en 1969 y 5 mil en 1970.

46. El precio también fluctúa. Sólo durante el primer año cuesta 2 soles; desde el segundo el precio es de 5 soles.

47. *Cultura y Pueblo* ha llamado poco la atención de la crítica. El mejor estudio es el de Eve-Marie Fell ("*Cultura y Pueblo*"). También ha sido abordado por Manuel Osorio y Jorge Cornejo Polar ("Arguedas").

48. En orden cronológico, los siguientes directores de *Cultura y Pueblo* fueron: Fernando Silva Santisteban, Antonio Cornejo Polar y Francisco Izquierdo Ríos.

49. Para este tema, clásico en el área andina y los estudios latinoamericanos, remito a Lienhard (*La voz*) y Antonio Cornejo Polar (*Escribir*).

50. Sigo a Walter Ong en su definición de *oralidad primaria* entendida como: "the orality of a culture totally untouched by any knowledge of writing or print. … It is 'primary' by contrast with the 'secondary orality' of present-day high-technology culture, in which a new orality is sustained by telephone, radio, television, and other electronic devices that depend for their existence and functioning on writing and print" (10–11). De otro lado, William Rowe ha argumentado que la oposición oralidad-escritura que se ha hecho dominante en los estudios de la cultura andina (por ejemplo, utilizada por Antonio Cornejo Polar) tiende a pensar la oralidad como una práctica sin materialidad, dejando de percibir las diferentes mediaciones que se establecen dentro de ese espacio cultural ("Sobre la heterogeneidad"). Este argumento tiene un lado incuestionable de verdad; pero, al mismo tiempo, es necesario tener en cuenta que la oposición oralidad-escritura, incluso con las reducciones que impone, ayuda a problematizar—como sucede en la obra de Antonio Cornejo Polar—la dimensión política de la historia cultural andina, violentamente fragmentada por el acceso restringido o absolutamente negado de la escritura alfabética a grandes masas de población indígena.

51. Aunque lo he indicado, no está de más subrayar que un aspecto clave de estas operaciones con el folklore es que Arguedas está dirigiéndose a un público popular; es decir, al público que tiene una relación "orgánica" con el folklore. No se trata de un público especializado, como podrían serlo profesores universitarios o colegas antropólogos y folkloristas. Esta orientación sugiere una posición interesada en incentivar vínculos entre intelectuales y sectores populares.

52. Para este debate, véanse los estudios de Miguel A. Rodríguez Rea y de Mirko Lauer (*El sitio*).

53. Sobre Sánchez, Lauer ha observado que "presenta lo que en su momento fue un punto de quiebre, que intentó introducir en lo literario muchos años de debate indigenista: el reconocimiento de los textos literarios quechuas, casi exclusivamente los antiguos, en las letras peruanas. ... Esta visión de fines de los años veinte tiene la doble virtud de salirle frontalmente al paso a los planteamientos hispanistas y de ampliar por un momento el ámbito de pensamiento sobre la literatura en el país" (*El sitio* 60).

54. Para una evaluación crítica de esta tesis de Mariátegui y sus efectos en el pensamiento del indigenismo, véase Kristal (1–25).

55. Lienhard anota que, en el contexto internacional, es fundacional la propuesta del concepto "literatura oral" a cargo de Sébillot en 1886 ("¿De qué?"). Para el encuadre de la literatura oral en la historia literaria peruana, ver Espino.

56. Como es ampliamente conocido, en la época republicana la escritura fue un mecanismo fundamental de "blanqueamiento." Ver Ames; Quijano ("Colonialidad").

57. Para la crítica literaria, los temas de la lengua y el bilingüismo han sido un eje de continua reflexión. Ver por ejemplo: Escobar; Castro-Klaren; Rowe (*Mito, Ensayos*); Lienhard (*Cultura popular*); A. Cornejo Polar (*Los universos, Escribir*); y Forgues (*José*).

58. Abordaré la problemática del mestizaje en el próximo capítulo.

59. Arguedas participó en la plataforma abierta por el Congreso Interamericano de Pátzcuaro (Merino, "José" 108). Además, en el texto que comento, Arguedas hace mención a los casos educativos de Rusia y México.

60. Sin embargo, Huancayo es un caso bastante especial, pues allí se produce una "transculturación exitosa," por medio de la cual el mundo indígena se integra al capitalismo sin las pérdidas que estaban sucediendo en otras regiones del Perú. En el próximo capítulo abordaré este tema en torno al mestizaje y la categoría *cholo*.

61. Para los lectores de la poesía de Arguedas, esta frase no es extraña, pues dialoga directamente con el haylli-taki "Tupac Amaru Kamaq Taytanchisman (A nuestro padre creador Túpac Amaru)," publicado por Arguedas en quechua y castellano dos años antes, en 1962 (Arguedas, *Tupac*).

62. Cabe anotar que Lienhard sugirió tempranamente una hipótesis para la literatura de Arguedas que, en mi opinión, podría hacerse dialogar con las observaciones que propongo. Para Lienhard, la última novela, *El zorro de arriba y el zorro de abajo* (1971, publicación póstuma) está escrita en lengua castellana, pero el quechua irrumpe en ella de manera desestabilizadora. Aunque tal irrupción no impide que la novela mantenga cierta inteligibilidad para el lector castellano que no conoce el quechua, definitivamente las transformaciones del quechua sugieren la visualización de un lector futuro ("La última" 191). Dicho lector manejaría los códigos culturales del castellano y del quechua, definiéndolo como un lector bilingüe mestizo.

Capítulo cinco
Arguedas y una cultura chola

1. Sobre el término *indigenista* en torno a la obra de Arguedas, ver la Introducción de este libro.

2. Una de las primeras colecciones de arte popular es la de Alicia Bustamante—hermana de la primera esposa de Arguedas—que empieza a ser organizada desde Lima en los años treinta.

3. La figura del artesano fue discutida por Arguedas en otros ámbitos productivos, más allá del arte. Para el tratamiento en torno a los artesanos españoles en su tesis de doctorado, véase Moore.

4. Para esta figura del trabajo artesanal, véase el Capítulo 1.

5. Este problema ha sido discutido en el Capítulo 2 en torno a la cultura de la imprenta y las hipótesis de Ángel Rama.

6. La problemática de las culturas populares en el capitalismo, como ha sostenido García Canclini, es mucho más amplia. Junto a las demandas de nuevos públicos, se hace importante pensar también en la crisis económica de la agricultura, que lleva a hacer de las artesanías una fuente de ingresos importante para muchas comunidades, así como en la función político-ideológica del Estado, que se apropia de las artesanías para construir relatos de identidad nacional-estatal (*Culturas populares* 113–28).

7. Para un estudio más comprensivo sobre López Antay y las artesanías en el Perú, ver Razzeto; Lauer (*Crítica*).

8. Con la mención a "pieza documental etnográfica," Arguedas está refiriéndose a la utilización del retablo, en cuanto forma artística, para representar temáticas no religiosas que están relacionadas directamente con la cultura contemporánea de que provienen. Décadas más tarde, se harán conocidos los retablos o "San Marcos" que narran las historias de violencia en la época de Sendero Luminoso en el Perú.

9. Es útil comparar este proceso con el de la cultura de la imprenta analizado en el capítulo anterior. En ese caso, el espacio de la cultura de la imprenta no es "orgánico" a la cultura india y mestiza de los Andes. En el caso de las artesanías se trata de la transformación de un espacio cultural de importancia y uso continuo para esas culturas.

10. En el capítulo previo he discutido esta observación en torno a lo que llamo la "hipótesis del contagio" (ver sección "Las políticas de la lengua").

11. William Rowe ha estudiado con gran acierto el tema de la música en la literatura y la ensayística de Arguedas. Pueden verse sus trabajos recopilados en *Ensayos arguedianos* y "Sobre la heterogeneidad."

12. Analizo el espacio público popular como una figura específica del *espacio cultural* que he discutido en los Capítulos 1 y 2. Para aquel es clave la situación marginal o periférica de su constitución al límite de la cultura hegemónica. Remito a la discusión sobre el espacio público proletario de Negt y Kluge, así como a la de Remedi ("Esfera," "The Production"). Ver también aquí la Introducción.

13. Julio Ortega ("Texto") ha señalado la importancia de las mujeres, en *Los ríos profundos*, como personajes que se atreven a romper con el sistema opresor. En la obra conjunta de Arguedas, las mujeres tienen una importancia fundamental, como ha estudiado Anne Lambright.

14. En las décadas de 1950 y 1960 se fueron creando nuevos coliseos, como el Nacional y el Dos de Mayo, respectivamente. La apertura de nuevos coliseos responde al incremento de la migración y a la importancia que tienen como espacio de socialización para los migrantes. En este sentido, están relacionados con la práctica de recordar, la nostalgia y la necesidad de enfrentar el desarraigo en la ciudad.

15. Como se ha indicado en el capítulo anterior, trabajar en función de dominante/subordinada no significa desconocer la compleja historia de interacción entre cultura indígena y escritura alfabética en la época colonial.

16. En el capítulo anterior, he observado también la importancia de la grabadora para el trabajo de Arguedas en la cultura de la imprenta y la revista *Cultura y Pueblo*. Allí hay otro ámbito de problemáticas que señalan la importancia de la grabadora en la mediación entre oralidad primaria y escritura en una región como los Andes, que aquí sólo puedo dejar apuntado para un futuro trabajo.

17. Se trata, sin embargo, de un interés anterior. Por ejemplo, en el "Proyecto acerca de danzas hispano-incas y la recopilación musical y fílmica de las mismas," escrito por Arguedas hacia 1952, se puede leer: "Se requeriría únicamente de material fílmico, de fotografía a color y en blanco y negro, de cintas para grabación magnetofónica y una grabadora de mayores recursos y más moderna que la EMI, excelente pero ya poco práctica, que la Unesco obsequió al Museo de la Cultura" (156).

18. Hay otro ámbito, que aquí sólo anoto, en el que la grabadora le sirve a Arguedas para conseguir mayor fidelidad en la recopilación oral, la cual valora en diversos escritos. Son frecuentes también las escenas en que Arguedas está trabajando en la escritura desde grabaciones. Por ejemplo, en una carta a John Murra le dice: "He escrito en estos meses, a pesar de mi angustia, un comentario de unas 30 páginas sobre siete cuentos 'religioso-mágicos' que grabé en cinta, de mi amigo 'Atoqcha,' a quien creo que oíste cantar en 'La Peña.' … Trabajé como un negro para copiarlo de la cinta y la traducción fue un trabajo maravilloso" (Carta a John Murra 65–66).

19. Es conocido que Arguedas grabó a varios "personajes" de *El zorro de arriba y el zorro de abajo*. La transcripción de algunas de esas grabaciones puede encontrarse en Lienhard (*Cultura*).

20. Raúl R. Romero ha indicado que los discos se hacían en Santiago de Chile y Buenos Aires. También recoge una versión alternativa a la de Argue-das, ofrecida por la cantante Agripina de Aguilar. Comenta ésta que era ella quien estaba buscando que se grabaran los primeros discos y, ante la negativa de los gerentes, buscó a Arguedas en el Ministerio de Educación, quien con-siguió finalmente convencer a los directivos (*Identidades* 169–71). Aun si esta versión fuese cierta—mi opinión es contraria—no quita el protagonismo que tuvo Arguedas en la industrialización de la música andina.

21. En su artículo ("The Music"), Turino realiza un valioso esfuerzo por ofrecer no sólo una reconstrucción acerca de la historia de la música en el contexto de la migración, sino también una interpretación sociocultural y política del proceso.

22. Según la publicación, el coautor de este trabajo (Arguedas, "La difu-sión") es el Sr. Milton Guerrero, quien colaboró en la clasificación de discos.

23. Observa también Arguedas—el artículo es publicado en 1969—que ahora existe una "industria nacional poderosa" con "ocho fábricas que impri-men un constantemente creciente número de discos de música tradicional y folklórica" ("La difusión" 19).

24. No obstante, con una diferencia fundamental. Mientras que Benja-min veía en el nuevo contexto tecnológico la crisis del *valor expositivo* de la obra de arte—es decir, de la experiencia estética burguesa condensada en el *aura*—para Arguedas ese mismo contexto ponía en crisis al *valor cultural*: la pérdida de una experiencia tradicional relacionada con el culto religioso y las sociedades precapitalistas. Lo que para la Europa de Benjamin existía sólo como memoria de un tiempo perdido, para los Andes de Arguedas era todavía la experiencia dominante.

25. La conversión de lo folklórico en lo popular es una imagen que pertenece a Arguedas y es usada en diversos escritos (por ejemplo, "De lo mágico").

26. Agradezco a Jorge Luis Rojas Runciman e Iván Sánchez Hoces (Escuela Nacional de Folklore José María Arguedas) por darme acceso a la informa-ción sobre las leyes y resoluciones.

27. El empadronamiento o "Registro de Intérpretes" permite incluso observar en detalle la renuncia de algún integrante al grupo. Al menos teóricamente, todo cambio en la agrupación tenía que ser registrado. Este material está archivado en la Escuela de Folklore José María Arguedas y en el Ministerio de Cultura del Perú.

28. Es necesario tener en consideración que los datos de las fichas a que hago referencia registran a inmigrantes de primera generación. Muchos indican que tienen algún grado de educación básica obtenido en la escuela de su lugar de origen.

29. En una nota sobre la Casa de la Cultura, Mildred Merino indica que también se capacitaron a profesores en el folklore (danza y cantos) con el fin no sólo de enseñar esa cultura a los alumnos sino para inspirar a que cada región preserve su propio folklore. Estaban luchando contra la influencia destructora de la radio, el cinema y otros "agentes de cambio vinculados con la migración interna" ("The National" 13).

30. Para una perspectiva histórica de esta problemática en el Perú, desde el caso cusqueño, véase De la Cadena.

31. Nelson Manrique ("José") interpreta esta cita en sentido opuesto, como el reconocimiento por parte de Arguedas de la imposición de la neocolonización cultural (volveré sobre esta cita más adelante).

32. Sobre el tema, véase la Introducción y el concepto de "nacionalismo criollo" propuesto por Cecilia Méndez.

33. Esta imagen de nueva cultura nacional, desde el ámbito estricto de la música popular, se puede ver en el artículo "La cultura: Un patrimonio difícil de colonizar." Allí Arguedas habla no sólo de la transformación positiva de la música andina sino también del vals criollo (música popular urbana), que "ha conquistado todos los círculos sociales, habiendo sido, en el mismo período vergonzante de la música andina, patrimonio de los barrios marginales de Lima" (188). Arguedas trabaja con la música andina y la piensa como un conjunto de formas musicales que definen la cultura mayoritaria en el Perú de esa época, pero observa también la importancia de otras formas populares de música que pueden confluir en el mismo *espacio cultural*.

34. Arguedas utiliza por primera vez el término *transculturación* en un escrito publicado en 1949 (*Canciones* 10); es decir, más de veinte años antes de que Rama lo utilice para leerlo a él. No obstante, mientras que el interés de Rama se concentra en el estudio de la transculturación *literaria*, Arguedas emplea el término para referirse a un largo proceso de transculturación sociocultural en los Andes. No hay en Arguedas una formulación teórica de la transculturación; es más bien utilizada con una intención descriptiva para dar cuenta de la problemática del mestizaje.

35. Para Arguedas las migraciones y el capitalismo han convertido el Perú en un "hervidero" (*Perú vivo* 13); están produciendo un "nuevo período de fusión" ("La sierra" 10), una nueva unidad cultural que ya se había conocido en el pasado prehispánico; pero la del presente "se la está forjando con medios tan poderosos que no dudamos que será alcanzada muy rápidamente" (19).

36. Por ejemplo, pueden verse Manrique; Portocarrero; Moore; Spitta; Tarica; Archibald.

37. En una dirección confluyente, Alberto Flores Galindo ha anotado que en los primeros trabajos de Arguedas no hay lugar para el mestizo; el mundo está dividido entre indios y *mistis*, lo que cambia recién con *Yawar Fiesta* (*Buscando* 313–46). Por su lado, Priscilla Archibald observa también un cambio en la valoración de Arguedas sobre el mestizo durante la década de 1950, y anota con razón que la experiencia de Arguedas en el Valle del Mantaro fue importante para su conceptualización (92–94). Volveré a este tema más adelante.

38. Para esta hipótesis, véase por ejemplo, la fascinante tesis de doctorado de Arguedas (*Las comunidades*). Lamentablemente, esta obra no ha recibido todavía la atención que merece.

39. La discusión del dualismo por parte de Rama está influida por algunos trabajos de Aníbal Quijano (ver Rama, *Transculturación* 181). Para la dualidad costa-sierra puede consultarse también Cotler ("La mecánica"). Habría que reconocer que este dualismo ignora la amplísima región de la selva amazónica. Para el dualismo en la literatura de Arguedas, ver también A. Cornejo Polar (*Los universos*).

40. Como sucede siempre, el pensamiento está marcado por términos e imágenes características de una época, los cuales son luego cuestionados, incluso vistos como poco elegantes o políticamente incorrectos. Rama utiliza muchas veces un vocabulario de las ciencias sociales que sufre ese cuestionamiento. Por ejemplo, es frecuente encontrar en sus escritos palabras como *sociedades congeladas* y *maceradas en aislamiento, descongelamiento*, etc. El rechazo a estas palabras no debería impedir una reflexión más interesada por la argumentación de fondo.

41. El término *cholo* está registrado, por lo menos, desde el Inca Garcilaso de la Vega; y, por otro lado, posee un uso panamericano, el cual está en relación con el sistema de castas de la Colonia española en América. Para una observación sobre las tensiones en torno a los términos *indio* y *cholo*, véase Mayer (151–52).

42. El libro clásico de Bourricaud es *Pouvoir et société dans le Pérou contemporain* (1967), basado en sus estudios sobre los cambios sociales en Puno, los cuales presentó en su tesis *Changements a Puno: Etude de sociologie andine* (1961).

43. Sobre la definición de *misti*, Arguedas explica lo siguiente: "El 'misti' no es el blanco, se designa con ese nombre a los señores de cultura occidental o casi occidental que tradicionalmente, desde la Colonia, dominaron en la región, política, social y económicamente. Ninguno de ellos es ya, por supuesto, de raza blanca pura ni de cultura occidental pura. Son criollos" ("Puquio" 35).

44. Julio Cotler define así la problemática: "En la medida en que el sistema social dominante bloquea las posibilidades de que el indígena obtenga prestigio, riqueza y poder por las vías tradicionales, éste 'emigra' socialmente hacia la condición de cholo mediante el desempeño de nuevas ocupaciones libres del patronazgo del mestizo. ... Su comportamiento agresivo y móvil lo diferencia tanto del mestizo 'bien educado' como del indio 'servil' y 'abúlico'" ("La mecánica" 47).

45. Según Fernando Fuenzalida ("Poder"), entre los primeros científicos sociales que utilizaron el término *cholificación* están Gabriel Escobar y Richard Schaedel, Jacob Fried, Aníbal Quijano, François Bourricaud y Julian Pitt-Rivers. "El 'cholo,' según estos autores, no es otro que el indígena desarraigado de su sociedad por el trabajo migratorio estacional, la servidumbre en las ciudades o el servicio militar obligatorio. Se afinca en las ciudades o retorna a su pueblo con un status aumentado. Pero donde quiera que se encuentre, se diferencia del indígena por su rol ocupacional: es un minero, obrero de fábrica, chofer, pequeño comerciante, artesano, albañil, mozo, sirviente, o peón agrícola. También por el tipo de cultura en la que participa: es bilingüe con predominio del quechua, viste traje semioccidental, ha estudiado primaria elemental y hace empleo incipiente de artefactos modernos" (77–78).

46. Al igual que Bourricaud, para Quijano el *cholo* había dejado de ser una categoría puramente racial que remitía a la sociedad de castas de origen colonial, para pasar a ser definida bajo un criterio económico-social. Sin embargo, el criterio racial no desaparecía por completo: su pervivencia, junto al económico, mostraba la complejidad del proceso de dominación cultural y la persistencia de la herencia colonial.

47. Esto puede verse, por ejemplo, en las importantes discusiones sobre lo cholo de José Guillermo Nugent o, más recientemente, Jorge Bruce.

48. Un conjunto de escritos en que Arguedas percibe angustiosamente la posibilidad de una salida revolucionaria—la cual tiene como contexto la formulación de proyectos revolucionarios que se desprenden de los partidos de izquierda y producen guerrillas en diversas partes del Perú—puede verse en sus cartas a Hugo Blanco.

49. Al respecto, me parece importante la distinción que ha propuesto Alberto Moreiras entre un sentido literario y un sentido antropológico de la transculturación. El primero es atribuido por Moreiras a la propuesta de Rama, y da cuenta de la transculturación como un proyecto que tiene que ser llevado a cabo, que implica una voluntad planificadora; en cambio, la transculturación en su sentido antropológico describe los procesos que ocurren en la vida social (*The Exhaustion* 188). A pesar de que Moreiras percibe con gran acierto esta diferenciación, cuando analiza *El zorro de arriba y el zorro de abajo* (*The Exhaustion* 184–207; "José"), termina leyendo a Arguedas desde el sentido literario de la transculturación propuesta por Rama; es decir, no lee a Arguedas sino a Rama, como ha argumentado en detalle Fernando Rivera (41–49).

50. Aunque no se encuentra en la obra de Arguedas una discusión detallada de esta problemática, puede rastrearse en los ensayos sobre Huancayo ("Evolución" y "Estudio etnográfico") y Puquio ("Puquio"). Por otro lado, en los debates sobre la cultura peruana del siglo XX, y especialmente a propósito de Arguedas, se ha hablado muchas veces de una "modernidad andina." A pesar de que el término bien podría haber sido utilizado aquí, impide ver la intensa lucha de Arguedas con las formas de sociedad y cultura capitalistas que se van imponiendo y que destruyen en poquísimas décadas un orden del mundo histórico—el cual contenía al mismo tiempo el sometimiento colonial y la resistencia de la cultura indígena por la que él tanto apostaba—así como los parámetros del pensamiento que había construido para entender la historia del Perú y las sociedades andinas.

51. He discutido con más detalle las tensiones entre migración y capitalismo en la última novela de Arguedas en "El reflejo y la memoria: Los zorros en la última novela de José María Arguedas." *Palimpsestos de la antigua palabra: Inventario de mitos prehispánicos en la literatura latinoamericana.* Ed. Helena Usandizaga. Hispanic Studies: Culture and Ideas 58. Oxford: Peter Lang, 2013. 137–72.

52. Es difícil encontrar mejores términos para describir la tensión dialéctica en la obra de Arguedas que estas líneas de Aijaz Ahmad que explican el complejo problema del capitalismo y la colonización en el pensamiento de Marx sobre la India ("The British," "The Future"): se está describiendo una tragedia, "a sense of colossal disruption and irretrievable loss, a moral dilemma wherein neither the old nor the new can be wholly affirmed, the recognition that the sufferer was at once decent and flawed, the recognition also that the history of victories and losses is really a history of material productions, and the glimmer of a hope, in the end, that something good might yet come of this merciless history" (228).

53. Tal vez parte de la tragedia se mostraba dialécticamente en que el colosal trastorno ofrecía razones para el optimismo si se miraba la cultura, pero no si se observaban los efectos en el ámbito social y económico; allí había razones más que sólidas para el pesimismo y el reconocimiento de una destrucción física indetenible.

Conclusiones

1. Régis Debray asocia al intelectual que se encarga de la organización de la cultura con el período de la *graphosphere* (el que termina en 1968 para dar inicio a la *videosphere*). Esta clasificación mediológica es, sin lugar a dudas, central ("Socialism"). Sin embargo, Debray considera que en la época de la *videosphere* ese intelectual entra en crisis; como si con la época anterior hubiera desaparecido el intelectual-organizador-de-la-cultura. Creo que, a la luz de lo que este trabajo permite ver, esa tesis tendría que ser revisada. La tradición socialista del intelectual—que Debray asocia con ese intelectual perdido—también está vinculada a un tipo de intelectual que se hace cargo de pensar el capitalismo y las condiciones productivas dentro de su orden sociocultural. Para Peter Wagner, este tipo de intelectual se habría definido en Europa en el siglo XIX, conectado con la reflexión de Karl Marx sobre la evaluación de las pérdidas y los beneficios que generaba el capitalismo (228). Sólo que en el siglo XX esa tradición se encuentra con la problemática de la cultura de masas. No es que la cultura de masas la cancele, sino que la recoloca en un nuevo conjunto de problemas (Benjamin, "The Author," "The Work"; Enzensberger, "Constituents"). En las nuevas condiciones materiales del siglo XX, la tradición socialista no tendría que entenderse al margen de la tecnología y el capitalismo, sino que se trataría aquí de trabajar con las fuerzas liberadas por el capitalismo para producir formas de cultura y comunidad contrahegemónicas.

2. Para la desarticulación entre teoría y praxis, remito al estudio de Perry Anderson (*Considerations*), quien la evalúa en función de la tradición marxista y su ingreso al mundo académico. Un aspecto que necesitaría más discusión es el valor político y la necesidad de formas de trabajo intelectual que están más allá del ámbito académico. Rama y Arguedas sugieren este otro tipo de trabajo intelectual, pero son sólo índice de una tradición mucho más amplia en América Latina. Pero, por otro lado, es importante reconocer que la profesionalización del trabajo intelectual-académico posibilita dedicar más tiempo para la reflexión y la escritura. Esto podría verse en el caso de

Ángel Rama y su último libro, *La ciudad letrada*. La producción de este libro necesitó de un tiempo de investigación que el crítico uruguayo empezó a tener cuando inició su exilio; fundamentalmente, cuando asumió cargos universitarios en Estados Unidos.

Obras Citadas

Achugar, Hugo. *La biblioteca en ruinas: Reflexiones desde la periferia.* Montevideo: Trilce, 1994.

———. "Leones, cazadores e historiadores, a propósito de las políticas de la memoria y del conocimiento." *Revista Iberoamericana* 63.180 (1997): 379–87.

———. *Planetas sin boca: Escritos efímeros sobre arte, cultura y literatura.* Montevideo: Trilce, 2004.

———. "Primeros apuntes para una historia de la crítica uruguaya (1968–1988)." *Revista de Crítica Literaria Latinoamericana* 16.31/32 (1990): 219–35.

Acosta, Leonardo. "Medios masivos e ideología imperialista." Orrillo 1: 7–67.

Acree, William. *Everyday Reading: Print Culture and Collective Identity in the Río de la Plata, 1780–1910.* Nashville: Vanderbilt UP, 2011.

Adelman, Jeremy. "Latin American Longues Durées." *Latin American Research Review* 39.1 (2004): 223–37.

Adorno, Rolena. "*La ciudad letrada* y los discursos coloniales." *Hispamérica* 16.48 (1987): 3–24.

Adorno, Theodor. "Tiempo libre." *Consignas.* Trad. Ramón Bilbao. Buenos Aires: Amorrortu, 2003. 54–63.

Adorno, Theodor, y Max Horkheimer. *Dialéctica de la Ilustración: Fragmentos filosóficos.* Trad. Juan José Sánchez. Madrid: Trotta, 1994.

Aguirre, Carlos. "Hegemonía." Szurmuk e Irwin 124–30.

Aguirre, Carlos, y Carmen McEvoy, eds. *Intelectuales y poder: Ensayos en torno a la república de las letras en el Perú e Hispanoamérica (ss. XVI–XX).* Lima: Instituto Francés de Estudios Andinos, Instituto Riva-Agüero, 2008.

Ahmad, Aijaz. *In Theory: Classes, Nations, Literatures.* London: Verso, 1994.

Alfaro, Santiago. "Las industrias culturales e identidades étnicas del huayno." Pinilla et al. 57–76.

Alonso, Carlos. "Rama y sus retoños: Figuring the Nineteenth Century in Spanish America." *Revista de Estudios Hispánicos* 28.2 (1994): 283–92.

Alonso, Paula, comp. *Construcciones impresas: Panfletos, diarios y revistas en la formación de los estados nacionales en América Latina, 1820–1920.* Buenos Aires: Fondo de Cultura Económica de Argentina, 2003.

Altamirano, Carlos, dir. *Bajo el signo de las masas.* Buenos Aires: Ariel, 2001.

Altamirano, Carlos. "Campo intelectual." *Términos críticos de sociología de la cultura.* Buenos Aires: Paidós, 2002. 9–10.

———, dir. *Historia de los intelectuales en América Latina.* Tomo 1: *La ciudad letrada, de la conquista al modernismo.* Ed. Jorge Myers. Buenos Aires: Katz, 2008.

———. *Intelectuales. Notas de investigación.* Bogotá: Norma, 2006.

Altamirano, Carlos, y Beatriz Sarlo. *Literatura/Sociedad.* Buenos Aires: Hachette, 1983.

Álvarez, Jesús Timoteo, y Ascensión Martínez Riaza. *Historia de la prensa hispanoamericana.* Madrid: MAPFRE, 1992.

Amar Sánchez, Ana María. *Juegos de seducción y traición: Literatura y cultura de masas.* Rosario: Beatriz Viterbo, 2000.

Ames, Patricia. *Para ser iguales, para ser distintos: Educación, escritura y poder en el Perú.* Lima: Casa de la Cultura del Perú, 1966.

Anderson, Benedict. *Imagined Communities: Reflections on the Origins and Spread of Nationalism.* London: Verso, 2006.

Anderson, Perry. *Considerations on Western Marxism.* London: NLB, 1976.

Ansión, Juan. *La escuela en la comunidad campesina.* Lima: Ministerio de Agricultura, 1989.

Antel, Alicia. *Teorías de la comunicación: Cuadros de época y pasiones de sujetos.* Buenos Aires: Docencia, 1994.

Antel, Alicia, Víctor Lenarduzzi y Diego Gerzovich. *Escuela de Frankfurt: Razón, arte y libertad.* Buenos Aires: EUDEBA, 1999.

Archibald, Priscilla. *Imagining Modernity in the Andes.* Lewisburg: Bucknell UP, 2010.

Arguedas, José María. "Algunas observaciones sobre el niño indio actual y los factores que modelan su conducta." Arguedas, *Nosotros* 390–401.

———. "La caída del Ángel." *Expreso* 19 de dic. de 1962: 10.

———. "Cambio de cultura en las comunidades indígenas económicamente fuertes." Arguedas, *Formación* 28–33.

———. *Canciones y cuentos del pueblo quechua.* Lima: Huascarán, 1949.

———. "La canción popular mestiza en el Perú: Su valor documental y poético." Arguedas, *Señores* 201–05.

———. *Canto Kechwa. Con un ensayo sobre la capacidad de creación artística del pueblo indio y mestizo.* Lima: Horizonte, 1989.

———. "El carnaval de Tambobamba." Arguedas, *Indios* 151–55.

———. Carta a John Murra. 12 de nov. de 1961. Murra y López Baralt 64–67.

———. Carta a José Ortiz Reyes (Lima). 6 de enero de 1938. Ortiz Rescaniere 58–60.

———. Carta a José Ortiz Reyes (Sicuani). 9 de oct. de 1939. Ortiz Rescaniere 70–74.

———. "La cerámica popular india en el Perú." Arguedas, *Indios* 77–82.

———. "La clase media." Pinilla, *¡Kachkaniraqmi!* 491–92.

———. "El complejo cultural en el Perú." Arguedas, *Formación* 1–8.

———. *Las comunidades de España y del Perú*. Lima: U Nacional Mayor de San Marcos, 1968.

———. "Contestaciones de Arguedas a un cuestionario escrito." Arguedas, *El zorro* 404–09.

———. "La cultura y el pueblo en el Perú." *Cultura y Pueblo* 1 (1964): 2–3, 6.

———. "La cultura: Un patrimonio difícil de colonizar." Arguedas, *Formación* 183–88.

———. "De lo mágico a lo popular, del vínculo local al nacional." Arguedas, *Señores* 243–47.

———. "Del retablo mágico al retablo mercantil." Arguedas, *Señores* 248–54.

———. "La difusión de la música folklórica andina." *Ciencias Antropológicas* 1 (1969): 17–33.

———. "Discurso de José María Arguedas durante la entrega de premios del concurso folklórico organizado por Radio Nacional con el auspicio de la Comisión Nacional de Cultura." Ortiz Rescaniere 159–62.

———. *Dos estudios sobre Huancayo: Evolución de las comunidades indígenas y estudio etnográfico de la feria de Huancayo*. Huancayo: U Nacional del Centro del Perú, 1977.

———. "Educación del indio en el Perú." *Amauta y su época* 2.3 (1997): 12.

———. "En defensa del folklore andino." Arguedas, *Señores* 233–34.

———. "¿En otra misión?" Pinilla, *¡Kachkaniraqmi!* 487–90.

———. "Ensayo." Forgues, *Arguedas* 54–68.

———. "Estudio etnográfico de la feria de Huancayo." Arguedas, *Dos estudios* 89–143.

———. "Evolución de las comunidades indígenas. El Valle del Mantaro y la ciudad de Huancayo: Un caso de fusión de culturas no comprometidas por la acción de las instituciones de origen colonial." Arguedas, *Dos estudios* 2–87.

———. "Folklore del Valle del Mantaro. Provincias de Jauja y Concepción." *Folklore Americano* 1 (1953): 101–293.

Arguedas, José María. *Formación de una cultura nacional indoamericana.* México: Siglo XXI, 1975.

———. "El indigenismo en el Perú." Arguedas, *Indios* 11–27.

———. *Indios, mestizos y señores.* Lima: Horizonte, 1985.

———. "Los instrumentos musicales y su área de difusión." Arguedas, *Señores* 220–24.

———. "José Sabogal y las artes populares en el Perú." *Folklore Americano* 4 (1956): 241–45.

———. "Un método para el caso lingüístico del indio peruano." Arguedas, *Nosotros* 94–104.

———. "El monstruoso contrasentido." Arguedas, *Señores* 215–19.

———. *Nosotros los maestros.* Ed. Wilfredo Kapsoli Escudero. Lima: Derrama Magisterial, 2011.

———. "No soy un aculturado." Arguedas, *El zorro* 256–58.

———. "Notas elementales sobre el arte popular religioso y la cultura mestiza en Huamanga." Arguedas, *Formación* 148–72.

———. "Notas sobre el folklore peruano." Arguedas, *Señores* 209–14.

———. "La novela y la expresión literaria en el Perú." Pinilla, *¡Kachkaniraqmi!* 175–83.

———. *Obras completas.* Vol. 4. Lima: Horizonte, 1983.

———. "Oda al jet." Arguedas, *Obras* 239–43.

———. *Perú vivo.* Lima: Juan Mejía Baca, 1966.

———. "Perú y Argentina." *Revista Idea* 43 (1960): 4.

———. "Proyecto acerca de danzas hispano-incas y la recopilación musical y fílmica de las mismas." Pinilla, *Apuntes* 155–59.

———. "Proyecto de investigación: Estudio de la cultura andina en la literatura oral." Copia mecanografiada. 1968. Archivo José María Arguedas, Pontificia U Católica del Perú. Lima, Perú.

———. "Puquio, una cultura en proceso de cambio: La religión local." Arguedas, *Formación* 34–79.

———. "¿Qué es el folklore? (I)." *Cultura y Pueblo* 1 (1964): 10–11.

———. "¿Qué es el folklore? (II)." *Cultura y Pueblo* 2 (1964): 10–11.

———. "¿Qué es el folklore? (III)." *Cultura y Pueblo* 3 (1964): 9–10.

———. "¿Qué es el folklore? (IV)." *Cultura y Pueblo* 4 (1964): 13–14.

———. "¿Qué es el folklore? (V)." *Cultura y Pueblo* 6 (1965): 9–11.

———. "Razón de ser del indigenismo en el Perú." Arguedas, *Formación* 189–97.

——. *Los ríos profundos.* Ed. Ricardo González Vigil. Madrid: Cátedra, 2005.

——. "Salvación del arte popular." Arguedas, *Señores* 255–59.

——. *Señores e indios. Acerca de la cultura quechua.* Ed. Ángel Rama. Buenos Aires: Calicanto, 1976.

——. "Los señores y los indios." Arguedas, *Señores* 225–32.

——. "La sierra en el proceso de la cultura peruana." Arguedas, *Formación* 9–27.

——. "El sueño del pongo." Pinilla, *¡Kachkaniraqmi!* 526–35.

——. *Todas las sangres.* Lima: Horizonte, 1986.

——. *Tupac Amaru Kamaq Taytanchisman, A nuestro padre creador Túpac Amaru.* Lima: Salqantay, 1962.

——. "El wayno y el problema del idioma en el mestizo." Arguedas, *Nosotros* 88–93.

——. *Yawar Fiesta.* Buenos Aires: Losada, 1974.

——. *El zorro de arriba y el zorro de abajo.* Ed. Eve-Marie Fell. Madrid: Archivos, 1990.

Arguedas, José María, et al. *Primer encuentro de narradores peruanos.* Lima: Latinoamericana, 1986.

Arguedas, José María, y Francisco Izquierdo Ríos, eds. *Mitos, leyendas y cuentos peruanos.* Lima: Ministerio de Educación Pública, 1947.

Atwood, Rita, y Emile G. McAnany, eds. *Communication and Latin American Society: Trends in Critical Research, 1960–1985.* Madison: U of Wisconsin P, 1986.

Baker, Chris, *The SAGE Dictionary of Cultural Studies.* London: SAGE, 2004.

Baker, Ronald E. *Books for All: A Study of International Book Trade.* París: UNESCO, 1956.

Barrán, José Pedro, Gerardo Caetano y Teresa Porzecanski, dirs. *Historias de la vida privada en el Uruguay: Individuo y soledades, 1920–1990.* Montevideo: Santillana, 1998.

Baudot, George. *La vida cotidiana en la América española en tiempos de Felipe II.* Trad. Stella Mastrangelo. México: Fondo de Cultura Económica, 1995.

Bayce, Julio (atribuído a). "Balance." Copia mecanográfica. s.f. Archivo Ángel Rama. Montevideo, Uruguay.

Beigel, Fernanda. *La epopeya de una generación y una revista: Las redes editoriales de José Carlos Mariátegui en América Latina.* Buenos Aires: Biblos, 2006.

213

Benjamin, Walter. "The Author as Producer." *Selected Writings*, Vol. 2, Pt. 2. Ed. Michael Jennings, Howard Eiland y Gary Smith. Trad. Rodney Livingstone et al. Cambridge: Belknap–Harvard UP, 1999. 768–82.

———. "The Paris of the Second Empire in Baudelaire." *Selected Writings*. Vol. 4. Ed. Howard Eiland and Michael Jennings. Trad. Edmund Jephcott et al. Cambridge: Belknap–Harvard UP, 2003. 3–94.

———. "The Work of Art in the Age of Its Technological Reproducibility: Second Version." *Selected Writings*. Vol. 3. Ed. Howard Eiland and Michael Jennings. Trad. Edmund Jephcott, Howard Eiland, et al. Cambridge: Belknap–Harvard UP, 2002. 101–33.

Benvenuto, Luis Carlos. *Breve historia del Uruguay*. Montevideo: Arca, 1967.

———. Entrevista personal. Jun. de 2007.

———. "La tierra y los hombres." Benvenuto et al., *Uruguay* 7–30.

Benvenuto, Luis Carlos, et al. *Uruguay hoy*. Buenos Aires: Siglo XXI Argentina, 1971.

Berman, Marshall. *All That Is Solid Melts into Air: The Experience of Modernity*. New York: Simon and Schuster, 1982.

Bernabé, Mónica. *Vida de artista: Bohemia y dandismo en Mariátegui, Valdelomar y Euguren (Lima 1911–1922)*. Lima: Instituto de Estudios Peruanos, Beatriz Viterbo, 2006.

Beverley, John. *Del Lazarillo al Sandinismo: Estudios sobre la función ideológica de la literatura española e hispanoamericana*. Minneapolis: Institute for the Study of Ideologies and Literature / Prisma Institute, 1987.

———. *Subalternity and Representation: Arguments in Cultural Theory*. Durham: Duke UP, 1999.

———. *Testimonio: On the Politics of Truth*. Minneapolis: U of Minnesota P, 2004.

Blanco, Alejandro. *Razón y modernidad: Gino Germani y la sociología en la Argentina*. Buenos Aires: Siglo XXI Argentina, 2006.

Blixen, Carina, y Álvaro Barros-Lemez. *Cronología y bibliografía de Ángel Rama*. Montevideo: Fundación Ángel Rama, 1986.

Boas, Taylor C. "Television and Neopopulism in Latin America: Media Effects in Brazil and Peru." *Latin American Research Review* 40.2 (2005): 27–49.

Bourdieu, Pierre. *La distinción: Criterio y bases sociales del gusto*. Trad. María del Carmen Ruiz de Elvira. Madrid: Taurus, 2003.

———. *Outline of a Theory of Practice*. Cambridge: Cambridge UP, 1977.

Bouret, Daniela, y Gustavo Remedi. *Escenas de la vida cotidiana: El nacimiento de la sociedad de masas (1910–1930)*. Montevideo: Banda Oriental, 2009.

Bourricaud, François. "¿Cholificación?" *El indio y el poder en el Perú*. Ed. José Matos Mar. Lima: Francisco Moncloa, 1970. 183–98.

———. "Elogio del 'cholo.'" *Cuadernos del Congreso para la Libertad de la Cultura* 63 (1962): 26–33.

———. *Poder y sociedad en el Perú contemporáneo*. Trad. Roberto Bixio. Buenos Aires: Sur, 1967.

Bruce, Jorge. *Nos habíamos choleado tanto: Psicoanálisis y racismo*. Lima: U San Martín de Porres, 2008.

Brunner, José Joaquín. "Tradicionalismo y modernidad en la cultura latino-americana." *Escritos* 13–14 (1996): 301–33.

Brunner, José Joaquín, y Ángel Flisfisch. *Los intelectuales y las instituciones de la cultura*. Santiago de Chile: FLACSO, 1983.

Buck-Morss, Susan. *Dreamworld and Catastrophe: The Passing of Mass Utopia in East and West*. Cambridge: MIT Press, 2000.

Bueno, Mónica, y Miguel Ángel Taroncher, coords. *Centro Editor de América Latina: Capítulos para una historia*. Buenos Aires: Siglo XXI Argentina, 2006.

Bueno, Raúl. "Sobre la heterogeneidad literaria y cultural de América Latina." Mazzotti y Zevallos Aguilar 21–36.

Burga, Manuel, y Alberto Flores Galindo. *Apogeo y crisis de la república aristocrática*. Flores Galindo, *Obras* 7–364.

Caetano, Gerardo. "Identidad nacional e imaginario social en el Uruguay contemporáneo. La síntesis perdurable del Centenario." *La identidad uruguaya: ¿Mito, crisis o afirmación?* Orgs. varios. Montevideo: Trilce, 1992. 1–30.

Calhoun, Graig, ed. *Habermas and the Public Sphere*. Cambridge: MIT P, 1992.

Candido, Antonio. *Formação da literatura brasileira: Momentos decisivos*. San Pablo: Martins, 1962.

Canetti, Elias. *Masa y poder*. Trad. Juan José del Solar. Barcelona: DeBolsillo, 2005.

Carey, James W. *Communication as Culture: Essays on Media and Society*. New York: Routledge, 2009.

Cassigoli, Armando. "Literatura y comunicación masiva." *Cormorán* 1.1 (1969): 6.

Castro-Klaren, Sara. *El mundo mágico de José María Arguedas*. Trad. Cristina Soto de Cornejo. Lima: Instituto de Estudios Peruanos, 1973.

Chandler, Daniel, y Rod Munday. *Oxford Dictionary of Media and Communication*. New York: Oxford UP, 2011.

Chartier, Roger. *The Cultural Uses of Print in Early Modern France*. Princeton: Princeton UP, 1987.

Chartier, Roger. *Escribir las prácticas*. Buenos Aires: Manantial, 1996.

———. *Espacio público, crítica y desacralización en el siglo XVIII: Los orígenes culturales de la Revolución Francesa*. Trad. Beatriz Lonné. Barcelona: Gedisa, 2003.

———. *El mundo como representación; Historia cultural, Entre práctica y representación*. Trad. Claudia Ferrari. Barcelona: Gedisa, 1992.

Chasteen, John Charles. Introd. *The Lettered City*. Por Ángel Rama. Trad. Chasteen. Durham: Duke UP, 1996. vii–xiv.

Chumacero, Alí. Entrevista personal. Jun. de 2006.

Contreras, Carlos. "Maestros, mistis y campesinos en el Perú rural del siglo XX." *El aprendizaje del capitalismo: Estudios de historia económica y social del Perú republicano*. Lima: Instituto de Estudios Peruanos, 2004. 214–72.

Cornejo Polar, Antonio. *Escribir en el aire. Ensayo sobre la heterogeneidad socio-cultural en las literaturas andinas*. Lima: Centro de Estudios Literarios Antonio Cornejo Polar, Latinoamericana, 2003.

———. "Una heterogeneidad no dialéctica: Sujeto y discurso migrantes en el Perú moderno." *Revista Iberoamericana* 62.176–77 (1996): 837–44.

———. "Mestizaje, transculturación, heterogeneidad." *Revista de Crítica Literaria Latinoamericana* 20.40 (1994): 368–71.

———. "Tradición migrante e intertextualidad multicultural: El caso de Arguedas." *CELEHIS* 5.6–8 (1996): 45–56.

———. *Los universos narrativos de José María Arguedas*. Buenos Aires: Losada, 1974.

Cornejo Polar, Jorge. "Arguedas y la política cultural en el Perú." Martínez y Manrique 143–54.

———. *Estado y cultura en el Perú republicano*. Lima: U de Lima, 1987.

Coronado, Jorge. *The Andes Imagined: Indigenismo, Society, and Modernity*. Pittsburgh: Pittsburgh UP, 2009.

Cotler, Julio. "La mecánica de la dominación interna y del cambio social." *Política y sociedad en el Perú: Cambios y continuidades*. Lima: Instituto de Estudios Peruanos, 1994. 17–57.

Cultura y Pueblo [Lima; Casa de la Cultura], Nos. 1–28 (1964–70).

Dabove, Juan Pablo. "Ciudad letrada." Szurmuk e Irwin 55–60.

Damián, Máximo. Entrevista personal. Agosto de 2009.

De Armas, Gustavo, y Adolfo Garcé. *Uruguay y su conciencia crítica: Intelectuales y política en el siglo XX*. Montevideo: Trilce, 1997.

Debray, Régis. *Introducción a la mediología.* Trad. Núria Pujol i Valls. Barcelona: Paidós Ibérica; Buenos Aires: Paidós, 2001.

———. "Socialism: A Life-Cycle." *New Left Review* 46 (2007): 5–28.

De Campos, Haroldo. "La superación de los lenguajes exclusivos." Fernández Moreno 279–300.

De Certeau, Michel. *The Practice of Everyday Life.* Berkeley: U of California P, 1984.

De Diego, José Luis, dir. *Editores y políticas editoriales en Argentina, 1880–2000.* Buenos Aires: Fondo de Cultura Económica, 2006.

Degregori, Carlos Iván. "El estudio del otro: Cambios en los análisis sobre etnicidad en el Perú." *Perú, 1964–1994: Economía, sociedad y política.* Ed. Julio Cotler. Lima: Instituto de Estudios Peruanos, 1995. 303–32.

———, ed. *No hay país más diverso: Compendio de antropología peruana.* Lima: Red para el Desarrollo de las Ciencias Sociales en el Perú, 2000.

———. "Panorama de la antropología en el Perú: Del estudio del Otro a la construcción de un Nosotros diverso." Degregori, *No hay* 20–73.

———. "Qué difícil es ser Dios: Ideología y violencia política en Sendero Luminoso." *Nariz del Diablo* 16 (1990): 33–44.

De la Cadena, Marisol. *Indígenas mestizos: Raza y cultura en el Cusco.* Trad. Montserrat Cañedo y Eloy Neyra. Lima: Instituto de Estudios Peruanos, 2004.

De la Campa, Román. "El desafío inesperado de *La ciudad letrada.*" Moraña, *Ángel* 29–53.

———. *Latin Americanism.* Minneapolis: U of Minnesota P, 1999.

———. *Nuevas cartografías latinoamericanas.* La Habana: Letras Cubanas, 2006.

De Sierra Nieves, Carmen. "De la crise à la recherche d'une nouvelle identité nationale: Les intellectuels en Uruguay (1939–1975)." Tesis doctoral. École des Hautes Études en Sciences Sociales, 1992.

Deustua, José, y José Luis Rénique. *Intelectuales, indigenismo y descentralismo en el Perú 1897–1931.* Cusco: Centro de Estudios Rurales Andinos Bartolomé de las Casas, 1984.

Díaz Arciniegas, Víctor. *Historia de la casa: Fondo de Cultura Económica (1934–1996).* México: Fondo de Cultura Económica, 1994.

Díaz-Quiñones, Arcadio. *Sobre los principios: Los intelectuales caribeños y la tradición.* Bernal: U de Quilmes, 2006.

Díaz-Quiñones, Arcadio, et al. "Debate." *Revista de Crítica Literaria Latino-americana* 17.33 (1991): 137–50.

Discours culturel dans les revues latino-américaines (1940–1970), Le. No. 9–10 América: Cahiers du CRICCAL. París: Presses de la Sorbonne nouvelle, 1992.

Discours culturel dans les revues latino-américaines de l'entre deux-guerres (1919–1939), Le. No. 4–5. Ed. Claude Fell. América: Cahiers du CRICCAL. París: Presses de la Sorbonne nouvelle, 1990.

Domínguez, Carlos María. "Historia de la editorial." *Arca Editorial Online.* Editorial Arca. Web. 8 nov. 2009.

Dorfman, Ariel. "Inocencia y neocolonialismo: Un caso de dominio ideológico en la literatura infantil." Garretón et al. 155–90.

———. "Salvación y sabiduría del hombre común: La teología de *Selecciones del Reader's Digest.*" Orrillo 2: 5–38.

Dorfman, Ariel, y Armand Mattelart. *Para leer al Pato Donald: Comunicación de masas y colonialismo.* Buenos Aires: Siglo XXI Argentina, 2005.

Dworkin, Dennis. *Cultural Marxism in Postwar Britain. History, the New Left, and the Origins of Cultural Studies.* Durham: Duke UP, 1997.

Eco, Umberto. *Apocalípticos e integrados.* Trad. Andrés Boglar. Barcelona: Tusquets, 2006.

Eisenstein, Elizabeth. *The Printing Revolution in Early Modern Europe.* Cambridge: Cambridge UP, 2005.

Elteren, Melvan. *Americanism and Americanization: A Critical History of Domestic and Global Influence.* Jefferson, NC: McFarland, 2006.

Enciclopedia uruguaya: Historia ilustrada de la civilización uruguaya. Montevideo: Editores Reunidos y Editorial Arca, 1968–69.

———. Cuaderno 4: *La voz de los vencidos: Textos indígenos.* Ed. Ángel Rama. Montevideo: Editores Reunidos y Editorial Arca, s.f.

———. Cuaderno 9: *Cantos y bailes negros.* Ed. Isidoro de María y Vicente Rossi. Montevideo: Editores Reunidos y Editorial Arca, s.f.

———. Cuaderno 43: *Cambalache: Antología de letras de tango.* Ed. Juan José Iturriberry y José Wainer. Montevideo: Editores Reunidos y Editorial Arca, s.f.

———. Fascículo 4: *Conquistadores y colonizadores.* De Washington Reyes Abadie. Montevideo: Editores Reunidos y Editorial Arca, s.f.

———. Fascículo 7: *El gaucho.* De Daniel Vidart. Montevideo: Editores Reunidos y Editorial Arca, s.f.

———. Fascículo 9: *Amos y esclavos.* De Agustín Beraza. Montevideo: Editores Reunidos y Editorial Arca, s.f.

———. Fascículo 10: *La vida cotidiana en 1800*. De Alfredo Castellanos. Montevideo: Editores Reunidos y Editorial Arca, s.f.

———. Fascículo 31: *La cultura del 900*. De Roberto Ibáñez. Montevideo: Editores Reunidos y Editorial Arca, s.f.

———. Fascículo 32: *Obreros y anarquistas*. De Carlos Rama. Montevideo: Editores Reunidos y Editorial Arca, s.f.

———. Fascículo 33: *Los retratistas*. De Florio Parpagnoli. Montevideo: Editores Reunidos y Editorial Arca, s.f.

———. Fascículo 43: *El tango*. De Juan José Iturriberry y José Wainer. Montevideo: Editores Reunidos y Editorial Arca, s.f.

———. Fascículo 45: *El arte nuevo*. De Fernando García Esteban. Montevideo: Editores Reunidos y Editorial Arca, s.f.

———. Fascículo 52: *El mundo del espectáculo*. De Juan Carlos Legido. Montevideo: Editores Reunidos y Editorial Arca, s.f.

Enzensberger, Hans Magnus. *The Consciousness Industry: On Literature, Politics and the Media*. Comp. Michael Roloff. New York: Seabury, 1974.

———. "Constituents of a Theory of the Media." *New Left Review* 1.46 (1970): 13–36.

———. "La cultura, bien de consumo: Análisis de la producción del libro de bolsillo." *Detalles*. Trad. N. Ancochea Millet. Barcelona: Anagrama, 1969. 72–88.

———. "The Industrialization of the Mind." Enzensberger, *Consciousness* 3–15.

Escajadillo, Tomás G. "Manuel Scorza, editor de libros de nuestra América. Nota indispensable." *San Marcos* 24 (2006): 295–303.

———. *La narrativa indigenista peruana*. Lima: Amaru, 1994.

———. "Scorza: Nadie es profeta en su tierra." *San Marcos* 24 (2006): 191–205.

Escarpit, Robert. "Lo literario y lo social." Escarpit et al. 11–43.

———. *La revolución del libro*. Madrid: Alianza, 1968.

Escarpit, Robert, et al. *Hacia una sociología del hecho literario*. Madrid: Cuadernos para el Diálogo, 1974.

Escobar, Alberto. *La narración en el Perú*. Lima: Letras Peruanas, 1956.

Espino, Gonzalo. *Adolfo Vienrich: La inclusión andina y la literatura quechua*. Lima: U Ricardo Palma, 2004.

Faraone, Roque. *Estado y T.V. en el Uruguay*. Montevideo: Fundación de Cultura Universitaria, 1989.

Faraone, Roque. *Medios masivos de comunicación*. Montevideo: Nuestra Tierra, 1969.

———. *El Uruguay en que vivimos: 1900–1965*. Montevideo: Arca, 1965.

Farfán, J. M. B. "Presencia del quechua." *Cultura y Pueblo* 5 (1965): 28–30.

Favre, Henri. *El indigenismo*. Trad. Glenn Amado Gallardo Jordán. México: Fondo de Cultura Económica, 1998.

Fell, Claude. *José Vasconcelos: Los años del águila (1920–1925)*. México: U Nacional Autónoma de México, 1989.

Fell, Eve-Marie. "*Cultura y Pueblo*. Año I (Pérou 1964)." *Discours ... (1940–1970)* 273–82.

———. "Du folklore rural au folklore commercial: Une expérience dirigiste au Pérou." *Cahiers du Monde Hispanique et Luso-Brésilien* 48 (1987): 59–68.

Fernández Moreno, César, coord. *América Latina en su literatura*. México: Siglo XXI, 1972.

Fernández Retamar, Roberto. "Intercomunicación y nueva literatura." Fernández Moreno 317–31.

Flores Galindo, Alberto. *La agonía de Mariátegui*. Flores Galindo, *Obras completas* 367–592.

———. "Arguedas y la utopía andina." Flores Galindo, *Dos ensayos* 5–34.

———. *Buscando un inca: Identidad y utopía en los Andes. Obras completas*. Vol. 3. Lima: SUR Casa de Estudios del Socialismo, 2005.

———. *Dos ensayos sobre José María Arguedas*. Lima: SUR Casa de Estudios del Socialismo, 1992.

———. *Obras completas*. Vol. 2. Lima: Fundación Andina; Lima: SUR Casa de Estudios del Socialismo, 1994.

———. "Los últimos años de Arguedas." Flores Galindo, *Dos ensayos* 35–47.

Forgues, Roland. *Arguedas: Documentos inéditos*. Lima: Amauta, 1995.

———. *José María Arguedas: Del pensamiento dialéctico al pensamiento trágico*. Lima: Horizonte, 1989.

Fornet, Ambrosio. Entrevista personal. Jun. de 2006.

Fox, Elizabeth. *Media and Politics in Latin America: The Struggle for Democracy*. London: Sage, 1988.

Franco, Jean. *Critical Passions: Selected Essays*. Ed. Mary Louise Pratt y Kathleen Newman. Durham: Duke UP, 1999.

———. *The Decline and Fall of the Lettered City: Latin America in the Cold War*. Cambridge: Harvard UP, 2002.

————. "La heterogeneidad peligrosa: Escritura y control social en vísperas de la independencia mexicana." *Hispamérica* 34–35 (1983): 3–34.

————. "Narrator, Author, Superstar: Latin American Narrative in the Age of Mass Culture." Franco, *Critical Passions* 147–68.

————. "What's in a Name? Popular Culture Theories and Their Limitations." Franco, *Critical Passions* 169–80.

Frega, Ana. "La formulación de un modelo. 1890–1918." Frega et al. 17–50.

Frega, Ana, et al. *Historia del Uruguay en el siglo XX (1890–2005).* Montevideo: Banda Oriental, 2007.

Fried, Jacob. "The Indian and *Mestizaje* in Peru." *Human Organization* 20.1 (1961): 23–26.

Fuenzalida, Fernando. "Poder, raza y etnia en el Perú contemporáneo." Fuenzalida et al. 15–87.

Fuenzalida, Fernando, et al. *El indio y el poder.* Lima: Instituto de Estudios Peruanos, 1970.

García Canclini, Néstor. *Culturas híbridas: Estrategias para entrar y salir de la modernidad.* Nueva ed. Buenos Aires: Paidós, 2001.

————. *Culturas populares en el capitalismo.* Ed. ampliada. México: Grijalbo, 2002.

Gargurevich, Juan. *Historia de la prensa peruana, 1594–1990.* Lima: La Voz, 1991.

————. "Informe sobre algunas revistas alienantes en el Perú." Orrillo 2: 88–94.

Garramuño, Florencia. *Modernidades primitivas: Tango, samba y nación.* Buenos Aires: FCE, 2007.

Garretón, Manuel Antonio, coord. *El espacio cultural latinoamericano: Bases para una política cultural de integración.* Bogotá: Convenio Andrés Bello, 2003.

Garretón, M. A., et al. *Cultura y comunicaciones de masas: Materiales de la discusión chilena, 1970–1973.* Barcelona: Laia, 1975.

Giddens, Anthony. *The Constitution of Society: Outline of the Theory of Structuration.* Berkeley: U of California P, 1984.

Gilman, Claudia. "América Latina, ciudad, voz y letra." *Prismas, Revista de Historia Intelectual* 10 (2006): 157–61.

————. *Entre la pluma y el fusil: Debates y dilemas del escritor revolucionario en América Latina.* Buenos Aires: Siglo XXI Argentina, 2003.

————. "Política y cultura: *Marcha* a partir de los años 60." *Nuevo Texto Crítico* 6.11 (1993): 153–86.

Glave, Luis Miguel. *La república instalada: Formación nacional y prensa en el Cuzco, 1825–1839*. Lima: Instituto Francés de Estudios Andinos, Instituto de Estudios Peruanos, 2004.

Golte, Jürgen. "Migración andina y cultura peruana." *Cultura, racionalidad y migración andina*. Lima: Instituto de Estudios Peruanos, 2001. 107–22.

González Echevarría, Roberto. *Myth and Archive: A Theory of Latin American Narrative*. Cambridge: Cambridge UP, 1990.

González Stephan, Beatriz. *La historiografía del liberalismo hispano-americano del siglo XIX*. La Habana: Casa de las Américas, 1987.

González Stephan, Beatriz, Javier Lasarte y Graciela Montaldo, comps. *Esplendores y miserias del siglo XIX: Cultura y sociedad en América Latina*. Caracas: Monte Ávila, 1995.

Goody, Jack. *Capitalism and Modernity: The Great Debate*. Cambridge: Polity, 2004.

Goody, Jack, e Ian Watt. "The Consequences of Literacy." *Comparative Studies in Society and History* 5.3 (1963): 304–45.

Gorelik, Adrián. "Ciudad latinoamericana: Dos o tres cosas que sé de ella." *Revista Todavía* 9 (2004): s. pág. Web. 8 mayo 2011.

———. "Intelectuales y ciudad en América Latina." *Prismas, Revista de Historia Intelectual* 10 (2006): 163–72.

Gramsci, Antonio. *Los intelectuales y la organización de la cultura*. Trad. Raúl Sciarreta. Cuadernos de la Cárcel 2. México: Juan Pablos, 1997.

———. *Literatura y vida nacional*. Trad. Héctor P. Agosti. Cuadernos de la Cárcel 4. México: Juan Pablos, 1998.

Gras, Dunia. *Manuel Scorza: La construcción de un mundo posible*. Murcia: Edicions de la U de Lleida, 2003.

Gregory, Stephen. *Intellectuals and Left Politics in Uruguay, 1958–2006*. Brighton: Sussex Academic P, 2009.

Guardia, Jaime, et al. "No has vivido en vano …" Martínez y Manrique 391–403.

Guerra, François-Xavier, Annick Lempérière et al. *Los espacios públicos en Iberoamérica: Ambigüedades y problemas. Siglos XVIII–XIX*. México: Centro Francés de Estudios Mexicanos y Centroamericanos, Fondo de Cultura Económica, 1998.

Gugelberger, Georg, y Michael Kearney. "Voices of the Voiceless: Testimonial Literature in Latin America." *Latin American Perspectives: Voices in Testimonial Literature I* 18.3 (1991): 3–14.

Guha, Ranajit. *Dominance without Hegemony: History and Power in Colonial India*. Cambridge: Harvard UP, 1998.

Gundle, Stephen. *Between Hollywood and Moscow: The Italian Communists and the Challenge of Mass Culture, 1943–1991.* Durham: Duke UP, 2000.

Gushiken, José J. *El violín de Isua: Biografía de un intérprete de Música Folklórica.* Lima: U Nacional Mayor de San Marcos, Seminario de Historia Rural Andina, 1979.

Habermas, Jürgen. *Historia y crítica de la opinión pública.* Trad. Antonio Doménech. Barcelona: Gustavo Gili, 1994.

Halperín Donghi, Tulio. *El espejo de la historia: Problemas argentinos y perspectivas hispanoamericanas.* Buenos Aires: Sudamericana, 1987.

———. *Historia contemporánea de América Latina.* Buenos Aires: Alianza, 1997.

———. "Nueva narrativa y ciencias sociales hispanoamericanas en la década del sesenta." Viñas et al. 144–65.

Hansen, Miriam. Foreword. Negt y Kluge ix–xli.

Hård, Mikael, y Andrew Jamison, eds. *The Intellectual Appropriation of Technology: Discourses on Modernity, 1900–1939.* Cambridge: MIT P, 1998.

Hartley, John. *Communication, Cultural and Media Studies: The Key Concepts.* London: Routledge, 2002.

Hauser, Arnold. *Historia social de la literatura y el arte.* Trad. A. Tovar y F. P. Varas-Reyes. 2 vols. Madrid: Debate, 2002.

Havelock, Eric. *The Muse Learns to Write: Reflections on Orality and Literacy from Antiquity to the Present.* New York: Yale UP, 1986.

Henríquez Ureña, Pedro. *Las corrientes literarias en la América Hispánica.* Trad. Joaquín Diez-Canedo. México: Fondo de Cultura Económica, 1969.

Hirsch, Steven. "Peruvian Anarcho-Syndicalism: Adapting Transnational Influences and Forging Counterhegemonic Practices, 1905–1930." *Anarchism and Syndicalism in the Colonial and Postcolonial World, 1870–1940: The Praxis of National Liberation, Internationalism, and Social Revolution.* Ed. Steven Hirsch y Lucien Van der Walt. Leiden: Brill, 2010. 227–71.

Hobsbawm, Eric. *The Age of Extremes: A History of the World, 1914–1991.* New York: Vintage, 1994.

Hoggart, Richard. *The Uses of Literacy.* New Brunswick: Transaction, 2008.

Hopkins, Terence, Immanuel Wallerstein, et al. *The Age of Transition: Trajectory of the World-System, 1945–2025.* London: Atlantic Highlands, 1996.

Horowitz, Irving Louis. "Masses in Latin America." *Masses in Latin America.* Ed. Horowitz. New York: Oxford UP, 1970. 3–28.

Howard, Nicole. *The Book: The Life Story of a Technology.* Baltimore: Johns Hopkins UP, 2009.

Hurtado, Wilfredo. "Música, migración e identidad." Pinilla et al. 77–89.

Huyssen, Andreas. *After the Great Divide: Modernism, Mass Culture, Postmodernism.* Bloomington: Indiana UP, 2004.

Imperialismo y medios masivos de comunicación. Número monográfico de *Casa de las Américas* 13.77 (1973).

Innis, Harold. *Empire and Communications.* Toronto: U of Toronto P, 1972.

Invernizzi, Hernán. *"Los libros son tuyos." Políticos, académicos y militares: La dictadura en EUDEBA.* Buenos Aires: EUDEBA, 2005.

Invernizzi, Hernán, y Judith Gociol. *Un golpe a los libros: Represión a la cultura durante la última dictadura militar.* Buenos Aires: EUDEBA, 2003.

Islas, Ariadna, y Ana Frega. "Identidades uruguayas: Del mito de la sociedad homogénea al reconocimiento de la pluralidad." Frega et al., 359–92.

Jaksić, Iván, ed. *The Political Power of the World: Press and Oratory in Nineteenth-Century Latin America.* London: Institute of Latin American Studies, 2002.

Jameson, Fredric. *Late Marxism: Adorno or the Persistence of the Dialectic.* London: Verso, 1990.

———. *Postmodernism, or the Cultural Logic of Late Capitalism.* London: Verso, 1991.

———. "Reification and Utopia in Mass Culture." *Social Text* 1 (1979): 130–48.

Jowett, Garth S. "Extended Images." R. Williams, *Contact* 183–98.

Kapsoli, Wilfredo. "*Chirapu* (1928): Literatura y política en el Perú." *Discours … (1919–1939)* 251–60.

Kingsley, Robert E. "La comunicación en Masa y el Imperialismo Cultural." *Journal of Inter-American Studies* 8.3 (1966): 337–44.

Klaren, Peter F. *Nación y sociedad en la historia del Perú.* Trad. Javier Flores. Lima: Instituto de Estudios Peruanos, 2005.

Kohut, Kar, José Morales Saravia y Sonia V. Rose, eds. *Literatura peruana hoy: Crisis y creación.* Frankfurt/Main: Vervuert; Madrid: Iberoamericana, 1998.

König, Hans-Joachim, y Stefan Rinke. *North Americanization of Latin America? Culture, Gender, and Nation in the Americas.* Stuttgart: Verlag Hans-Dieter Heinz Akademischer, 2004.

Kristal, Efraín. *The Andes Viewed from the City: Literary and Political Discourse on the Indian in Peru, 1848–1930.* New York: Peter Lang, 1987.

Kuisel, Richard F. *Seducing the French: The Dilemma of Americanization.* Berkeley: U of California P, 1993.

Labarre, Albert. *Historia del libro.* Trad. Omar Álvarez Salas. México: Siglo XXI, 2002.

Lambright, Anne. *Creating the Hybrid Intellectual: Subject, Space and the Feminine in the Narrative of José María Arguedas.* Lewisburg: Bucknell UP, 2007.

Larrea, Marcelo. *Ángel Rama, hablar a través del tiempo.* Entrevista realizada por Marcelo Larrea. Quito, Ecua.: Iguana Bohemia, Fundación del Nuevo Cine Latinoamericano, 2001.

Larrú, Manuel. Entrevista personal. Agosto de 2007.

Larson, Brooke. *Indígenas, élites y estado en la formación de las repúblicas andinas.* Trad. Javier Flores. Lima: Instituto de Estudios Peruanos, 2002.

Lauer, Mirko. *Andes imaginarios: Discursos del indigenismo 2.* Lima: Centro de Estudios Regionales Andinos Bartolomé de las Casas, 1997.

———. *Crítica de la artesanía. Plástica y sociedad en los Andes peruanos.* Lima: Centro de Estudios y Promoción del Desarrollo, 1982.

———. *El sitio de la literatura. Escritores y política en el Perú del siglo XX.* Lima: Mosca Azul, 1989.

Legras, Horacio. *Literature and Subjection: The Economy of Writing and Marginality in Latin America.* Pittsburgh: U of Pittsburgh P, 2008.

Leslie, Esther. *Walter Benjamin.* London: Reaktion, 2007.

Lienhard, Martin. *Cultura popular andina y forma novelesca: Zorros y danzantes en la última novela de Arguedas.* Lima: Tarea, 1981.

———. "¿De qué estamos hablando cuando hablamos de oralidad?" *Memorias: Jornadas andinas de literatura latinoamericana.* Vol. 1. Ed. Ricardo Kaliman. Tucumán: U Nacional de Tucumán, 1997. 47–55.

———. "La última novela de Arguedas: Imagen de un lector futuro." *Revista de Crítica Literaria Latinoamericana* 6.12 (1980): 177–96.

———. "Voz andina y comunicación literaria en el Perú contemporáneo." Kohut, Morales y Rose 285–95.

———. *La voz y su huella.* México: Casa Juan Pablos, 2003.

Lissitsky, El. "The Future of the Book." *New Left Review* 1.41 (1967): 39–44.

López Lenci, Yazmín. *El Cusco, paqarina moderna: Cartografía de una modernidad e identidad en los Andes peruanos, 1900–1935.* Lima: U Nacional Mayor de San Marcos, 2004.

———. *El laboratorio de la vanguardia literaria en el Perú: Trayectoria de una génesis a través de las revistas culturales de los años veinte.* Lima: Horizonte, 1999.

Ludmer, Josefina. *El género gauchesco: Un tratado sobre la patria.* Buenos Aires: Sudamericana, 1988.

Lloréns Amico, José Antonio. *Música popular en Lima: Criollos y andinos.* Lima: Instituto de Estudios Peruanos; Lima: Instituto Indigenista Interamericano, 1983.

Macadar, Luis, Nicolás Reig y José Enrique Santías. "Una economía latino-americana." Benvenuto et al., *Uruguay* 35–142.

Machuca Castillo, Gabriela. *La tinta, el pensamiento y las manos: La prensa popular anarquista, anarcosindicalista y obrero-sindicalista en Lima 1900–1930.* Lima: U San Martín de Porres, 2006.

Maggi, Carlos. Entrevista personal. Jun. de 2007.

———. "Sociedad y literatura en el presente: el 'boom' editorial." *Capítulo Oriental: La Historia de la Literatura Uruguaya* 3 (1968): 33–48.

Manrique, Nelson. "José María Arguedas y la cuestión del mestizaje." *La piel y la pluma: Escritos sobre literatura, etnicidad y racismo.* Lima: SUR Casa de Estudios del Socialismo, 1999. 85–98.

Mariátegui, José Carlos. *7 ensayos de interpretación de la realidad peruana.* Lima: Minerva, 2008.

Markarian, Vania. "Al ritmo del reloj: Adolescentes uruguayos de los años cincuenta." Barrán et al. 238–64.

Martín-Barbero, Jesús. *De los medios a las mediaciones: Comunicación, cultura y hegemonía.* Barcelona: Gustavo Gili, 1987.

Martínez, Agustín. *Metacrítica: Problemas de historia de la crítica literaria en Hispanoamérica y Brasil.* Mérida: U de los Andes, 1995.

———. "Radicalismo e Latino-Americanismo." *Dentro do texto, dentro da vida: Ensaios sobre Antonio Candido.* Ed. María Angela D'Incao y Eloísa Faria Scarabotolo. [Poços de Caldas, Brazil]: Institutio Moreira Salles, Casa de Cultura de Poços de Caldas; São Paulo: Companhia das Letras, 1992. 290–315.

Martínez, José Luis. "Las revistas literarias de Hispanoamérica." *Discours ... (1919–1939)* 13–20.

Martínez, Maruja, y Nelson Manrique, eds. *Amor y fuego: José María Arguedas, 25 años después.* Lima: Desco, Cepes, SUR Casa de Estudios del Socialismo, 1995.

Marx, Karl. "The British Rule in India." *Dispatches for "The New York Tribune": Selected Journalism of Karl Marx.* Ed. James Ledbetter. London: Penguin, 2007. 212–19.

———. *El Capital.* Vol. 1. Trad. Pedro Scaron. México: Siglo XXI, 2005.

———. "The Future Results of British Rule in India." *Dispatches for "The New York Tribune": Selected Journalism of Karl Marx.* Ed. James Ledbetter. London: Penguin, 2007. 219–25.

Mato, Daniel, coord. *Estudios y otras prácticas intelectuales latinoamericanas en cultura y poder.* Caracas: CLACSO / CEAP, 2002.

Matos Mar, José. *Desborde popular y crisis del Estado: Veinte años después.* Lima: Fondo Editorial del Congreso del Perú, 2004.

Mattelart, Armand. "El medio de comunicación de masas en la lucha de clases." *Pensamiento Crítico* 53 (1971): 4–44.

Maunás, Delia. *Boris Spivacow: Memoria de un sueño argentino.* Buenos Aires: Colihue, 1995.

Mayer, Enrique. "Mestizo e indio: El contexto sociocultural y las relaciones interétnicas." Fuenzalida et al. 88–152.

Mazzotti, José Antonio, y Ulises Zevallos Aguilar, coords. *Asedios a la heterogeneidad cultural: Libro de homenaje a Antonio Cornejo Polar.* Ann Arbor, MI: Asociación Internacional de Peruanistas, 1996.

McAnany, Emile G. "Seminal Ideas in Latin American Critical Communication Research: An Agenda for the North." Atwood y McAnany, 28–47.

McLuhan, Marshall. *The Gutenberg Galaxy: The Making of Typographic Man.* Toronto: U of Toronto P, 1962.

———. *The Medium Is the Message.* Berkeley: Gingko, 2001.

Méndez, Cecilia. "Incas Si, Indios No: Notes on Peruvian Creole Nationalism and Its Contemporary Crisis." *Journal of Latin American Studies* 28.1 (1996): 197–225.

Mendoza, Zoila. *Creating Our Own: Folklore, Performance and Identity in Cuzco, Peru.* Durham: Duke UP, 2008.

Merino de Zela, Mildred. "José María Arguedas, vida y obra." Montoya, *José* 97–144.

———. "The National School of Peruvian Music and Folkdancing." *Ethnomusicology* 11.1 (1967): 113–15.

Mesa redonda sobre el monolingüismo quechua y aymara y la educación en el Perú. Lima: Casa de la Cultura del Perú, 1966.

Mignolo, Walter. *The Idea of Latin America.* Malden, MA: Blackwell, 2005.

Miller, Nicola. *In the Shadow of the State: Intellectuals and the Quest for National Identity in Twentieth-Century Spanish America.* London: Verso, 1999.

Miller, Toby. "Antiamericanismo y cultura popular." *ININCO* 1 (2006): 151–214.

Monsiváis, Alejandro. "Esfera pública." Szurmuk e Irwin 97–101.

Monsiváis, Carlos. *Aires de familia. Cultura y sociedad en América Latina.* Barcelona: Anagrama, 2000.

Monsiváis, Carlos. "Notas sobre el Estado, la cultura nacional y las culturas populares en México." *Cuadernos Políticos* 30 (1981): 33–52.

Montaldo, Graciela. "Campo cultural." Szurmuk e Irwin 47–50.

———. *Ficciones culturales y fábulas de identidad en América Latina*. Rosario: Beatriz Viterbo, 1999.

———. "Mass and Multitude: Bastardised Iconographies of the Modern Order." *Images of Power: Iconography and the State in Latin America*. Ed. Jens Andermann y William Rowe. New York: Berghahn, 2005. 217–38.

Montoya, Rodrigo. *100 años del Perú y de José María Arguedas*. Lima: U Ricardo Palma, 2011.

———. *Antropología y folklore*. Lima: Centro del Folklore José María Arguedas, Instituto Nacional de Cultura, 1988.

———. "Homenaje a Máximo Damián." *La República* 7 de oct. de 2001: 26.

———, comp. *José María Arguedas veinte años después: Huellas y horizonte, 1969–1989*. Lima: U Nacional Mayor de San Marcos; Lima: IKONO, 1991.

Moore, Melisa. *En la encrucijada: Las ciencias sociales y la novela en el Perú. Lecturas paralelas de "Todas las sangres."* Lima: U Nacional Mayor de San Marcos, 2003.

Moraña, Mabel, ed. *Ángel Rama y los estudios latinoamericanos*. Pittsburgh: Instituto Internacional de Literatura Iberoamericana, 1997.

———. "El 'boom' del subalterno." *Cuadernos Americanos* 67 (1998): 214–22.

———. *Crítica impura: Estudios de literatura y cultura latinoamericanos*. Madrid: Iberoamericana, 2004.

———. "De *La ciudad letrada* al imaginario nacionalista: Contribuciones de Ángel Rama a la invención de América." González Stephan, Lasarte y Montaldo 41–51.

———. "Ideología de la transculturación." Moraña, *Ángel* 137–45.

———. *Literatura y cultura nacional en Hispanoamérica, 1910–1940*. Minneapolis: Institute for the Study of Ideologies and Literatures, 1984.

———. "Rethinking Intellectuals in Latin America: Questions and Problems." *Rethinking Intellectuals in Latin America*. Ed. Mabel Moraña y Bret Gustafson. Madrid: Iberoamericana, 2010. 9–26.

Moraña, Mabel, y Horacio Machín, eds. *Marcha y América Latina*. Pittsburgh: Instituto Internacional de Literatura Iberoamericana, 2003.

Moreiras, Alberto, *The Exhaustion of Difference: The Politics of Latin American Cultural Studies*. Durham: Duke UP, 2001.

————. "José María Arguedas y el fin de la transculturación." Moraña, *Ángel* 213–31.

Murra, John V. "José María: Dos imágenes." Murra y López-Baralt 265–82.

————. "Semblanza de Arguedas." Murra y López-Baralt 283–98.

Murra, John V., y Mercedes López-Baralt, eds. *Las cartas de Arguedas*. Lima: Pontificia U Católica del Perú, 1998.

Negt, Oskar, y Alexander Kluge. *Public Sphere and Experience: Toward an Analysis of the Bourgeois and Proletarian Public Sphere*. Trad. Peter Labanyi, Jamie Owen Daniel y Assenka Oksiloff. Minneapolis: U of Minnesota P, 1993.

No, Song. *Cien años de contrahegemonía: Transculturación y heterogeneidad*. Lima: U Nacional Mayor de San Marcos, 2008.

"Nuestra literatura" (Número 1). *Cultura y Pueblo* 1.1 (enero-marzo 1964): 14–21.

"Nuestra literatura" (Número 2). *Cultura y Pueblo* 1.2 (abr.-jun. 1964): 18–23.

Nugent, José Guillermo. *El laberinto de la choledad*. Lima: Fundación Friedrich Ebert, 1992.

O'Brien, Thomas. *The Century of U.S. Capitalism in Latin America*. Albuquerque: U of New Mexico P, 1999.

Ong, Walter. *Orality and Literacy: The Technologizing of the Word*. New York: Routledge, 2002.

Orrillo, Winston, coord. *Imperialismo y medios masivos de comunicación*. 2 vols. Lima: Causachun, 1973.

Ortega, Julio. *Cultura y modernización en la Lima del 900*. Lima: Centro de Estudios para el Desarrollo y la Participación, 1986.

————. "El libro en la calle." Entrevista con Manuel Scorza. *Mundo Nuevo* 23 (1968): 84–86.

————. "Texto, comunicación y cultura en *Los ríos profundos* de José María Arguedas." *Nueva Revista de Filología Hispánica* 31.1 (1982): 44–82.

Ortiz, Maribel. "La modernidad conflictiva: Ángel Rama y el estudio de la literatura latinoamericana." Tesis. State U of New York at Stony Brook, 1993.

Ortiz, Renato. "A questão do público: Entre o nacional e o transnacional." *Fronteras de la modernidad en América Latina*. Ed. Hermann Herlinghaus y Mabel Moraña. Pittsburgh: Instituto Internacional de Literatura Iberoamericana, 2003. 23–36.

Ortiz Rescaniere, Alejandro, ed. *José María Arguedas: Recuerdo de una amistad*. Lima: Pontificia U Católica del Perú, 1996.

Osorio, Manuel. "Dos soledades en una cultura: La Revista *Cultura y Pueblo* en el Perú." *Le discours … (1940–1970)* 283–89.

Pacheco, Carlos, y Marisela Guevara Sánchez. "Ángel Rama, la cultura venezolana y el epistolario de la Biblioteca Ayacucho." *Estudios: Revista de Investigaciones Literarias y Culturales* 22/23 (2003–04): 99–136.

Pasquali, Antonio. *Un aparato singular: Análisis de un día de TV en Caracas.* Caracas: U Central de Venezuela, Facultad de Ciencias Económicas y Sociales, 1967.

———. *Comunicación y cultura de masas.* Caracas: Monte Ávila, 1977.

Pastormelo, Sergio. "1880–1899. El surgimiento de un mercado editorial." De Diego 1–28.

Peirano Basso, Luisa. *Marcha de Montevideo y la formación de la conciencia latinoamericana a través de sus cuadernos.* Barcelona: Javier Vergara, 2001.

Perus, Françoise. "A propósito de las propuestas historiográficas de Ángel Rama." Moraña, *Ángel* 55–70.

———. *Literatura y sociedad en América Latina: El modernismo.* La Habana: Casa de las Américas, 1976.

Peters, John Durham. "Mass Media." *Critical Terms for Media Studies.* Ed. W. J. T Mitchell y Mark B. N. Hansen. Chicago: U of Chicago P, 2010. 266–79.

Piglia, Ricardo. *La Argentina en pedazos.* Buenos Aires: Urraca, 1993.

———. *El último lector.* Barcelona: Anagrama, 2005.

Pineda, Adela. "Los aportes de Ángel Rama a los estudios del modernismo hispanoamericano." *Revista de Crítica Literaria Latinoamericana* 26.51 (2000): 53–66.

Pinilla, Carmen María, ed. *Apuntes inéditos: Celia y Alicia en la vida de José María Arguedas.* Lima: Pontificia U Católica del Perú, 2007.

———. *Arguedas: Conocimiento y vida.* Lima: Pontificia U Católica del Perú, 1994.

———, ed. *Arguedas en el valle del Mantaro.* Lima: Pontificia U Católica del Perú, 2004.

———. "Huancayo y las primeras publicaciones de Arguedas." Pinilla, *Arguedas en el valle* 31–123.

———, ed. *¡Kachkaniraqmi! ¡Sigo siendo! José María Arguedas, textos esenciales.* Lima: Fondo Editorial del Congreso del Perú, 2004.

———. "El principio y el fin: Mariátegui y Arguedas." *Anuario Mariateguiano* 5.5 (1993): 45–57.

Pinilla, Carmen María, et al., eds. *Arguedas y el Perú de hoy.* Lima: SUR Casa de Estudios del Socialismo, 2005.

Poblete, Juan. "Trayectoria crítica de Ángel Rama: La dialéctica de la producción cultural entre autores y públicos." Mato 235–46.

Pool, Ithiel de Sola. "Extended Speech and Sounds." R. Williams, *Contact* 169–82.

Portelli, Hugues. *Gramsci y el bloque histórico.* Trad. María Braun. México: Siglo XXI, 2003.

Portocarrero, Gonzalo. *Racismo y mestizaje.* Lima: Fondo Editorial del Congreso del Perú, 2007.

Portugal, Alberto. *Las novelas de José María Arguedas: Una incursión en lo inarticulado.* Lima: Pontificia U Católica del Perú, 2007.

Porzecanski, Teresa. "La nueva intimidad." Barrán et al. 329–55.

Poulantzas, Nicos. *State, Power, Socialism.* London: Verso, 2000.

Prieto, Adolfo. *El discurso criollista en la formación de la Argentina moderna.* Buenos Aires: Sudamericana, 1988.

Quijano, Aníbal. "Lo cholo y el conflicto cultural en el Perú." *Dominación y cultura: Lo cholo y el conflicto cultural en el Perú.* Lima: Mosca Azul, 1980. 47–116.

———. "Colonialidad y modernidad-racionalidad." *Los conquistados: 1492 y la población indígena de las Américas.* Ed. Robin Blackburn et al. Bogotá: Tercer Mundo, 1992. 437–47.

———. *Dependencia, urbanización y cambio social en Latinoamérica.* Lima: Mosca Azul, 1977.

———. "El nudo arguediano." *Centenario de José María Arguedas: Sociedad, nación y literatura.* Ed. Aníbal Quijano et al. Lima: U Ricardo Palma, 2011. 13–20.

Rama, Ángel. "La Biblioteca Ayacucho, instrumento de integración cultural." *La Semana de Bellas Artes* 12 de nov. 1980: 10–13.

———. "El 'boom' en perspectiva." Viñas et al. 51–110.

———. Carta a Juan García Ponce. 17 de nov. de 1972. Juan García Ponce Manuscripts. Princeton University Library, Princeton.

———. *La ciudad letrada.* Santiago de Chile: Tajamar, 2004.

———. "La construcción de una literatura." Rocca, *Ángel Rama: Literatura* 40–51.

———. "La dialéctica de la modernidad en José Martí." *Estudios Martianos. Memoria del Seminario José Martí. Universidad de Puerto Rico, Recinto de Río Piedras.* San Juan: Universitaria, 1971. 129–97.

———. "Las dos vanguardias latinoamericanas." Rama, *La riesgosa navegación* 135–48.

231

Rama, Ángel. *Diario. 1974–1983.* Caracas: Trilce, La Nave Va, 2001.

———. "Encuesta sobre sociología de la lectura." *Punto de Vista* 1.2 (1978): 12–14.

———. *Los gauchipolíticos rioplatenses.* Montevideo: Arca, 1998.

———. *La generación crítica, 1939–1969.* Montevideo: Arca, 1972.

———. "*Lima la Horrible* de Sebastián Salazar Bondy." *Casa de las Américas* 4.27 (1964): 114–17.

———. *Literatura y clase social.* México: Folio, 1983.

———. *Las máscaras democráticas del modernismo.* Montevideo: Fundación Ángel Rama, 1985.

———. "La modernización literaria latinoamericana (1870–1910)." *Hispamérica* 12.36 (1983): 3–19.

———. "La narrativa en el conflicto de las culturas." Rouquié 249–79.

———. *La novela en América Latina.* Bogotá: Procultura, Instituto Colombiano de Cultura, 1982.

———. *Novísimos narradores hispanoamericanos en "Marcha."* Montevideo: Marcha, 1981.

———. "Una nueva política cultural en Cuba." *Cuadernos de Marcha* 49 (1971): 47–68.

———. "El poeta frente a la modernidad." Rama, *Literatura* 78–143.

———. *Los poetas modernistas en el mercado económico.* Montevideo: U de la República, Facultad de Humanidades y Ciencias, 1967.

———. Prólogo. Arguedas, *Formación* ix–xxvii.

———. "¿Qué entiende Ud. por abstracto?" *Marcha* 1154, 3 de mayo de 1963: 31.

———. "¿Qué leen los uruguayos? Una encuesta de Ángel Rama." *Marcha* 22.1038 (1960): 22–23.

———. "Raros y malditos en la literatura uruguaya." *Marcha* 1319, 2 de sept. de 1966: 30–31.

———. *La riesgosa navegación del escritor exiliado.* Montevideo: Arca, 1998.

———. *Rubén Darío y el modernismo.* Caracas: Ediciones de la Biblioteca de la U Central de Venezuela, 1970.

———. "El sistema literario de la poesía gauchesca." *Poesía gauchesca.* Caracas: Biblioteca Ayacucho, 1977. ix–liii.

———. "Sistema literario y sistema social en Hispanoamérica." *Literatura y praxis en América Latina.* Ed. Fernando Alegría et al. Caracas: Monte Ávila, 1974. 81–109.

———. *Transculturación narrativa en América Latina.* México: Siglo XXI, 1982.

————. "USA y los escritores latinoamericanos." *Quimera* 26 (1982): 75–79.

Rama, Ángel, Washington Buño y Rafael Laguardia. "Una política cultural autónoma." *Cultura y dependencia: Ocho ensayos latinoamericanos.* Ed. Alfredo Chacón et al. Caracas: Monte Ávila, 1975. 195–211.

Rama, Ángel, et al. "Conversación en torno al testimonio." *Casa de las Américas* 36.200 (1995): 122–24.

Rama, Ángel, y Mario Vargas Llosa. *García Márquez y la problemática de la novela.* Buenos Aires: Corregidor-Marcha, 1974.

Rama, Germán, coord. *Desarrollo y educación en América Latina y el Caribe.* 2 vols. Buenos Aires: CEPAL; Buenos Aires: Kapeluz, 1987.

Ramos, Julio. *Desencuentros de la modernidad en América Latina: Literatura y política en el siglo XIX.* Santiago de Chile: Cuarto Propio; San Juan: Callejón, 2003.

Raquel, Ángel. "El ocaso del intelectual crítico: De Prometeo a Narciso." *Rebeldes y domesticados: Los intelectuales frente al poder.* Ed. Ángel Raquel. Buenos Aires: El Cielo por Asalto, 1992. 9–26.

Razzeto, Mario. *Don Joaquín: Testimonio de un artista popular andino.* Lima: Instituto Andino de Artes Populares, 1982.

Real de Azúa, Carlos. "¿A dónde va la cultura uruguaya?" *Marcha* 885 (1957): 22–23.

————. "Política, poder y partidos políticos en el Uruguay de hoy." Benvenuto et al. 145–321.

Remedi, Gustavo. *Carnival Theater: Uruguay's Popular Performers and National Culture.* Minneapolis: U of Minnesota P, 2004.

————. "Ciudad letrada: Ángel Rama y la espacialización del análisis cultural." Moraña, *Ángel* 97–122.

————. "Esfera pública popular y transculturadores populares." *Hermenéuticas de lo popular.* Ed. Hernán Vidal. Minneapolis: Institute for the Study of Ideologies and Literature, 1992. 125–204.

————. "The Production of Local Public Spheres: Community Radio Stations." *The Latin American Cultural Studies Reader.* Ed. Ana del Sarto, Alicia Ríos y Abril Trigo. Durham: Duke UP, 2004. 513–34.

Rest, Jaime. *Literatura y cultura de masas.* Buenos Aires: Centro Editor de América Latina, 1967.

Ribeiro, Ana. *Historiografía nacional (1880–1940). De la épica al ensayo sociológico.* Montevideo: Plaza, 1994.

Ribeiro, Darcy. *As Américas e a civilização: Processo de formação histórica e causas do desenvolvimento desigual dos povos americanos.* São Paulo: Companhia das Letras, 2007.

Rincón, Carlos. *El cambio actual de la noción de literatura y otros estudios de teoría y crítica latinoamericana*. Bogotá: Instituto Colombiano de Cultura, 1978.

Rivadeneira Prada, Raúl. "Bolivian Television: When Reality Surpasses Fiction." Fox 164–70.

Rivera, Fernando. *Dar la palabra: Ética, política y poética de la escritura en Arguedas*. Madrid: Iberoamericana, 2011.

Rivera, Jorge B. *El escritor y la industria cultural*. Buenos Aires: Atuel, 1998.

———. *La primitiva literatura gauchesca*. Buenos Aires: J. Álvarez, 1968.

Rocca, Pablo. *Ángel Rama, Emir Rodríguez Monegal y el Brasil: Dos caras de un proyecto latinoamericano*. Montevideo: Banda Oriental, 2006.

———. ed. *Ángel Rama: Literatura, cultura y sociedad en América Latina*. Montevideo: Trilce, 2006.

———. *35 años en Marcha: Crítica y literatura en "Marcha" y en el Uruguay, 1939–1974*. Montevideo: Intendencia Municipal de Montevideo, División de Cultura, 1992.

Rodríguez Rea, Miguel Ángel. *La literatura peruana en debate: 1905–1928*. Lima: U Ricardo Palma, 2002.

Roel Mendizábal, Pedro. "De folklore a culturas híbridas: Rescatando raíces, redefiniendo fronteras entre nos/otros." Degregori, *No hay* 74–122.

Rollin, Roger. *The Americanization of the Global Village: Essays in Comparative Popular Culture*. Bowling Green, OH: Bowling Green State UP, 1989.

Romano, Eduardo. *Revolución en la lectura: El discurso periodístico-literario de las primeras revistas ilustradas rioplatenses*. Buenos Aires: Catálogos, 2004.

Romero, José Luis. *Latinoamérica, las ciudades y las ideas*. Buenos Aires: Siglo XXI, 1976.

Romero, Raúl R. *Andinos y tropicales: La cumbia peruana en la ciudad global*. Lima: Instituto de Etnomusicología, Pontificia U Católica del Perú, 2007.

———. *Debating the Past: Music, Memory, and Identity in the Andes*. New York: Oxford UP, 2001.

———. *Identidades múltiples: Memoria, modernidad y cultura popular en el Valle del Mantaro*. Lima: Fondo Editorial del Congreso del Perú, 2004.

Rosenberg, Bernard, y David M. White, eds. *Mass Culture: The Popular Arts in America*. New York: Free Press, 1957.

Rouquié, Alain, comp. *Argentina hoy*. México: Siglo XXI, 1982.

Rowe, William. *Ensayos arguedianos*. Lima: U Nacional Mayor de San Marcos; SUR Casa de Estudios del Socialismo, 1996.

——. *Mito e ideología en la obra de José María Arguedas*. Lima: Instituto Nacional de Cultura, 1979.

——. "Música, conocimiento y transformación social." Rowe, *Ensayos* 59–76.

——. "Sobre la heterogeneidad de la letra en *Los ríos profundos*: Una crítica a la oposición polar escritura/oralidad." *Heterogeneidad y literatura en el Perú*. Ed. James Higgins. Lima: Centro de Estudios Literarios Antonio Cornejo Polar, 2003. 223–51.

——. "Voz, memoria y conocimiento en los primeros escritos de José María Arguedas." Rowe, *Ensayos* 19–33.

Rowe, William, y Vivian Schelling. *Memory and Modernity: Popular Culture in Latin America*. London: Verso, 1991.

Ruffinelli, Jorge. "La carrera del crítico de fondo." *Texto Crítico* 10.31–32 (1985): 5–23.

Sabato, Hilda. "Nuevos espacios de formación y actuación intelectual: Prensa, asociaciones, esfera pública (1850–1900)." Altamirano, *Historia* 387–411.

Saer, Juan José. "La literatura y los nuevos lenguajes." Fernández Moreno 301–16.

Sánchez Ortiz, Guillermo. *La prensa obrera 1900–1930: Análisis de "El Obrero Textil."* Lima: Barricada, 1987.

Sánchez Prado, Ignacio. *Naciones intelectuales: Las fundaciones de la modernidad literaria mexicana (1917–1959)*. Purdue Studies in Romance Literatures 47. West Lafayette: Purdue UP, 2009.

Sarlo, Beatriz. "Intelectuales y revistas: Razones de una práctica." *Le discours ... (1940–1970)* 9–15.

Schavelzon, Guillermo. "Ángel Rama, visión del escritor." *Texto Crítico* 10.31–32 (1985): 126–33.

Schmidt, Friedhelm. "¿Literaturas heterogéneas o literatura de la transculturación?" Mazzotti y Zevallos Aguilar 37–45.

Schücking, Levin. *The Sociology of Literary Taste*. New York: Oxford UP, 1945.

Schwarz, Cristina, y Oscar Jaramillo. "Hispanic American Critical Communication Research in Its Historical Context." Atwood y McAnany 48–75.

Schweppenhäuser, Gerhard. *Adorno: An Introduction*. Trad. James Rolleston. Durham: Duke UP, 2009.

Sklodowska, Elzbieta. *Testimonio hispanoamericano: Historia, teoría, poética*. New York: Peter Lang, 1992.

Sloterdijk, Peter. *El desprecio de las masas: Ensayo sobre las luchas culturales de la sociedad moderna*. Trad. Germán Cano. Valencia: Pre-Textos, 2002.

Sorensen, Diana. *A Turbulent Decade Remembered: Scenes from the Latin American Sixties*. Stanford: Stanford UP, 2007.

Spitta, Silvia. *Between Two Waters: Narratives of Transculturation in Latin America*. Houston: Rice UP, 1995.

Steger, Manfred B. *Globalization: A Very Short Introduction*. New York: Oxford UP, 2009.

Stephan, Alexander, ed. *The Americanization of Europe: Culture, Diplomacy and Anti-Americanism after 1945*. New York: Berghahn, 2006.

Strauss, David. *Menace in the West: The Rise of French Anti-Americanism in Modern Times*. Westport: Greenwood, 1978.

Szurmuk, Mónica, y Robert McKee Irwin. *Diccionario de estudios culturales latinoamericanos*. México: Siglo XXI, Instituto Mora, 2009.

Szurmuk, Mónica, y Silvio Waisbord. "The Intellectual Impasse of Cultural Studies of the Media in Latin America: How to Move Forward." *Westminster Papers in Communication and Culture* 8.1 (2001): 7–38.

Tarica, Estelle. "José María Arguedas and the Mediating Voice." *The Inner Life of Mestizo Nationalism*. Minneapolis: U of Minnesota P, 2008. 80–136.

Thompson, E. P. *The Making of the English Working Class*. New York: Vintage, 1966.

Trigo, Abril. "De la transculturación (a/en) lo transnacional." Moraña, *Ángel* 147–71.

———. "The Gaucho and the Gauchesca." *A Companion to Latin American Literature and Culture*. Ed. Sara Castro-Klaren. Malden, MA: Blackwell, 2008.

Turino, Thomas. *Moving Away from Silence: Music of the Peruvian Altiplano and the Experience of Urban Migration*. Chicago: U of Chicago P, 1993.

———. "The Music of Andean Migrants in Lima, Peru: Demographics, Social Power, and Style." *Latin American Music Review* 9.2 (1988): 127–50.

UNESCO. *World Communications*. París: UNESCO, 1951.

UNESCO. *World Communications*. París: UNESCO, 1956.

UNESCO. *World Communications*. París: UNESCO, 1964.

Uribe, Hernán. "La desinformación: Industria imperialista." *Orrillo* 2: 121–42.

Vargas Llosa, Mario. "José María Arguedas, entre sapos y culebras." *Relatos completos*. De José María Arguedas. Madrid: Alianza, 1988. 7–31.

———. *La utopía arcaica: José María Arguedas y las ficciones del indigenismo*. México: FCE, 1996.

Velázquez Castro, Marcel. "Las novelas de folletín: Utopías y biotecnologías en Lima (1839–1848)." Aguirre y McEvoy 199–220.

Veliz, Claudio. *The Centrist Tradition of Latin America*. Princeton: Princeton UP, 1980.

Vich, Cynthia. *Indigenismo de vanguardia en el Perú: Un estudio sobre el "Boletín Titikaka."* Lima: Pontificia U Católica del Perú, 2000.

Vidal, Hernán. *Literatura hispanoamericana e ideología liberal: Surgimiento y crisis, Una problemática sobre la dependencia en torno a la narrativa del boom*. Buenos Aires: Hispamérica, 1976.

Vinelli, Elena, y Patricia Somoza. "Los protagonistas: Conversación retrospectiva." M. Bueno y Taroncher 279–323.

Viñas, David, et al. *Más allá del boom. Literatura y mercado*. México: Marcha, 1981.

Wagner, Peter. "Sociological Reflections: The Technology Question during the First Crisis of Modernity." Hård y Jamison 225–52.

Waresquiel, Emmanuel de. *Dictionnaire des politiques culturelles de la France depuis 1959*. París: Larousse, CNRS, 2001.

White, David M. "Mass Culture in America: Another Point of View." Rosenberg y White 13–21.

Williams, Gareth. *The Other Side of the Popular: Neoliberalism and Subalternity in Latin America*. Durham: Duke UP, 2002.

Williams, Raymond. *Communications*. London: Chatto & Windus, 1996.

———. "Communications and Technologies as Social Institutions." R. Williams, *Contact* 225–38.

———, ed. *Contact: Human Communication: A History*. New York: Thames and Hudson, 1981.

———. *Culture and Society, 1780–1950*. New York: Harper & Row, 1966.

———. *Keywords: A Vocabulary of Culture and Society*. New York: Oxford UP, 1976.

———. *The Long Revolution*. Westport: Greenwood, 1961.

———. *Marxism and Literature*. Oxford: Oxford UP, 1977.

———. *The Sociology of Culture*. New York: Schocken, 1982.

———. *Television: Technology and Cultural Form*. New York: Routledge, 1974.

Yeo, Richard R. "Lost Encyclopedias: Before and After the Enlightenment." *Book History* 10 (2007): 47–68.

Yepes, Ernesto. *Economía y política: La modernización en el Perú del siglo XX, ilusión y realidad.* Lima: Mosca Azul, 1992.

Yúdice, George. *The Expediency of Culture: Uses of Culture in the Global Era.* Durham: Duke UP, 2003.

———. *Medios de comunicación e Industrias culturales, identidades colectivas y cohesión social: Nueva Agenda de Cohesión Social para América Latina.* San Pablo, Brasíl: iFHC; CIEPLAN, 2008. PDF. Web.

———. "Testimonio and Postmodernism." *Latin American Perspectives. Voices in Testimonial Literature I* 18.3 (1991): 15–31.

Zapata, Francisco. *Ideología y política en América Latina.* México: El Colegio de México, 1990.

Zevallos-Aguilar, Ulises. "Balance y exploración de la base material de la vanguardia y de los estudios vanguardistas peruanos (1980–2000)." *Revista de Crítica Literaria Latinoamericana* 27.53 (2001): 185–98.

———. *Indigenismo y nación: Los retos a la representación de la subalternidad aymara y quechua en el "Boletín Titikaka" (1926–1930).* Lima: Instituto Francés de Estudios Andinos, 2002.

Zubieta, Ana María, dir. *Cultura popular y cultura de masas: Conceptos, recorridos y polémicas.* Buenos Aires: Paidós, 2000.

Índice alfabético

Sobre el libro

Javier García Liendo
El intelectual y la cultura de masas
PSRL 68

El intelectual y la cultura de masas, de Javier García Liendo, estudia las respuestas intelectuales de Ángel Rama (Uruguay) y José María Arguedas (Perú) a los efectos de la cultura de masas en la cultura de la imprenta latinoamericana y en las culturas indígenas de los Andes. Explora la participación de Rama y Arguedas en la conceptualización y promoción de nuevos espacios culturales incentivados por la mercantilización y la industrialización de la cultura, según el capitalismo transformaba los imaginarios y materialidades que habían dado forma a sus proyectos culturales.

Por medio del análisis de objetos de la cultura de la imprenta, en particular aquellos relacionados con el trabajo editorial de Rama—como los *libros de bolsillo* y una enciclopedia popular—este trabajo examina las transformaciones que estaban ocurriendo en América Latina, tanto a nivel de la producción como de la circulación, señalando la emergencia de nuevas redes de comunicación entre intelectuales y públicos nacionales y regionales. Similarmente, explora el rol de las tecnologías de comunicación emergentes (grabación de sonido, radio) en la reconfiguración como cultura de masas de las culturas rurales indígenas en el Perú. En este contexto, el trabajo de Arguedas con el folklore y su posterior envolvimiento con la música popular andina en Lima son estudiados como respuestas a un violento proceso de mercantilización de la cultura musical andina, incentivado por las migraciones masivas de las zonas rurales a las ciudades y la urbanización del Perú.

Finalmente, este libro presenta un análisis de Rama y Arguedas que trasciende su categorización como crítico literario y escritor, respectivamente, al analizar sus obras a través del concepto de práctica, el cual reúne la totalidad de su trabajo, incluyendo periodismo, antropología, folklore, edición, creación de redes intelectuales y promoción cultural. Los capítulos de este libro invitan a repensar nociones establecidas sobre la relación entre cultura y capitalismo en una época en que la revolución marcaba dominantemente el campo intelectual latinoamericano.

About the book

Javier García Liendo
El intelectual y la cultura de masas
PSRL 68

El intelectual y la cultura de masas, by Javier García Liendo, studies the responses of Ángel Rama (Uruguay) and José María Arguedas (Peru) to the effects of mass culture on Andean indigenous cultures and Latin American print culture during the second half of the twentieth century. It explores the part that Rama and Arguedas played in the conceptualization and promotion of new cultural spaces made possible by commodification and industrialization, as capitalism transformed the imaginaries and materialities that had shaped their cultural projects for Andean and Latin American cultures.

Through a material analysis of print culture objects, in particular those resulting from Rama's editorial ventures—such as pocket paperbacks and a popular encyclopedia—this work examines the transformations occurring at the time in Latin America at the level of production and circulation of culture, and thus sheds light on the emergence of new networks of communication between intellectuals and national and regional publics. Similarly, it explores the role of emergent communication technologies (sound recording and radio) in the reshaping of rural indigenous cultures into a mass-oriented popular culture in Peru. In this context, Arguedas's work with folklore and his later involvement in the Andean popular music scene in Lima are studied as responses to a violent process of commercialization of traditional Andean musical culture, a result of mass migration from rural areas to cities and urbanization.

Finally, this book presents an understanding of Rama and Arguedas that transcends their categorization as literary critic and writer, respectively, by analyzing their work through the concept of *practice*, which encompasses the totality of their work, including journalism, anthropology, folklore, editorial work, intellectual networking, and cultural promotion. Its chapters invite a rethinking of established notions of the relation between culture and capitalism during the heyday of revolution in the Latin American intellectual field.

Sobre el autor

Javier García Liendo, Washington University in St. Louis, posee un doctorado en literaturas y culturas latinoamericanas de Princeton University. Cursó además estudios de pregrado en literatura peruana y latinoamericana en la Universidad Nacional Mayor de San Marcos (Perú). Antes de sus estudios doctorales trabajó y realizó investigaciones en oralidad y escritura en la Amazonía Peruana. Sus principales de investigación son las culturas y literaturas de los Andes, la historia cultural e intelectual latinoamericana, la migración y la cultura de masas.

About the author

Javier García Liendo, Washington University in St. Louis, received his PhD in Latin American literatures and cultures from Princeton University, and also holds a BA in Peruvian and Latin American literature from the Universidad Nacional Mayor de San Marcos (Peru). Before his doctoral studies, he worked and conducted research on orality and literacy in the Peruvian Amazon. His research centers on Andean literature and culture, Latin American intellectual and cultural history, immigration, and mass culture.